Coleção
Preparando
para concursos

Organizadores: **Leonardo Garcia e Roberval Rocha**

DIREITO
FINANCEIRO
CARREIRAS JURÍDICAS

por matéria

Respeite o direito autoral

Coleção
Preparando
para concursos

Questões *discursivas* comentadas

Organizadores: **Leonardo Garcia e Roberval Rocha**

DIREITO FINANCEIRO
CARREIRAS JURÍDICAS

por matéria

2017

EDITORA
*Jus*PODIVM

www.editorajuspodivm.com.br

www.editorajuspodivm.com.br

Rua Mato Grosso, 164, Ed. Marfina, 1º Andar – Pituba, CEP: 41830-151 – Salvador – Bahia
Tel: (71) 3045.9051
• Contato: https://www.editorajuspodivm.com.br/sac

Copyright: Edições *Jus*PODIVM

Conselho Editorial: Dirley da Cunha Jr., Leonardo de Medeiros Garcia, Fredie Didier Jr., José Henrique Mouta, José Marcelo Vigliar, Marcos Ehrhardt Júnior, Nestor Távora, Robério Nunes Filho, Roberval Rocha Ferreira Filho, Rodolfo Pamplona Filho, Rodrigo Reis Mazzei e Rogério Sanches Cunha.

Capa: Rene Bueno e Daniela Jardim *(www.buenojardim.com.br)*

Diagramação: Marcelo S. Brandão *(santibrando@gmail.com)*

> Todos os direitos desta edição reservados à Edições *Jus*PODIVM.
>
> É terminantemente proibida a reprodução total ou parcial desta obra, por qualquer meio ou processo, sem a expressa autorização do autor e da Edições *Jus*PODIVM. A violação dos direitos autorais caracteriza crime descrito na legislação em vigor, sem prejuízo das sanções civis cabíveis.

AUTORES

Alexandre Schneider

Bruno Oliveira Tavares de Lyra

Bruno Rinaldi

Carla Themis Lagrotta Germano

Daniel Falcão

Diego Prandino

Erick dos Santos Alves

Érico Gomes de Sousa

Eron Freire dos Santos

Felipe Cesar Michna

Frederico Rios Paula

Helton Kramer Lustoza

Herbert Almeida

Jaqueline Conesuque Gurgel do Amaral

João Paulo Lawall Valle

Leonardo Rodrigues Albernaz

Leonardo Zehuri Tovar

Marcel Guimarães

Marcelo Chaves Aragão

Marcelo Veiga Franco

Marcio Del Fiore

Márcio Ladeira Ávila

Paulo Antônio Grahl Monteiro de Castro

Paulo Henrique Figueredo de Araújo

Paulo Roberto Sampaio Santiago

Renato Cesar Guedes Grilo

Rodolfo Soares Ribeiro Lopes

Vania Cirne

APRESENTAÇÃO

A Coleção **PREPARANDO PARA CONCURSOS**, conhecida do público pela forma sistematizada e direcionada de estudos por meio de questões dos principais certames do país, agora apresenta mais um novo projeto: livros contendo questões discursivas selecionadas *por matéria específica* e comentadas por membros de carreiras jurídicas e excelentes professores.

Devido ao grande sucesso dos livros de questões discursivas selecionadas por carreiras, vários foram os pedidos para que fizéssemos também livros que reunissem questões por disciplina.

Assim, a partir de agora, os leitores também poderão estudar as questões discursivas, muitas vezes de difícil acesso, focado em apenas uma única matéria, permitindo uma visão mais ampla de como essa disciplina vem cobrando os conteúdos nas provas de concursos públicos das principais carreiras jurídicas.

As questões foram selecionadas e catalogadas criteriosamente no intuito de oferecer aos concursandos o melhor panorama de exigência de conteúdo dos concursos públicos.

Com as **QUESTÕES DISCURSIVAS COMENTADAS POR MATÉRIA**, o candidato terá condições de se preparar de maneira direcionada para as etapas subsequentes às provas objetivas, analisando quais os temas já foram cobrados, as recorrências, o foco explorado pela Banca, etc.

Além disso, de maneira inédita e pensando na melhor metodologia de estudos, os profissionais e professores não somente comentam as questões como se estivessem fazendo a prova; antes dos comentários, discorrem sobre os tópicos que devem ser abordados nas respostas, quais os cuidados a serem tomados na redação, qual, enfim, o melhor caminho a ser trilhado.

É que, muitas vezes, a simples apresentação dos comentários não basta para mostrar ao leitor como ele deve apresentar sua resposta e quais os cuidados e técnicas devem ser empregados na hora de enfrentar a prova.

Deste modo, aprimorando os métodos de estudo por meio de questões, esperamos que gostem desta nova proposta apresentada na Coleção.

Boa sorte e bons estudos.

Contem conosco

Roberval Rocha

Leonardo Garcia

SUMÁRIO

DIREITO FINANCEIRO 11

1. Auditoria Financeira 11
2. Contabilidade Pública 23
3. Crimes contra as Finanças Públicas 28
4. Dívida Pública 30
5. Lei de Responsabilidade Fiscal 31
6. Orçamento Público 68
   - 6.1. Leis Orçamentárias 68
   - 6.2. Fundos Públicos 99
   - 6.3. Princípios Orçamentários 100
   - 6.4. Teoria da Reserva do Possível 112
7. Normas Gerais sobre Finanças Públicas 122
8. Precatórios 124
9. Receitas e Despesas Públicas 127
10. Repartição de Receitas Tributárias 146
11. Transferência de Recursos 148
12. Tribunal de Contas 152

DIREITO FINANCEIRO

1. AUDITORIA FINANCEIRA

(Cespe/TC/DF/Auditor/2014) "Accountability", um termo largamente empregado na esfera das organizações públicas, vincula-se com as áreas de controladoria e auditoria. A implementação do "accountability" deve ser uma preocupação dos gestores em todos os níveis no âmbito de um regime democrático, haja vista a necessidade de responsabilização demandada a partir da redefinição do papel do Estado na atualidade, alinhado com um modelo gerencial da gestão pública. Considerando que o fragmento de texto acima tem caráter unicamente motivador, faça, necessariamente, o que se pede a seguir: (i) apresente o conceito de "accountability"; (ii) discorra acerca da importância do "accountability" para o regime democrático como instrumento de responsabilização do gestor público; (iii) descreva os tipos clássicos de "accountability".

Autor: Marcelo Chaves Aragão

Direcionamento da resposta

A questão solicita que o candidato aborde, em apenas vinte linhas, três aspectos envolvendo a accountability pública. O primeiro diz respeito ao próprio conceito de accountability. O termo não tem tradução precisa para o nosso idioma, mas de acordo com a literatura especializada, corresponde à obrigação de alguém responder por uma responsabilidade outorgada, com o compromisso de prestar contas. Portanto, accountability pressupõe prestação de contas e responsabilização. O segundo refere-se à sua importância para o regime democrático.

O próprio enunciado da questão destaca a responsabilização do gestor público. Nesse sentido, o candidato deve mencionar que a prestação de contas, a transparência e a responsabilização visam a assegurar os interesses dos cidadãos e o bom desempenho dos serviços públicos.

Por fim, ao tratar do terceiro aspecto, deve descrever a accountability vertical e a horizontal.

Sugestão de resposta

Accountability representa a obrigação que alguém tem de responder por uma responsabilidade outorgada, assumindo o compromisso de prestar contas sobre como esta responsabilidade foi cumprida.

Accountability é importante no contexto da gestão pública e para o regime democrático, pois significa a preservação dos interesses dos cidadãos por meio da transparência, responsabilização e prestação de contas pela administração pública. Logo, possibilita o controle social e a responsabilização pelo desempenho dos gestores e serviços públicos.

Os tipos clássicos de accountability são a vertical e a horizontal. Na vertical, o controle sobre os governantes e gestores se dá pelos cidadãos, mediante instrumentos democráticos. Na horizontal, o controle ocorre por meio de mecanismos institucionalizados de fiscalização mútua entre os Poderes.

(Cespe/TCU/Auditor/2013) Em auditoria realizada pelo Tribunal de Contas do Estado X para avaliar a qualidade do serviço de transporte público coletivo prestado na capital bem como a atuação do órgão gestor na promoção da qualidade desse serviço, foram visitados todos os terminais de ônibus e estações de metrô e foi estabelecida uma amostra aleatória estratificada por eixo populacional, compreendendo 335 paradas de ônibus, o que representa uma margem de erro de 5% e intervalo de confiança de 95%. No relatório da auditoria, constam as seguintes constatações: (1) baixa qualidade do serviço prestado pelas empresas permissionárias – serviço inferior ao do metrô; (2) baixo índice de informação do serviço de transporte rodoviário quanto a horários e itinerários; (3) período de utilização de mais da metade dos ônibus superior ao máximo legalmente permitido; (4) graves falhas no processo de vistoria, o que compromete a segurança dos veículos; (5) baixa efetividade da fiscalização do governo, no que se refere à falta de pagamento das multas lavradas. Além dessas constatações, há indícios de esquema de formação de cartel entre empresas para superfaturar obras e serviços na rede de transporte; de combinação para direcionamento de licitações; de subcontratações irregulares; e de pagamento de propinas a políticos, diretores de empresas públicas e a responsáveis pelo sistema de transporte dessa capital. Os documentos da investigação, juntamente com o relatório de auditoria, fazem parte da prestação de contas do órgão em análise. Com base na situação hipotética apresentada, elabore, com as devidas fundamentações, um parecer conclusivo a partir do relatório de auditoria, atendendo ao que se especifica a seguir. (i) Tipo de auditoria adequada à identificação das constatações citadas e às correções dos desvios. (ii) Principais tipos de amostragens utilizadas em

auditorias, suas características e o tipo utilizado no caso concreto. (iii) Tipos de decisões definitivas de contas perante o TCU e opinião sobre as contas dos responsáveis pelo sistema de transporte da capital em epígrafe.

Autor: Marcelo Chaves Aragão

Direcionamento da resposta

Quanto ao primeiro item solicitado – tipo de auditoria adequada à identificação das constatações citadas e às correções dos desvios –, verifica-se que todas as constatações apontadas no relatório de auditoria são de natureza operacional, ou seja, envolvem aspectos de qualidade do serviço, deficiências nos controles, falhas operacionais, baixa efetividade da fiscalização etc. Logo, o candidato deve afirmar em seu parecer que a auditoria é do tipo operacional, abordando o seu conceito de acordo com o Manual do Controle Interno (IN SFC nº 01, de 2001) ou com as Normas de Auditoria do TCU – NAT (Portaria TCU nº 280, de 2010).

Com relação ao segundo item – principais tipos de amostragens utilizadas em auditorias, suas características e o tipo utilizado no caso concreto-, o candidato deve indicar que pode ser utilizada a amostragem estatística, que é aquela em que o auditor utiliza a seleção aleatória dos itens da amostra e a teoria das probabilidades para avaliar os resultados das amostras, incluindo a mensuração do risco de amostragem, e a amostragem não estatística, na qual o auditor não utiliza a teoria das probabilidades e seleciona a amostra a seu critério. No caso em comento, o auditor utilizou a amostragem estatística por estratificação, que é aquela em que o auditor organiza a população em conjuntos denominados de estratos, contendo cada qual um conjunto de elementos com características homogêneas.

O último item era o mais difícil, sobretudo quanto à opinião sobre as contas dos responsáveis pelo sistema de transporte da capital. Inicialmente, o candidato deve indicar que as decisões definitivas em contas são as decisões, de mérito, pelas quais o Tribunal julga as contas dos gestores públicos e demais responsáveis como regulares, regulares com ressalva ou irregulares, de acordo com a sua Lei Orgânica. Quanto à opinião sobre as contas, repare que as constatações do relatório eram de natureza operacional, portanto, não constituíram infração à norma legal e/ou não resultaram em dano ao Erário. Por outro lado, trata-se de falhas, na sua maioria, cometidas pelas empresas permissionárias, não tendo o condão de alcançar os gestores públicos.

Outro aspecto a ser considerado é que a auditoria realizada foi de natureza operacional, cujo relatório foi juntado às contas. Portanto, além de não constar do relatório de auditoria do controle interno, peça fundamental para subsidiar o julgamento do TCU, as constatações do relatório de auditoria operacional servem para outras verificações adicionais, com base no que seria possível emitir opinião sobre as contas. O relatório de auditoria operacional, por si só, não tem por objetivo emitir opinião de regularidade/irregularidade das contas. O enunciado da questão fala ainda em indícios de fraudes. Cabe ressaltar que indícios não são suficientes para que o Tribunal de Contas julgue as contas dos gestores públicos irregulares. Diante de indícios, o TCU deveria aprofundar os exames, no sentido de transformar os indícios em evidências ou provas incontestes das irregularidades.

Somente após uma apuração específica e aprofundada, e com base em provas e não em indícios, assegurado o contraditório e a ampla defesa, poderia o tribunal julgar as contas dos gestores irregulares. Pelo exposto, o candidato deve indicar que a opinião do Tribunal sobre as contas será pela regularidade com ressalvas, determinando que a secretaria de transporte e/ou eventual órgão regulador do transporte público local adote os procedimentos no sentido de correção das impropriedades identificadas.

Sugestão de resposta

Trata-se de parecer acerca das contas dos responsáveis pelo sistema de transporte público da cidade X, em vista dos documentos de investigação, juntamente com relatório de auditoria realizada pelo tribunal de contas, que fazem parte da prestação de contas do órgão em análise.

Quanto ao relatório de auditoria que faz parte do processo de contas, verifica-se que todas as constatações apontadas no relatório são de natureza operacional, pois envolvem aspectos de qualidade do serviço, deficiências nos controles, falhas operacionais, baixa efetividade da fiscalização etc. Assim, o tipo de auditoria é a operacional, previsto na Constituição Federal e no Regimento Interno do tribunal, pelo qual o auditor governamental apresenta a sua avaliação acerca da economia, eficiência e eficácia dos órgãos e entidades auditados, programas de governo, projetos, atividades, procurando auxiliar a administração na gerência e nos resultados, por meio de recomendações.

Em auditoria, podem ser utilizadas a amostragem estatística, que é aquela em que o auditor utiliza a seleção aleatória dos itens da amostra e a teoria das probabilidades para avaliar os resultados das amostras, e a amostragem não estatística, na qual o auditor não utiliza a teoria das probabilidades e seleciona a amostra a seu critério. No caso em análise, o auditor utilizou a amostragem estatística denominada de estratificada, que é o tipo de amostragem em que o auditor organiza a população em subconjuntos denominados de estratos, contendo cada qual um conjunto de elementos com características homogêneas.

DIREITO FINANCEIRO

No que concerne aos tipos de decisões definitivas de contas perante o TCU, são aquelas em que o tribunal, com base em sua lei orgânica, julga o mérito das contas pela regularidade, regularidade com ressalva ou irregularidade.

Quanto às contas em exame, cabe considerar que a auditoria realizada foi de natureza operacional, cujo relatório foi juntado às contas. As constatações do relatório de auditoria operacional servem para outras verificações adicionais, com base no que seria possível emitir opinião sobre as contas. O relatório de auditoria operacional, por si só, não tem por objetivo emitir opinião de regularidade/irregularidade das contas. Com relação aos indícios de fraudes, não são suficientes para que o Tribunal de Contas julgue as contas dos gestores públicos irregulares. Diante de indícios, o TCU deveria aprofundar os exames, no sentido de transformar os indícios em evidências ou provas incontestes das irregularidades.

Pelo exposto, cabe concluir que as constatações e os indícios não comprovam quaisquer das ocorrências capituladas na Lei Orgânica do TCU como motivadoras para o julgamento das contas como irregulares, razão pela qual somos pela opinião quanto à regularidade com ressalva das contas e pela determinação à secretaria de transporte no sentido de correção das impropriedades identificadas, melhorando a qualidade do serviço público e dos mecanismos de controle e fiscalização das empresas permissionárias.

(Cespe/TCE/RO/Auditor/2013) Redija um texto dissertativo acerca da eficácia da auditoria no âmbito do setor público, abordando, necessariamente, os seguintes aspectos: (i) modelo institucional de controle externo no Brasil; (ii) relacionamento entre o corpo técnico de auditores e os membros dos tribunais de contas; (iii) impacto da imposição de sanções administrativas e financeiras.
Autor: Marcelo Chaves Aragão

Direcionamento da resposta

Nessa questão, o candidato deve abordar três aspectos relevantes da atuação do controle externo e dos Tribunais de Contas. Quanto ao modelo institucional de controle externo, deve destacar que o controle externo é exercido pelo Poder Legislativo com o auxílio do Tribunal de Contas, tendo o cuidado de apontar que a Constituição atribuiu competência exclusiva ao TC de realizar auditorias e inspeções, por iniciativa própria ou por solicitação do órgão legislativo.

Quanto ao relacionamento entre o corpo técnico e os membros dos tribunais de contas, deve ressaltar a independência necessária nessa relação, já que o corpo técnico realiza as fiscalizações e instrui os processos, para subsidiar o julgamento por parte dos membros dos tribunais de contas.

Por fim, no que concerne ao impacto das sanções administrativas e financeiras, o examinador não foi preciso, deixando dúvidas quanto a que aspectos deveriam ser abordados pelo candidato.

De todo modo, além de apontar a natureza administrativa das sanções aplicadas pelo TCU, com base na lei, deve o candidato destacar as sanções financeiras, ou seja, as multas pecuniárias, asseverando que a sua cominação torna a dívida líquida e certa e tem caráter de título executivo. A meu ver, a palavra "impacto" obriga o candidato a falar ainda do caráter personalíssimo da multa; caso o responsável venha a falecer, a multa a ele culminada deve ser extinta.

Sugestão de resposta

O controle externo da gestão pública refere-se à fiscalização orçamentária, financeira, patrimonial, contábil e operacional da administração pública e está previsto nos artigos 70 e 71 da CF/88, cujo titular é o Congresso Nacional, que o exerce com o auxílio do Tribunal de Contas, sem que isso signifique subordinação da Corte de Contas federal ao Congresso Nacional, mas um regime de colaboração entre esses órgãos, conforme modelo constitucional. A CF atribui exclusivamente ao TCU a competência de realizar auditorias nas unidades administrativas de todos os Poderes, por iniciativa própria ou por solicitação do Congresso Nacional.

No âmbito do Tribunal de Contas, o corpo técnico tem a incumbência de realizar as auditorias e demais ações de controle externo, visando a instruir os processos a serem submetidos aos membros, ministros no TCU e conselheiros nos demais tribunais de contas, para a sua apreciação e o seu julgamento. Deve haver independência entre o corpo de auditores e os membros dos Tribunais de Contas, para assegurar que os julgamentos sejam formulados de forma objetiva e imparcial.

A Constituição confere ao tribunal de contas poder de aplicar sanções, nos termos da lei. As sanções são de natureza administrativa, por não ser o Tribunal de Contas um tribunal do Poder Judiciário, mas podem ser de caráter não financeiro, como, por exemplo, a inabilitação temporária para o exercício de cargo em comissão e a declaração de inidoneidade de licitante, e financeiro, como a multa pecuniária, que torna a dívida líquida e certa e tem caráter de título executivo, a ser executada pelo Erário credor via judicial. As sanções são personalíssimas, portanto, caso o responsável infrator venha a falecer, a pena a ele culminada será extinta.

DIREITO FINANCEIRO

(Cespe/TCE/ES/Auditor_Substituto/2012) De acordo com as Normas de Auditoria Governamental (NAGs), o Tribunal de Contas deve, periodicamente, aprovar, com base em proposta de grupo de trabalho próprio, programa de garantia de qualidade a ser aplicado às auditorias concluídas, isto é, trabalhos cujos relatórios tenham sido julgados ou apreciados pelo tribunal de contas, a fim de garantir o aprimoramento das novas auditorias em conformidade com a legislação, bem como com as políticas e normas do tribunal. Considerando que o texto acima tem caráter unicamente motivador, descreva as fases do programa de controle de qualidade dos trabalhos de auditoria governamental.

Autor: Marcelo Chaves Aragão

Direcionamento da resposta

Nesta questão, o candidato deve descrever as fases do programa de controle de qualidade dos trabalhos de auditoria governamental definidas nas Normas de Auditoria Governamental aplicáveis ao Controle Externo Brasileiro (NAGs). Segundo a NAG 4601, o programa de garantia de qualidade a ser aplicado às auditorias deve conter as seguintes fases: supervisão, revisões internas e revisões externas.

Sugestão de resposta

Segundo as NAGs, no programa de garantia de qualidade a ser aplicado às auditorias concluídas devem constar as seguintes fases de controle de qualidade: supervisão, revisões internas e revisões externas.

Quanto à supervisão, os trabalhos dos auditores devem ser supervisionados de forma contínua, para assegurar sua conformidade com as NAGs e os seus respectivos métodos e programas de auditoria.

No que se refere às revisões internas, os trabalhos de auditoria governamental devem ser analisados periodicamente, por comissões compostas de membros escolhidos dentre o pessoal mais experiente na área de auditoria, capaz de avaliar a qualidade global das atividades de controle externo.

Por fim, as revisões externas devem ser efetuadas periodicamente, por comissões compostas de profissionais experientes em auditoria, pertencentes ao sistema de controle externo, alheios aos quadros do TC cujos trabalhos estão sendo revisados.

(AOCP/TCE/PA/Auditor_Substituto/2012) Discorra sobre o que o auditor independente deve tratar, especificamente, a respeito das normas referentes à execução dos trabalhos de auditoria.

Autor: Marcelo Chaves Aragão

Direcionamento da resposta

Nesta questão, o candidato deve discorrer sobre os aspectos tratados pelo auditor independente durante a etapa de execução dos trabalhos de auditoria, à luz das normas de auditoria. Considerando que são muitos os aspectos que o auditor deve tratar quando planeja e executa a auditoria, o candidato deve descrever os aspectos mais relevantes, evitando mencionar os procedimentos em áreas específicas das demonstrações contábeis.

Logo, no mínimo, o candidato deve abordar os seguintes assuntos que são tratados de acordo com as normas de execução da auditoria: planejamento e plano de auditoria, controles internos, risco de auditoria, materialidade ou relevância, procedimentos de auditoria, evidência de auditoria e fraudes e erros.

Sugestão de resposta

O auditor independente das demonstrações financeiras, ao executar a auditoria, deve cumprir as normas relevantes e aplicar os procedimentos de auditoria necessários de acordo com as circunstâncias e obter evidência de auditoria suficiente para expressar a sua opinião sobre a adequação das demonstrações.

As normas de execução da auditoria estabelecem que, ao planejar a auditoria, o auditor deve obter adequado conhecimento sobre as atividades e o negócio da entidade auditada, para elaborar o plano ou programa de auditoria. O auditor deve ainda avaliar os controles internos contábeis da entidade para determinar o risco de auditoria.

Outro aspecto a ser tratado especificamente é a materialidade ou relevância, para que o auditor defina a natureza, oportunidade e extensão dos procedimentos de auditoria a serem aplicados e conclua sobre a relevância das distorções encontradas nas demonstrações contábeis.

O auditor deve tratar sobre os procedimentos ou técnicas de auditoria, definindo a natureza das mesmas, como, por exemplo, a inspeção, a observação e a confirmação externa. Conforme os objetivos, os procedimentos são classificados como testes de controles ou testes substantivos.

DIREITO FINANCEIRO

O auditor planeja e executa a auditoria para avaliar os riscos de erros e fraudes relevantes e diante de um risco maior, amplia os procedimentos para evidenciar a sua ocorrência e comunica à administração da entidade auditada para que esta promova os ajustes necessários.

(Cespe/TCU/Auditor/2011) Texto I: "O TCU, com base nas diretrizes da Organização Internacional de Entidades Fiscalizadoras Superiores (INTOSAI), conceitua a auditoria operacional com o exame independente e objetivo da economicidade, eficiência, eficácia e efetividade de organizações, programas e atividades governamentais, com a finalidade de promover o aperfeiçoamento da gestão pública. A auditoria operacional vem merecendo atenção crescente nos trabalhos do tribunal, cuja atuação, hoje, transcende a mera verificação da regularidade das despesas públicas, que, por mais que se considere essencial, insuficiente para efeito de avaliação do desempenho de uma entidade e de seus dirigentes.". Texto II: "Uma instituição pública de ensino ofereceu cem vagas para um curso profissionalizante com duração prevista de dois anos, tendo sido todas preenchidas. A falta de disponibilidade de professores obrigou a instituição a recrutar profissionais em outras instituições ou localidades. Ao final do período de dois anos, metade dos alunos havia desistido do curso; do restante, a metade só concluiu o curso ao final de três anos. Dos formados, apenas a metade passou a atuar na área ou utilizou os novos conhecimentos na sua atividade profissional." Considerando as informações apresentadas no Texto I acima, discorra a respeito do entendimento sobre economicidade, eficiência, eficácia e efetividade, e suas aplicações ao caso concreto apresentado no Texto II.

Autor: Marcelo Chaves Aragão

Direcionamento da resposta

Para responder com didatismo à questão, é importante considerar a estruturação do texto sugerida pelo próprio enunciado. Considerando ainda a reduzida quantidade de linhas disponíveis, é importante não dedicar muito espaço à introdução, buscando abordar os conceitos propostos logo no início da resposta.

Dessa forma, deve-se apresentar as definições de economicidade, eficiência, eficácia e efetividade – as quatro dimensões do desempenho mais abordadas na literatura sobre performance governamental. Nesse ponto, é importante atenção, porque há várias definições possíveis para cada uma dessas dimensões, com grandes variações quando se trata de autores dedicados a políticas públicas e autores típicos da área de administração geral. Assim, a recomendação, especialmente em um concurso para Tribunal de Contas, é utilizar as definições propostas pelo **Manual de Auditoria Operacional do próprio TCU**, referência ideal nesse caso.

Em seguida, é necessário analisar os fatos apresentados no Texto II, **identificando cada situação com uma das dimensões do desempenho** apresentadas previamente. Nesse tipo de questão, é essencial assegurar-se de abordar todas as situações apontadas, pois qualquer lacuna pode levar à perda dos pontos correspondentes.

Para orientar essa segunda parte da resposta, portanto, deve-se focalizar nos seguintes fatos:

- Foi necessário recrutar profissionais em outras instituições ou localidades – o que representa custos mais elevados do que usar profissionais locais;

- Metade dos alunos desistiu do curso ao longo de dois anos – o que significa que as metas não foram plenamente cumpridas e recursos foram despendidos sem resultado;

- Do grupo restante, metade necessitou de três anos para concluir o curso – o que evidencia aplicação de recursos adicionais para alcançar parte da meta e descumprimento dos prazos;

Do grupo de formados, somente a metade efetivamente passou a atuar na área ou utilizou os novos conhecimentos na sua atividade profissional – o que representa uma mudança na realidade social inferior à desejada.

Sugestão de resposta

A atuação governamental por meio de programas e políticas públicas pode ser avaliada conforme distintas dimensões do desempenho. De forma típica, considera-se: a economicidade, que representa a realização das despesas com modicidade, mitigando os custos dos insumos necessários à execução das atividades; a eficiência, que significa uma boa relação entre os produtos entregues e o consumo de recursos; a eficácia, representando a entrega de produtos e serviços de acordo com os padrões de quantidade, qualidade e prazos definidos no planejamento; e a efetividade, que trata da consecução dos objetivos finais do programa, com a correspondente verificação das mudanças desejadas na realidade social.

No caso em análise, foram verificadas fragilidades diversas. Inicialmente, registra-se ter sido necessário recrutar profissionais em outras instituições ou localidades, acarretando custos mais elevados do que seria possível com profissionais locais, representando, por conseguinte, uma limitação na economicidade.

Em seguida, nota-se que metade dos alunos desistiu do curso ao longo de dois anos, o que significa que parcela dos recursos investidos não resultou nos produtos planejados, caracterizando um quadro de ineficiência. Além disso, do grupo restante, metade necessitou de três anos para concluir o curso, de forma que o prazo proposto não foi cumprido, representando ineficácia, ao mesmo tempo em que mais recursos foram necessários, agravando o problema de ineficiência. Finalmente, do grupo de formados, somente a metade passou a atuar na área ou utilizar os novos conhecimentos na sua atividade profissional, indicando que a mudança na realidade social foi inferior à desejada, o que define uma reduzida efetividade.

(Cespe/TCU/Auditor/2011) "*Um documento, compilado por um auditor do banco, revela, em novos e espantosos detalhes, de que maneira o Lehman Brothers utilizou prestidigitações contábeis a fim de ocultar os maus investimentos que resultaram em sua quebra. Segundo o autor, a empresa quebrou por múltiplas causas. Entre elas, estavam maus investimentos hipotecários e, mais indiretamente, a demanda de dois rivais para que o banco apresentasse caução se desejasse receber empréstimos dos quais necessitava desesperadamente. O Lehman Brothers usou uma forma de engenharia financeira a fim de remover temporariamente US$ 50 bilhões de suas contas, nos meses que precederam o colapso de setembro de 2008, a fim de ocultar sua dependência de capital emprestado. Importantes executivos da instituição, bem como os auditores oficiais do banco, estavam informados sobre a manobra, e o presidente-executivo da instituição certificou as contas enganosas. Sem que o público investidor, as agências de classificação de crédito, as autoridades regulatórias do governo e o conselho do Lehman soubessem, o banco praticou engenharia reversa em seu nível líquido de alavancagem, para fins de consumo público.*" *(Edson P. B. Leal. Quebra do Lehman Brothers. 2008, com adaptações). Considerando que o fragmento de texto acima tem caráter unicamente motivador, redija um texto dissertativo acerca do seguinte tema: "Auditoria como instrumento de prevenção de desastres financeiros". Ao elaborar seu texto, aborde, necessariamente, os seguintes aspectos: (i) eficácia dos relatórios de auditoria; (ii) necessidade de independência do auditor; (iii) responsabilidades das entidades de auditoria.*

Autor: Marcelo Chaves Aragão

Direcionamento da resposta

Interessante questão que trata da eficácia dos relatórios de auditoria sobre as demonstrações financeiras e das responsabilidades das entidades de auditoria.

Quanto ao item "i", de acordo com as normas de auditoria e a literatura especializada, a eficácia do relatório do auditor está vinculada com a opinião adequada que o auditor expressa em seu relatório. Na auditoria independente das demonstrações contábeis, o objetivo da auditoria é aumentar o grau de confiança nas demonstrações contábeis por parte dos usuários e isso é alcançado mediante a expressão de uma opinião pelo auditor sobre se as demonstrações contábeis foram elaboradas, em todos os aspectos relevantes, em conformidade com uma estrutura de relatório financeiro aplicável. Essa eficácia será alcançada quando o auditor cumpre as normas de auditoria e atinge segurança razoável para opinar sobre as demonstrações. Essa segurança está associada às evidências obtidas pelo auditor mediante a aplicação de procedimentos de auditoria.

O item "ii" diz respeito à independência, principal requisito ético-profissional dos auditores. O candidato deve ressaltar que a independência é condição primordial do trabalho de auditoria, para a obtenção dos elementos de prova e exercício de seu julgamento. O auditor independente orienta o trabalho no sentido da verdade, evitando conflitos de interesses e baseia suas conclusões em evidências, de forma objetiva e imparcial.

Quanto ao item "iii", o candidato deve apontar que a responsabilidade do auditor independente é de ordem pública, posto que os usuários de uma forma geral, incluindo os acionistas, os investidores, o Fisco e a sociedade, são interessados e usuários do relatório do auditor. Contudo, deve-se asseverar que esta responsabilidade se limita ao relatório de auditoria sobre as demonstrações contábeis. O auditor não é responsável e também não pode ser responsabilizado pela prevenção de fraudes ou erros. Entretanto, deve planejar seu trabalho avaliando o risco de sua ocorrência, de forma a ter grande probabilidade de detectar aqueles que impliquem efeitos relevantes nas demonstrações contábeis.

Sugestão de resposta

Quando realizada de acordo com as normas de auditoria e de forma independente, a auditoria constitui importante instrumento de prevenção de fraudes financeiras.

A eficácia dos relatórios de auditoria será alcançada quando o auditor obtém evidência de auditoria suficiente e adequada de que as demonstrações financeiras estão livres de erros e fraudes relevantes. Assim, a opinião que os auditores expressam no relatório de auditoria será segura, atestando a adequação das demonstrações financeiras.

A independência do auditor é assegurada quando os seus interesses são isentos dos interesses da entidade auditada. Quando há independência, os auditores possuem liberdade para realizar os trabalhos de forma imparcial e objetiva, evidenciar as fraudes relevantes e emitir opinião isenta e confiável.

A responsabilidade primária por prevenir e detectar fraudes é da administração da entidade auditada. Contudo, o auditor deve planejar os seus exames se forma a identificar fraudes de efeito relevante sobre as demonstrações contábeis, podendo ser responsabilizado pela não descoberta de fraude significativa em consequência da negligência no cumprimento das normas. A responsabilidade das entidades de auditoria independente é de ordem pública, dado o grande interesse de todos em seu relatório.

2. CONTABILIDADE PÚBLICA

(AOCP/TCE/PA/Analista/2012) Descreva o conceito, o objeto e a finalidade da Contabilidade Aplicada ao Setor Público e aponte quais as razões da elaboração de um Plano de Contas Aplicado ao Setor Público com abrangência Nacional.

Autor: Marcel Guimarães

Direcionamento da resposta

Nesta questão, o candidato deveria abordar conceitos da NBCT 16.1 (conceito e objeto). Já a finalidade da CASP, além das razões da elaboração de um Plano de Contas Aplicado ao Setor Público com abrangência Nacional, são assuntos que são tratados no MCASP (Parte IV do MCASP 2012 – 5. ed.). Importante notar que foi o usado o MCASP 5. ed. por conta de ser o documento vigente à época da questão.

Sugestão de resposta

Nos termos da NBCT 16.1, a Contabilidade Aplicada ao Setor Público – CASP é o ramo da ciência contábil que aplica, no processo gerador de informações, os Princípios Fundamentais de Contabilidade e as normas contábeis direcionados ao controle patrimonial de entidades do setor público.

O objeto da Contabilidade Aplicada ao Setor Público é o patrimônio público.

A ciência contábil tem como finalidade principal o fornecimento de informações, contribuindo de forma significativa para a adequada tomada de decisão.

No Brasil, a contabilidade aplicada ao setor público efetua de modo eficiente o registro dos atos e fatos relativos ao controle da execução orçamentária e financeira. No entanto, muito ainda se pode avançar no que se refere à evidenciação do patrimônio público. Essa necessidade de melhor evidenciação dos fenômenos patrimoniais e a busca por um tratamento contábil padronizado dos atos e fatos administrativos no âmbito do setor público tornou imprescindível a elaboração de um Plano de Contas Aplicado ao Setor Público (PCASP) com abrangência nacional.

O PCASP estabelece conceitos básicos, regras para registro dos atos e fatos e estrutura contábil padronizada, de modo a atender a todos os entes da Federação e aos demais usuários da informação contábil, permitindo a geração de base de dados consistente para compilação de estatísticas e finanças públicas.

(AOCP/TCE/PA/Analista/2012) Quais as Demonstrações Contábeis exigidas pela Lei 4.320/1964? No âmbito da Contabilidade Pública, conceitue e apresente a finalidade de cada uma delas.

Autor: Marcel Guimarães

Direcionamento da resposta

As demonstrações contábeis exigidas pela Lei 4.320/64 são os balanços orçamentário, financeiro e patrimonial e a Demonstração das Variações Patrimoniais, assuntos tratados nos art. 102, 103, 105 e 104, respectivamente, da Lei.

Basicamente, a finalidade do balanço orçamentário é evidenciar o resultado orçamentário; do financeiro, o resultado financeiro; do patrimonial, o saldo patrimonial; e da DVP, evidenciar o resultado patrimonial do exercício.

Sugestão de resposta

De acordo com o art. 101 da Lei 4.320/64, os resultados gerais do exercício serão demonstrados no Balanço Orçamentário, no Balanço Financeiro, no Balanço Patrimonial e na Demonstração das Variações Patrimoniais – DVP.

O Balanço Orçamentário demonstrará as receitas e despesas previstas em confronto com as realizadas. Sua finalidade é o evidenciar o resultado orçamentário do exercício, permitindo também a análise do resultado das receitas (previstas x arrecadadas) e das despesas (fixadas x executadas).

O Balanço Financeiro demonstrará a receita e a despesa orçamentárias bem como os recebimentos e os pagamentos de natureza extraorçamentária, conjugados com os saldos em espécie provenientes do exercício anterior, e os que se transferem para o exercício seguinte. Sua finalidade é evidenciar o resultado financeiro do exercício.

O Balanço Patrimonial demonstrará os Ativos Financeiro e Permanente, os Passivos Financeiro e Permanente, o Saldo Patrimonial e as Contas de Compensação. Sua finalidade é evidenciar o Saldo Patrimonial, mas permite também cálculo do Superávit Financeiro do Balanço Patrimonial, uma das fontes para abertura de créditos adicionais suplementares e especiais ao longo do exercício financeiro.

A Demonstração das Variações Patrimoniais – DVP evidenciará as alterações verificadas no patrimônio, resultantes ou independentes da execução orçamentária, e indicará o resultado patrimonial do exercício. Sua finalidade é exatamente evidenciar este último parâmetro.

(AOCP/TCE/PA/MPC/Procurador/2012) O Balanço Patrimonial, no âmbito da Contabilidade Pública, é uma demonstração contábil que evidencia quantitativamente e qualitativamente a situação patrimonial da entidade pública. Sobre essa demonstração, apresente e defina de forma objetiva: as contas representativas do patrimônio público e as contas de compensação; a segregação das contas com base nos atributos de conversibilidade e exigibilidade bem como a classificação e os critérios que devem ser satisfeitos para essa segregação; o viés orçamentário conferido pela Lei 4.320/64 ao Balanço Patrimonial.

Autor: *Marcel Guimarães*

Direcionamento da resposta

O candidato deveria mencionar que o patrimônio público é estruturado em três grupos: ativo, passivo e patrimônio líquido, apresentando as definições desses três itens.

Nas contas de compensação, segundo o art. 105, § 5º, da Lei 4.320/64, serão registrados os bens, valores, obrigações que, imediata ou indiretamente, possam vir a afetar o patrimônio.

Posteriormente, deveria ser afirmado que, no balanço patrimonial, as contas são segregadas com base nos atributos de conversibilidade e exigibilidade, sendo que o ativo e o passivo são divididos em circulante e não circulante, apresentando-se as definições e critérios que devem ser satisfeitos para essa segregação.

Por fim, deveria ser apresentada a abordagem da Lei 4.320/64, que classifica os ativos e passivos em financeiro e permanente, levando em conta a dependência ou não de autorização orçamentária ou legislativa para alienação ou realização de ativos e pagamento de dívidas.

Sugestão de resposta

O Balanço Patrimonial, no âmbito da Contabilidade Aplicada ao Setor Público, é uma demonstração contábil que evidencia quantitativamente e qualitativamente a situação patrimonial da entidade pública.

O patrimônio público é estruturado em três grupos: ativo, passivo e patrimônio líquido. Ativos são recursos controlados pela entidade como resultado de eventos passados e do qual se espera que resultem para a entidade benefícios econômicos futuros ou potencial de serviços. Passivos são obrigações presentes da entidade, derivadas de eventos passados, cujos pagamentos se esperam que resultem para a entidade saídas de recursos capazes de gerar benefícios econômicos ou potencial de serviços. Patrimônio Líquido é o interesse residual dos ativos da entidade depois de deduzidos todos seus passivos.

Outro conceito importante para o estudo do Balanço Patrimonial é o das contas de compensação. Segundo o art. 105, § 5°, da Lei 4.320/64, nessas contas serão registrados os bens, valores, obrigações que, imediata ou indiretamente, possam vir a afetar o patrimônio. Trata-se basicamente de contas que servem para registrar atos potenciais que podem afetar o patrimônio público no futuro, como, por exemplo, a assinatura de contratos ou de convênios.

No balanço patrimonial, as contas são segregadas com base nos atributos de conversibilidade e exigibilidade, sendo que o ativo e o passivo são divididos em circulante e não circulante. Os ativos devem ser classificados como circulante quando satisfizerem a um dos seguintes critérios: a) estiverem disponíveis para realização imediata; b) tiverem a expectativa de realização até doze meses após a data das demonstrações contábeis. Os demais ativos devem ser classificados como não circulantes. Os passivos devem ser classificados como circulantes quando corresponderem a valores exigíveis até doze meses após a data das demonstrações contábeis. Os demais passivos devem ser classificados como não circulantes.

Convém destacar que os conceitos e critérios descritos anteriormente são os mais atuais, e decorrem de alterações pelas quais a contabilidade pública tem passado no Brasil desde a adoção de padrões visando à convergência com as

DIREITO FINANCEIRO

normas internacionais. Assim, as NBCT 16 e o Manual de Contabilidade Aplicada ao Setor Público – MCASP serviram como base para implementar tais mudanças, modificando a estrutura do Balanço Patrimonial da Lei 4.320/64, cujo viés era orçamentário. No modelo da lei, o balanço patrimonial é composto de ativo financeiro e permanente, passivo financeiro e permanente, saldo patrimonial e contas de compensação.

A classificação dos ativos e passivos em financeiro e permanente leva em conta a dependência ou não de autorização orçamentária ou legislativa para alienação ou realização de ativos e pagamento de dívidas. De acordo com o art. 105 da referida Lei, o Ativo Financeiro compreenderá os créditos e valores realizáveis independentemente de autorização orçamentária e os valores numerários. O Ativo Permanente compreenderá os bens, créditos e valores, cuja mobilização ou alienação dependa de autorização legislativa. O Passivo Financeiro compreenderá as dívidas fundadas e outros pagamentos que independam de autorização orçamentária. O Passivo Permanente compreenderá as dívidas fundadas e outras que dependam de autorização legislativa para amortização ou resgate.

(FGV/TCM/RJ/Auditor/2008) Discorra sobre o Sistema de Compensação, no âmbito da Contabilidade Pública.
Autor: Marcel Guimarães

Direcionamento da resposta

O candidato deveria discorrer a respeito do Sistema de Compensação, conceituando-o e apresentando exemplos de sua aplicação. Para fins didáticos, foram apresentados os conceitos constantes da NBCT 16.2, MCASP e Lei 4.320/64. A julgar pela época da questão, provavelmente a banca esperava o conceito da NBCT 16.2. Caso fosse uma questão atual, o candidato deveria se pautar pelo conceito do MCASP.

Sugestão de resposta

O sistema contábil representa a estrutura de informações sobre identificação, mensuração, avaliação, registro, controle e evidenciação dos atos e dos fatos da gestão do patrimônio público, com o objetivo de orientar e suprir o processo de decisão, a prestação de contas e a instrumentalização do controle social. A Contabilidade Aplicada ao Setor Público é organizada na forma de sistema de informações, cujos subsistemas, conquanto possam oferecer produtos diferentes em razão da respectiva especificidade, convergem para o produto final, que é a informação sobre o patrimônio público. O sistema contábil atual, conforme a NBCT 16.2 e o Manual de Contabilidade Aplicada ao Setor Público – MCASP, está estruturado nos seguintes subsistemas de informações: Orçamentário, Patrimonial, Custos e Compensação.

Conforme preceitos da NBCT 16.2, o Subsistema de Compensação registra, processa e evidencia os atos de gestão cujos efeitos possam produzir modificações no patrimônio da entidade do setor público, bem como aqueles com funções específicas de controle.

De acordo com o MCASP, o Subsistema de Compensação registra, processa e evidencia os atos de gestão cujos efeitos possam produzir modificações no patrimônio da entidade do setor público, bem como aqueles com funções específicas de controle, subsidiando a administração com informações tais como: a) alterações potenciais nos elementos patrimoniais; e b) acordos, garantias e responsabilidades.

Segundo o art. 105, § 5º, da Lei 4.320/64, nas contas de compensação serão registrados os bens, valores, obrigações que, imediata ou indiretamente, possam vir a afetar o patrimônio. Trata-se basicamente de contas que servem para registrar atos potenciais que podem afetar o patrimônio no futuro, como, por exemplo, a assinatura de contratos ou de convênios.

3. CRIMES CONTRA AS FINANÇAS PÚBLICAS

(FCC/TCE/SP/MPC/Procurador/2011) Tício, deputado estadual, Presidente da Assembleia Legislativa de um determinado estado brasileiro, autorizou, por meio de ato administrativo, o aumento de despesa de pessoal 120 dias antes do final de seu mandato, sem que houvesse disponibilidade de recursos, comprometendo a regularidade das Finanças Públicas. Decorrido 30 dias da data da autorização, o aumento foi implantado. Quando o fato foi noticiado pela imprensa local, a autoridade policial efetuou a prisão em flagrante de Tício. Analise a situação descrita e responda, fundamentadamente: (i) qual crime cometido por Tício e qual a espécie de ação penal cabível? (ii) Para caracterização desse delito exige-se dolo específico? Admite-se a forma culposa? (iii) qual o sujeito passivo e quem pode ser sujeito ativo desse delito? (iv) quando ocorre a consumação desse crime? E. houve alguma ilegalidade na prisão em flagrante?

Autor: Bruno Oliveira Tavares de Lyra

DIREITO FINANCEIRO

Direcionamento da resposta

Nesta questão o candidato deve especificar que o crime cometido foi o de "aumento de despesa total com pessoal no último ano do mandato ou legislatura" (art. 359-G do CP) e que tal crime está sujeito ação penal pública condicionada. Deve explicar que o elemento subjetivo do crime é o dolo específico, não se admitindo a forma culposa.

Deve ressaltar que o sujeito passivo da infração é a Administração Pública e que os sujeitos ativos são os titulares que detêm competência para aumentar despesas de pessoal. Deve explicar que o crime se consuma com a emissão da autorização e que o flagrante foi ilegal.

Sugestão de resposta

Na presente situação, Tício cometeu o crime de "aumento de despesa total com pessoal no último ano do mandato ou legislatura", previsto no art. 359-G do Código Penal. Esse delito faz parte dos crimes contra as Finanças Públicas e está sujeito à ação penal pública incondicionada.

O elemento subjetivo do crime é o dolo específico, ou seja, além do agente ter a vontade livre e consciente de autorizar o aumento da despesa, ele realiza a conduta com uma finalidade especial, ou fim específico. Para o delito em questão não se admite a forma culposa.

O sujeito passivo do crime é a Administração Pública e os sujeitos ativos do crime, por tratar-se de crime próprio, são os titulares do mandato que detêm competência para aumentar as despesas com pessoal. Esses titulares de mandato podem ser do Legislativo, Executivo ou Judiciário, podendo ainda tal mandato não ser derivado de eleição, como no caso de um Presidente de Tribunal ou de um Procurador Geral de Justiça.

Na modalidade autorizar, o crime já se consuma com a emissão da ordem ou da autorização, independente da realização concreta do aumento de despesa com pessoal, que é apenas o mero exaurimento do crime.

A prisão em flagrante foi ilegal, primeiramente, por que o crime em tela não é crime inafiançável. Aos parlamentares estaduais aplica-se a mesma regra em relação à imunidade dos parlamentares federais, somente poderão ser presos em caso de flagrante de crime inafiançável. Além disso, não é possível a ocorrência de flagrante, já que se passaram mais de 30 dias da consumação do crime, nesse caso se faz necessária a autorização judicial para a prisão.

4. DÍVIDA PÚBLICA

(Cespe/AGU/Procurador/2007) A União, ao final do primeiro quadrimestre de determinado exercício financeiro, ultrapassou os limites legalmente previstos da dívida pública consolidada. (i) Em razão desse fato, o Ministério de Minas e Energia teve de suspender a implementação de política pública que visava desenvolver a pesquisa, a lavra, a refinação e o transporte de petróleo bruto e de seus derivados básicos, pois dependia da realização de operação de crédito, pela União, para abertura de crédito especial, em favor daquele ministério. (ii) Em virtude de interesse público relevante, a União decidiu dar continuidade ao referido programa, obtendo receita para o seu financiamento, mediante antecipação de valores de empresas controladas e, outrossim, celebrando contrato administrativo de concessão com empresas privadas para desenvolvimento das atividades previstas no referido programa. (iii) Com base nessa situação hipotética, elabore texto dissertativo a respeito da legalidade da operação realizada pela União para obtenção de crédito, para financiamento do programa, bem como a respeito da legalidade da celebração de contrato de concessão com empresa privada para a pesquisa, a lavra, a refinação e o transporte de petróleo bruto e de seus derivados básicos, apresentando, para cada caso, o respectivo fundamento legal.

Autores: Frederico Rios Paula e Renato Cesar Guedes Grilo

Direcionamento da resposta

Nesta questão espera-se que o candidato: 1) conceitue dívida pública consolidada; 2) aborde as medidas a serem tomadas para recondução dos limites de endividamento; 3) conclua pela ilegalidade da operação de crédito; 4) discorra sobre o monopólio da União sobre petróleo e derivados; 5) conclua pela possibilidade da concessão, tendo em vista o art. 177, § 1º, da CF.

Sugestão de resposta

Segundo o art. 29, I, da LRF, a dívida pública consolidada ou fundada corresponde ao montante total das obrigações financeiras do ente da Federação, assumidas em virtude de leis, contratos, convênios ou tratados, para a amortização de dívida com prazo superior a doze meses. Os limites globais para a dívida consolidada são fixados pelo Senado, a partir de iniciativa do Presidente da República (art. 52, VI, da CF e art. 30, da LRF), com base na Receita Corrente Líquida de cada esfera de governo.

O monitoramento do nível de endividamento é feito a cada quadrimestre, e uma vez ultrapassados os limites, deverá o ente reconduzir dívida até o término dos três subsequentes, reduzindo o excedente em pelo menos vinte e cinco por cento no primeiro (art. 31, LRF). Além disso, conforme previsão do art. 31, § 1º, da LRF, enquanto perdurar o excesso, o ente estará proibido de realizar operação de crédito interna ou externa, inclusive por antecipação de receita, ressalvado o refinanciamento do principal atualizado da dívida mobiliária, assim como deverá obter resultado primário necessário à recondução da dívida ao limite, promovendo dentre outras medidas, a limitação de empenho.

Assim, na situação descrita, a antecipação de receita realizada pelo Ministério afronta literalmente o art. 31, § 1º, da LRF, já que está proibida a sua contratação tendo em vista a afronta aos limites para a dívida consolidada. Não bastasse isso, a antecipação de valores de empresas controladas para a União é vedada pelo art. 35, da LRF, pois configura operação de crédito entre um ente da Federação e outro, fora das hipóteses permitidas em lei.

No tocante ao contrato de concessão com empresa privada, a atuação da administração está ancorada na nova redação do art. 177, da CF, conferida pela EC nº 09/05. Por força da citada emenda, o monopólio da União sobre combustíveis fósseis e derivados foi relativizado, para permitir a contratação de empresas estatais ou privadas para as atividades relacionadas ao abastecimento de petróleo, mormente em relação às atividades de: i) pesquisa e a lavra das jazidas; ii) refino de petróleo; iii) importação e exportação dos produtos e derivados básicos; e iv) transporte. Assim, conclui-se legal a celebração de concessão com empresa privada, com fundamento no art. 177, § 1º, da CF.

5. LEI DE RESPONSABILIDADE FISCAL

(PGE/PR/Procurador/2015) A Administração Pública está autorizada a conceder renúncias e, com isso, provocar deliberadamente a redução de receitas públicas. No entanto, essa possibilidade está limitada ao cumprimento de condições estabelecidas no Direito Positivo. Conceitue a renúncia de receita, explicando, de modo fundamentado, quais são as condições legais a ela aplicáveis.

Autor: Paulo Henrique Figueredo de Araújo

Direcionamento da resposta

O cerne da resposta encontra-se no **art. 14 da Lei Complementar (LC) nº 101/2000 (Lei de Responsabilidade Fiscal – LRF)**. Parcas as manifestações jurisprudenciais sobre o tema, devendo o candidato socorrer-se à legislação e à doutrina para a resolução de questões dessa espécie. Interessa ressaltar que, quando o enunciado direciona para uma resposta em um único artigo de lei, não devemos nos limitar à transcrição literal da legislação. A maioria dos espelhos de resposta pontuam comentários contextuais do dispositivo, bem como o intercambiamento entre diplomas legais e a Constituição. Afinal, somente assim o candidato demonstraria conhecimento jurídico, bem como capacidade de raciocínio além da mera localização e reprodução legislativa.

No presente caso, interessante iniciar a resposta com comentários gerais sobre os objetivos da Lei de Responsabilidade Fiscal, em especial, seu papel no equilíbrio das finanças públicas, a conceituação da renúncia de receitas, bem como suas finalidades econômicas e sociais. Na definição, importante ressaltar as materialidades legalmente equiparadas à renúncia (art. 14, § 1º, LC nº 101/2000). Ato contínuo, importante a indicação dos requisitos constitucionais e legais para a efetivação daquela, com alusão expressa: às duas condições cumulativamente obrigatórias de renúncia de receita e das duas condições alternativas, constantes no art. 14 da LC nº 101/2000.

Por fim, explanar as duas exceções pelas quais está autorizada a renúncia de receita sem a observância das condições retromencionadas (art. 14, § 3º, LC nº 101/2000).

Sugestão de resposta

A LC nº 101/2000 (Lei de Responsabilidade Fiscal – LRF) objetiva, principalmente, o equilíbrio nas contas públicas, tendo em vista duas frentes: no lado das despesas, busca medidas para conter sua expansão; sob a perspectiva das receitas, procura garantir a arrecadação necessária à efetivação dos gastos públicos[1]. Em matéria de receita pública, a regra preconizada, portanto, é a arrecadação (art. 11, LC nº 101/2000), sendo a renúncia excepcional.

A **renúncia de receita** corresponde, justamente, à abdicação da arrecadação, traduzindo-se na concessão de incentivos fiscais[2]. Consiste na dispensa de determinada renda, sob a promessa de retornos sociais ou econômicos. Importantes estudos comprovaram a relevância de uma planejada e adequada renúncia de receita ("tax expenditure"), capaz de produzir os mesmos benefícios sob a economia dos gastos públicos. Todavia, importa ressaltar os diversos

---

1. FURTADO, J. R. Caldas. Direito Financeiro. 4. ed. Belo Horizonte: Fórum, 2014).
2. Para efeito da LRF, todavia, não é toda e qualquer renúncia de receita que se submete aos requisitos do art. 14, mas somente àquela de natureza tributária (OLIVEIRA, Régis Fernandes de. Curso de direito financeiro. 5. ed. São Paulo: Editora Revista dos Tribunais, 2013).

conflitos federativos em decorrência rivalidades entre os entes na renúncia ("guerra fiscal")[3].

Na legislação, a renúncia de receitas é tratada no art. 14 da LC nº 101/2000, compreendendo a anistia, remissão, subsídio, crédito presumido, concessão de isenção em caráter não geral, alteração de alíquota ou modificação de base de cálculo que implique redução discriminada de tributos ou contribuições, e outros benefícios denotadores de tratamento diferenciado (§ 1º) – rol meramente exemplificativo.

A renúncia materializa-se mediante lei específica (art. 150, § 6º, c/c art. 167, II, CF/88). Em acréscimo, o art. 14 da LC nº 101/2000 elenca duas exigências obrigatórias a sua efetivação:

- **a)** A estimativa do impacto orçamentário financeiro no exercício de vigência, bem como nos 2 (dois) seguintes: A intenção é evitar a outorga irresponsável do benefício, comprometendo as finanças estatais, com risco à plena satisfação dos gastos já projetados, no ano corrente e no futuro próximo. Visa a aferir, portanto, a existência de condições econômico-financeiras capazes de absorverem os impactos do arrefecimento fiscal;

- **b)** A atenção ao disposto na Lei de Diretrizes Orçamentárias: A LDO, ostenta funções como orientar a elaboração da LOA, dispor sobre alterações na legislação tributária (art. 165, § 2º, CF/88) e sobre o equilíbrio entre receitas e despesas (art. 4, I, "a", LC nº 101/2000). Ademais, seu Anexo deve conter demonstrativo da estimativa e compensação da renúncia de receitas (art. 4º, § 2º, V, LC nº 101/2000). Portanto, possível que o legislador inclua, a depender do contexto orçamentário, requisitos episódicos para a renúncia de receitas na LDO, de observação obrigatória. Não só: o respeito à LDO fomenta a prática do planejamento estatal, minimizando os riscos de desperdícios[4].

Além das exigências cogentes, necessária a implementação de uma dentre duas condições alternativas, a saber:

- **a)** demonstração de consideração da renúncia na estimativa de receita da LOA, bem como não afetação dos resultados fiscais da LDO (art. 14, I, LC nº 101/2000) – a abdicação não deve implicar em declínio da saúde financeira do Estado;

---

3. OLIVEIRA, *Op. Cit.*
4. MARTINS, Marcelo Guerra. Renúncia de receita como gasto tributário e a Lei de Responsabilidade Fiscal. Revista Fórum de Direito Financeiro e Econômico – RFDFE, Belo Horizonte, ano 2, n. 2, p. 5169, set. 2012/fev. 2013.

b) a implementação de medidas de compensação para o período descrito no art. 14, *caput* (exercício vigente e dois subsequentes), por meio do aumento de receitas. Significa dizer: se, por ventura, a renúncia não tiver sido considerada na estimativa de receita da LOA ou afetar os resultados fiscais da LDO, necessário que sua instituição seja acompanhada de alguma contrapartida, a fim de preservar estabilidade das contas públicas.

Por fim, o regramento do art. 14 da LC nº 101/2000 é excepcionado no § 3º nas seguintes hipóteses:

a) alterações das alíquotas dos impostos previstos nos incisos I (II), II (IE), IV (IPI) e V (IOF) do art. 153 da CF/88, na forma do § 1º (inciso I), ante o seu caráter extrafiscal (objetivo principal desses não é a arrecadação, mas a regulação da atividade econômica);

b) o cancelamento de débito cujo montante seja inferior ao dos respectivos custos de cobrança (inciso II), decorrência do Princípio da Economicidade.

(Cespe/TCU/Auditor Federal de Controle Externo/2015) Considere que a tabela apresentada abaixo, de caráter hipotético, compõe o Relatório de Gestão Fiscal do Supremo Tribunal Federal relativo ao 1º quadrimestre de 2015. O Relatório foi assinado pelo presidente do STF, pelo responsável pela administração financeira e pelo responsável pelo controle interno do órgão e, em obediência ao disposto no art. 55, § 3º, da Lei de Responsabilidade Fiscal, foi apresentado ao TCU no prazo legal de trinta dias após o encerramento do período a que se refere, embora não tenha havido publicação eletrônica. Considere, ainda, que todas as informações adicionais (como relatório da dívida consolidada, concessão de garantias e operações de crédito) integrantes do referido Relatório de Gestão Fiscal foram também apresentadas e estão regulares. Por meio de portaria editada pelo presidente do STF, foi determinada a limitação de empenho das dotações orçamentárias consignadas ao órgão no montante exato de R$ 3,24 milhões, conforme informação do Poder Executivo, que, após a reavaliação da projeção das receitas e despesas, verificou a necessidade de limitação de empenho e de movimentação financeira das dotações orçamentárias aprovadas na lei orçamentária anual no valor global de R$ 4,4 bilhões, dos quais R$ 3,24 milhões caberiam ao STF. Considerando a situação hipotética apresentada acima, redija um relatório de acompanhamento das informações fornecidas que subsidiará a decisão do plenário do TCU sobre o referido relatório. Seu relatório deverá conter, necessariamente, os seguintes elementos: (i) Exposição da relevância do Relatório de Gestão Fiscal para o controle e o planejamento; (ii) Avaliação das

circunstâncias financeiras e orçamentárias relatadas, especialmente no que se refere a: (ii-a) observância do prazo e das condições de apresentação do relatório; (ii-b) composição do limite de despesas de pessoal; (ii-c) limitação do empenho e da movimentação financeira; (ii-d) conclusões e procedimentos que se recomenda que sejam adotados pelo STF.

União – Poder Judiciário Supremo Tribunal Federal Relatório de Gestão Fiscal Demonstrativo da Despesa com Pessoal Orçamentos Fiscal e da Seguridade Maio/2014 a Abril/2015 LRF, art. 55, inc. I, alínea a – Anexo I	
DESPESA COM PESSOAL	**DESPESA TOTAL**
despesa bruta com pessoal (1)	31.851.170.930
pessoal ativo – total	209.199.780,87
pessoal inativo e pensionista – total	109.311.928,43
outras despesas de pessoal decorrentes de terceirização (§ 1º do art. 18 da LRF)	–
despesas não computadas (§ 1º do art. 19 da LRF) (II)	110.353.090,70
indenizações por demissão e incentivos à demissão voluntária	–
despesas decorrentes de decisão judicial	984.265,02
despesas de exercícios anteriores	56.897,25
despesas com pessoal inativo e pensionista em geral	100.652.984,67
despesas com inativos e pensionistas com recursos vinculados	8.658.943,76
despesa líquida com pessoal (III) = (1 – II)	208.158.618,60

Apuração do cumprimento do limite legal	Valor	% sobre a RCL
receita corrente líquida – RCL (IV)	599.684.256.000,00	–
% da despesa com pessoal sobre a RCL (V) = (III/IV) * 100		0,03%
limite máximo (VI) – incs. 1, 11 e III, art. 20, da LRF –	442.123.214,58	0,07%
limite prudencial (VII) = (VI * 0,95) – pár. único, art. 22, da LRF –	420.017.053,85	0,07%
limite de aleita (VIII) = (VI * 0,90) – inc. II, do § 1º do art. 59 da LRF –	397.910.893,12	0,066353%

Autor: Marcel Guimarães

Direcionamento da resposta

A Banca apresentou a seguinte resposta-padrão definitiva:

Relevância do Relatório de Gestão Fiscal para o controle e o planejamento

O candidato deve mencionar que se trata de um documento indispensável, conforme disposição no atual ordenamento jurídico brasileiro, sobretudo porque, sem ele, não seria possível avaliar a observância dos limites e das normas de responsabilidade fiscal. Além de apontar exatamente como estão sendo processados os principais componentes dos gastos públicos, esse relatório deve tratar, também, das medidas corretivas a serem adotadas quando qualquer limite for ultrapassado, constituindo, assim, um importante subsídio para a elaboração de políticas públicas futuras.

Observância do prazo e das condições de apresentação do relatório

O candidato deve discorrer sobre a obrigação de todos os órgãos públicos, independentemente de sua importância institucional, submeterem seus respectivos Relatórios de Gestão Fiscal ao TCU, tal como foi feito no caso hipotético sob análise. No art. 5º, inc. I, da Lei nº 10.028, define-se como infração administrativa contra as finanças públicas deixar de divulgar ou de enviar ao

Poder Legislativo e ao Tribunal de Contas o Relatório de Gestão Fiscal, nos prazos e condições estabelecidos em lei. No caso considerado, as autoridades que, nos termos do art. 54, inc. III e parágrafo único, devem responsabilizar-se pelas informações fornecidas assinaram de fato o documento.

Sendo esse relatório um dos mais importantes instrumentos de transparência na gestão fiscal, no art. 48, caput, da LRF, determina-se sua ampla divulgação, inclusive por meios eletrônicos de acesso público, o que não foi feito no caso em tela. Além disso, deve ser também publicada a versão simplificada desse documento.

Composição do limite de despesas de pessoal

O órgão analisado cumpriu a essência das regras impostas pela Lei de Responsabilidade Fiscal, apesar de algumas ressalvas poderem ser feitas ao relatório. É possível verificar que, entre as despesas não computadas, foram incluídos os gastos com pessoal inativo e pensionista em geral, mas a LRF é categórica, em seu art. 18, caput, ao impor que esses gastos devem ser entendidos como despesa total com pessoal, que é o somatório dos gastos do ente da Federação com os ativos, os inativos e os pensionistas, relativos a mandatos eletivos, cargos, funções ou empregos, civis, militares e de membros de poder, com quaisquer espécies remuneratórias, tais como vencimentos e vantagens, fixas e variáveis, subsídios, proventos da aposentadoria, reformas e pensões, inclusive adicionais, gratificações, horas extras e vantagens pessoais de qualquer natureza, bem como encargos sociais e contribuições recolhidas pelo ente às entidades de previdência. A exclusão da parcela de inativos e pensionistas custeada com recursos vinculados é de fato autorizada pelo § 1º, inc. VI, do art. 19, mas os demais encargos previdenciários, no valor pouco acima de R$ 100 milhões, não podem deixar de ser computados. De qualquer maneira, o erro não constitui justificativa para um julgamento adverso, sobretudo porque, mesmo incluindo-se na despesa líquida total os gastos com pessoal inativo e pensionista equivocamente excluídos, o percentual chegaria a aproximadamente 0,051% da receita corrente líquida (RCL), ou seja, os limites máximo, prudencial e de alerta seriam todos obedecidos.

Limitação do empenho e da movimentação financeira

Espera-se que o candidato considere as normas relacionadas ao rito de execução orçamentária destinadas ao cumprimento das metas de resultado primário e nominal. De acordo com o art. 9º da LRF, se verificado, ao final de um bimestre, que a realização da receita poderá não comportar o cumprimento das metas estabelecidas no Anexo de Metas Fiscais, os Poderes e o Ministério Público promoverão, por ato próprio e nos montantes necessários, nos trinta dias subsequentes, limitação de empenho e de movimentação financeira, segundo os critérios fixados pela lei de diretrizes orçamentárias. O § 3º do referido artigo chega a determinar que, no caso de os Poderes Legislativo e Judiciário e o Ministério Público não promoverem a limitação no prazo estabelecido, o Poder Executivo é autorizado a limitar os valores financeiros. Tal medida, porém, não seria necessária no caso hipotético relatado, uma vez que o próprio STF teria cumprido sua obrigação legal.

Conclusões e procedimentos necessários

É preciso, antes de tudo, recomendar que, em relatórios futuros, o montante correspondente às despesas com inativos e pensionistas em geral sejam excluídas da seção de despesas não computadas, a fim de que possam integrar o cômputo total da despesa com pessoal, tal como determinado pela lei. Além disso, a decisão final do tribunal não pode deixar de determinar a publicação do Relatório de Gestão Fiscal em meios eletrônicos de acesso público, conforme determina o art. 48, caput, da LRF. Sobre a limitação de empenhos e de movimentação financeira, nenhuma providência adicional se faz necessária, uma vez que o órgão examinado já executou a ação determinada em lei. Tendo em vista todos os aspectos analisados, o relatório de acompanhamento elaborado deveria recomendar a aprovação com ressalvas do Relatório de Gestão Fiscal.

Sugestão de resposta

Trata-se de relatório de acompanhamento das informações fornecidas que subsidiará a decisão do plenário do TCU acerca de caso hipotético apresentado a seguir.

O Supremo Tribunal Federal – STF apresentou Relatório de Gestão Fiscal – RGF relativo ao período de maio/2014 a abril/2015, assinado pelo seu presidente, pelo responsável pela administração financeira e pelo responsável pelo controle interno do órgão. Em obediência ao disposto no art. 55, § 3º, da Lei de Responsabilidade Fiscal, o relatório foi apresentado ao TCU no prazo legal de trinta dias após o encerramento do período a que se refere, embora não tenha havido publicação eletrônica. Além disso, por meio de portaria editada pelo presidente do STF, foi determinada a limitação de empenho das dotações orçamentárias consignadas ao órgão no montante exato de R$ 3,24 milhões, conforme informação do Poder Executivo, que, após a reavaliação da projeção das receitas e despesas, verificou a necessidade de limitação de empenho e de movimentação financeira das dotações orçamentárias aprovadas na lei orçamentária anual no valor global de R$ 4,4 bilhões, dos quais R$ 3,24 milhões caberiam ao STF.

O RGF é um documento indispensável, conforme disposição no atual ordenamento jurídico brasileiro, sobretudo porque, sem ele, não seria possível avaliar a observância dos limites e das normas de responsabilidade fiscal. Além de apontar exatamente como estão sendo processados os principais componentes dos gastos públicos, esse relatório deve tratar, também, das medidas corretivas a serem adotadas quando qualquer limite for ultrapassado, constituindo, assim, um importante subsídio para a elaboração de políticas públicas futuras.

Independentemente de sua importância institucional, todos os órgãos públicos são obrigados a submeterem seus respectivos Relatórios de Gestão Fiscal ao TCU, tal como foi feito no caso hipotético sob análise. No art. 5º, inc. I, da Lei nº 10.028, define-se como infração administrativa contra as finanças públicas deixar de divulgar ou de enviar ao Poder Legislativo e ao Tribunal de Contas o RGF, nos prazos e condições estabelecidos em lei. No caso considerado, as autoridades que devem responsabilizar-se pelas informações fornecidas, nos termos do art. 54, inc. III e parágrafo único, assinaram, de fato, o documento. Conforme art. 48, caput, da LRF, esse relatório é um dos mais importantes instrumentos de transparência na gestão fiscal, sendo obrigatória sua ampla divulgação, inclusive por meios eletrônicos de acesso público, o que não foi feito no caso em tela. Além disso, deve ser também publicada a versão simplificada desse documento.

O órgão analisado cumpriu a essência das regras impostas pela Lei de Responsabilidade Fiscal, apesar de algumas ressalvas poderem ser feitas ao relatório. É possível verificar que, entre as despesas não computadas, foram incluídos os gastos com pessoal inativo e pensionista em geral, mas a LRF é categórica, em seu art. 18, caput, ao impor que esses gastos devem ser entendidos como despesa total com pessoal, que é o somatório dos gastos do ente da Federação com os ativos, os inativos e os pensionistas, relativos a mandatos eletivos, cargos, funções ou empregos, civis, militares e de membros de poder, com quaisquer espécies remuneratórias, tais como vencimentos e vantagens, fixas e variáveis, subsídios, proventos da aposentadoria, reformas e pensões, inclusive adicionais, gratificações, horas extras e vantagens pessoais de qualquer natureza, bem como encargos sociais e contribuições recolhidas pelo ente às entidades de previdência. A exclusão da parcela de inativos e pensionistas custeada com recursos vinculados é de fato autorizada pelo § 1º, inc. VI, do art. 19, mas os demais encargos previdenciários, no valor pouco acima de R$ 100 milhões, não podem deixar de ser computados. De qualquer maneira, o erro não constitui justificativa para um julgamento adverso, sobretudo porque, mesmo incluindo-se na despesa líquida total os gastos com pessoal inativo e pensionista equivocamente excluídos, o percentual chegaria a aproximadamente 0,051% da receita corrente líquida (RCL), ou seja, os limites máximo, prudencial e de alerta seriam todos obedecidos.

Com relação à limitação do empenho e da movimentação financeira, é importante trazer à colação as normas relacionadas ao rito de execução orçamentária destinadas ao cumprimento das metas de resultado primário e nominal. De acordo com o art. 9º da LRF, se verificado, ao final de um bimestre, que a realização da receita poderá não comportar o cumprimento das metas estabelecidas no Anexo de Metas Fiscais, os Poderes e o Ministério Público promoverão, por ato próprio e nos montantes necessários, nos trinta dias subsequentes, limitação de empenho e de movimentação financeira, segundo os critérios fixados pela lei de diretrizes orçamentárias. O § 3º do referido artigo chega a determinar que, no caso de os Poderes Legislativo e Judiciário e o Ministério Público não promoverem a limitação no prazo estabelecido, o Poder Executivo é autorizado a limitar os valores financeiros. Tal medida, porém, não seria necessária no caso hipotético relatado, uma vez que o próprio STF teria cumprido sua obrigação legal. Cumpre destacar ainda que o referido § 3º encontra-se suspenso por força da Adin 2238-5.

Diante do exposto, considera-se necessário recomendar ao STF que, em relatórios futuros, as despesas com inativos e pensionistas em geral sejam excluídas da seção de despesas não computadas, a fim de que possam integrar o cômputo total da despesa com pessoal, tal como determinado pela lei. Além disso, a decisão final do tribunal não pode deixar de determinar a publicação do RGF em meios eletrônicos de acesso público, conforme determina o art. 48, *caput*, da LRF. Sobre a limitação de empenhos e de movimentação financeira, nenhuma providência adicional se faz necessária, uma vez que o órgão examinado já executou a ação determinada em lei.

Por fim, considerando todos os aspectos analisados, recomenda-se a aprovação com ressalvas do Relatório de Gestão Fiscal.

(Cespe/TC/DF/Auditor/2014) *Tendo como base a Lei Complementar nº 101/2000 – Lei de Responsabilidade Fiscal (LRF), faça o que se pede a seguir. (i) Descreva a respeito do objetivo central da LRF. (ii) Sob o enfoque da LRF, descreva a respeito das exigências para aumento das despesas. (iii) Descreva a respeito dos tratamentos que são dados às despesas com pessoal na esfera estadual, particularmente em ano eleitoral.*

Autor: *Marcel Guimarães*

Direcionamento da resposta

O espelho de correção da Banca definiu os seguintes quesitos:

DIREITO FINANCEIRO

1. Apresentação (legibilidade, respeito às margens e indicação de parágrafos) e estrutura textual (organização das ideias em texto estruturado):

2. Desenvolvimento, subdividido em 3 tópicos:

    2.1. Objetivo central da LRF;

    2.2. Exigências para aumento das despesas;

    2.3. Tratamento dado às despesas com pessoal na esfera estadual, em especial em ano eleitoral.

Nesse sentido, a resposta apresentada a seguir segue essa mesma sequência, abordando aquilo que foi solicitado.

Sugestão de resposta

A LRF, lei complementar que estabelece normas de finanças públicas voltadas para a responsabilidade na gestão fiscal, traz no art. 1º seu objetivo central, que pressupõe a ação planejada e transparente, em que se previnem riscos e corrigem desvios capazes de afetar o equilíbrio das contas públicas, responsabilizando os agentes que derem causa a tais desvios. Os quatro pilares básicos em que se sustenta a LRF são a transparência, o planejamento, o controle e a responsabilização.

Nos termos do art. 16 da LRF, a criação, expansão ou aperfeiçoamento de ação governamental que acarrete aumento da despesa será acompanhado de: a) estimativa do impacto orçamentário-financeiro no exercício em que deva entrar em vigor e nos dois subsequentes; b) declaração do ordenador da despesa de que o aumento tem adequação orçamentária e financeira com a lei orçamentária anual e compatibilidade com o plano plurianual e com a lei de diretrizes orçamentárias. Essas normas constituem condição prévia para empenho e licitação de serviços, fornecimento de bens ou execução de obras e para a desapropriação de imóveis urbanos cuja indenização seja paga em dinheiro. Ressalva-se do disposto no art. 16 a despesa considerada irrelevante, nos termos em que dispuser a LDO.

Na esfera estadual, as despesas com pessoal não podem ultrapassar 60% da receita corrente líquida. No caso específico de ano eleitoral, a LRF estabelece, em seu art. 21, parágrafo único, que é nulo de pleno direito o ato de que resulte aumento da despesa com pessoal expedido nos cento e oitenta dias anteriores ao final do mandato do titular do respectivo Poder ou órgão estadual.

(FGV/ALE/MT/Procurador/2013) A autoridade consulente, prefeita de determinado município, indaga se os pedidos administrativos de renovação de isenções devem ser considerados como novas isenções e se atendem, também, ao disposto na Lei Complementar Federal n. 101/2000, ressaltando a previsão, em lei local, de que as isenções concedidas devem ser objeto de renovação a cada cinco anos. A mesma autoridade encaminhou consulta acerca da legalidade da redução de imposto, mencionando o Imposto Predial e Territorial Urbano, para o contribuinte que optar pelo seu pagamento antecipado e integral. *(Processo n. YYY-YY/YY)*. Considerando a Lei de Responsabilidade Fiscal e seu escopo, responda às indagações feitas. Sua resposta deve ser objetivamente fundamentada.

Autor: Paulo Henrique Figueredo de Araújo

Direcionamento da resposta

O candidato deveria iniciar traçando **linhas gerais** sobre os **escopos** da **Lei de Responsabilidade Fiscal** (Lei Complementar n° 101/00), acentuando os preceitos da **Gestão Fiscal Responsável**, **Equilíbrio Orçamentário** e o **Cumprimento de Metas Fiscais Planejadas**. A contextualização geral e prévia da temática a ser abordada na questão – com o elenco de princípios, diretrizes e objetivos – demonstra conhecimento jurídico além da mera memorização, frequentemente constando nos espelhos de resposta.

Em seguida, incumbia abordar o tema da **Renúncia de Receitas**, prevista no **art. 14 da LC n° 101/00**, delimitando o **conteúdo jurídico** da expressão (§ 1°), os **requisitos** para a concessão ou ampliação (I e II) – relativos, precipuamente, à análise do **impacto orçamentário** e às **medidas de compensação**.

A completude da resposta dependeria da invocação de fatores alheios à LRF, todavia, conexos. Nesse sentido, importante destacar a necessidade da observância de critérios como a **isonomia**, a **proporcionalidade** e a exigência de **contrapartidas** do beneficiário[5]. Crucial salientar a exigência de **lei reguladora exclusivamente da matéria** (art. 150, § 6°, CF/88)[6].

---

5. "A concessão desse benefício isencional traduz ato discricionário que, fundado em juízo de conveniência e oportunidade do Poder Público, destina-se, a partir de critérios racionais, lógicos e impessoais estabelecidos de modo legítimo em norma legal, a implementar objetivos estatais nitidamente qualificados pela nota da extrafiscalidade" (STF, AI 142348-AgR). Para aprofundar o tema, recomendamos: MARTINS, Ives Gandra da Silva; NASCIMENTO, Carlos Valder do. Comentários à lei de responsabilidade fiscal. 6. ed. São Paulo: Saraiva, 2012; CANOTILHO, J. J. Gomes. Comentário à Constituição do Brasil. São Paulo: Saraiva/Almedina, 2013.

6. A limitação objetiva impedir o uso indiscriminado e casuístico de benefícios fiscais, capazes de ensejar reflexos nos direitos fundamentais da sociedade como um todo. Ademais, coíbe a

Apesar de, no espelho oficial, constar a citação da **regra da anterioridade**, existe entendimento doutrinário assentando pela abrangência da garantia somente no tocante à **instituição** ou **majoração** de tributos. Se sequer há a necessidade de respeito à anterioridade para a revogação de benefício fiscal (STF, ADI 4016), **não** há sentido em **exigi-la** para a **concessão** daquele – a anterioridade incorpora a **previsibilidade** ou **não surpresa**, refletindo a demanda pela **segurança jurídica. É uma garantia do contribuinte em face do fisco, não o contrário.** Não obstante, em respeito ao espelho da banca, constaremos tal princípio na resposta, alertando aos leitores das considerações *retro*.

Ao final, tratar sobre a **possibilidade de renovação do benefício**, bem como quanto à **legalidade de desconto** pelo pagamento antecipado do IPTU, ressaltando as precauções de ordem orçamentária a serem tomadas para a efetivação da prática.

Sugestão de resposta

A Lei de Responsabilidade Fiscal (LRF, LC 101/00) representa diploma incorporador de regras relativas à Gestão Responsável, Equilíbrio Orçamentário e Cumprimento de Metas Fiscais Planejadas. Deveras, tem como alvo a austeridade na administração das contas públicas, com a implementação de diversos mecanismos de controle das condutas gerenciais e dos fluxos de recursos financeiros necessários à efetivação dos gastos governamentais.

A LRF trata das renúncias de receitas no art. 14, enquadrando nessas uma miríade de instrumentos capazes de ensejar efeitos deletérios à arrecadação (art. 14, *caput* e § 1º, LC 101/00) – *v. g.* as isenções. Para o válido reconhecimento da renúncia, imperiosa a estimativa do impacto orçamentário-financeiro relativo ao exercício de vigência e os 2 (dois) subsequentes. Não só: vital demonstrar o amparo financeiro para a medida, por meio da: a) consideração da renúncia na estimativa de receitas da LOA, bem como a irrelevância daquela para o alcance das metas fiscais anexas à LDO (art. 14, I, LC 101/00) ou; b) a existência de medidas de compensação (art. 14, II, LC 101/00), sendo impossível o vigor do benefício antes dessas restarem implementadas (art. 14, § 2º, LC 101/00).

Ademais, a isenção depende da edição de lei específica (art. 150, § 6º, CF/88) e respeito ao princípio da anterioridade. Não só: descabida a concessão indiscriminada do favor legal, sendo necessárias contrapartidas pelo beneficiário. Não se desconhece o caráter indutor das isenções, instrumentos com nítido viés extrafiscal ("norma premial"). Contudo, os direitos fundamentais dos demais

---

desoneração como moeda de barganha para a obtenção de vantagens pessoais pela autoridade pública (STF, ADI 3462).

cidadãos, em especial, os ditames relativos à isonomia e proporcionalidade, impõem ao particular a retributividade do benefício, por meio de uma contraprestação de caráter social ou econômica.

Mantidas das condições para a concessão de isenções, acima descritas, essas podem ser renovadas pela Administração Pública.

Por fim, legal a redução do valor do IPTU nas hipóteses de pagamento antecipado, prática reiteradamente utilizada pelos Estados no IPVA. Sem embargo, o benefício deve restar previsto em lei. As projeções de receita para fins da estimativa da proposta orçamentária e das medidas de compensação à renúncia devem considerar a fixação do valor líquido – isto é, o efetivo ingresso após o desconto –, a fim de assegurar previsões realísticas.

(Cespe/PG/DF/Procurador/2013) "O curso forçado da moeda permite ao Estado lançar mão de emissões como a de tributos inconfessados. A administração estatal das relações jurídico-econômicas deve exercitar-se com plena consciência de seus efeitos. A função jurídica, que tem a moeda, de constituir meio de pagamento sofre o impacto das flutuações de seu valor. Estão ainda diante de nós as marcas e as causas da violenta inflação brasileira da década de 55/64 do século XX, ilustrando o significado do desempenho financeiro do Estado para a relação instrumentos de troca/preços. A lição é inesquecível para a minha geração. Valendo-se discricionariamente da moeda para cumprir suas tarefas e aplicando à atividade financeira seu poder de coerção, o Estado deve considerar as consequências técnicas do que delibera sobre a relação instrumentos de troca/preços e, portanto, sobre a estabilidade das relações econômicas, sobre a segurança dos contratos, sobre a certeza com que cada cidadão e cada empresa planeja as situações futuras". Geraldo Camargo de Vidigal. Fundamentos de direito financeiro. São Paulo: Revista dos Tribunais, 1973, p. 185-6 (com adaptações). Considerando as informações presentes no texto acima, discorra sobre a importância das normas da Constituição de 1988 (CF) e da Lei de Responsabilidade Fiscal (LRF), no que se refere ao relacionamento entre o Banco Central do Brasil (Bacen) e os entes da Federação. Ao elaborar seu texto, aborde, necessariamente, os seguintes aspectos: (i) competência do Bacen para emitir moeda; (ii) consequências do financiamento das despesas dos entes da Federação, pelo Bacen, para o controle da inflação; (iii) duas restrições estabelecidas pela CF (art. 164, § 1º) e pela LRF (Lei Complementar n. 101/00, art. 39 c/c art. 35) para o relacionamento entre o Bacen e os entes da Federação.

Autor: *Felipe Cesar Michna*

DIREITO FINANCEIRO

Direcionamento da resposta

Há um enunciado longo de modo a introduzir o tema. Entretanto, o candidato deve se ater à 2ª metade do texto, elaborando a sua resposta sempre tendo como um norte o relacionamento entre o Bacen e os entes da Federação, através da aplicação das normas contidas na Constituição e na Lei de Responsabilidade Fiscal.

O candidato deve abordar quanto ao Item I, o **art. 21, inciso VII e o art. 164, ambos da Constituição da República**, os quais estabelecem que a competência para emissão de moeda do Brasil é da União, sendo exercida com exclusividade pelo Banco Central. Em complementação, necessário invocar o **art. 48, inciso XIV da Constituição que** confere ao Congresso Nacional competência para dispor sobre a emissão de moeda e seus limites. No item II, o candidato tem que se ater que uma das atribuições mais importantes do Banco Central, na condução da política monetária, é controlar a inflação anual no Brasil, para que ela fique dentro dos limites estabelecidos pelo Conselho Monetário Nacional (CMN), as chamadas metas de inflação. Utilizar o art. 164 da CF.

Por fim, quanto ao item III, deve o candidato buscar fazer uma correlação entre o art. 164 da Constituição e os artigos 35 e 39 da LRF.

Sugestão de resposta

O **art. 21, inciso VII e o art. 164 da Constituição da República,** estabelecem que a competência para emissão de moeda do Brasil é da União, sendo exercida com exclusividade pelo Banco Central. Em complementação, o **art. 48, inciso XIV da Constituição** confere ao Congresso Nacional competência para dispor sobre a emissão de moeda e seus limites. Nesse contexto, é no plano infraconstitucional que o processo de emissão de moeda é desenhado de forma mais detalhada, sendo que o seu início se dá a partir da Lei 4.595, de 1964, que estabelece a competência do Conselho Monetário Nacional (CMN) para formular a política da moeda e do crédito no Brasil (art. 2º) e para "*autorizar as emissões de papel-moeda*" (art. 4º, inciso I).

Quanto à condução da política monetária, uma das atribuições mais importantes do Banco Central, é controlar a inflação anual no Brasil, para que ela fique dentro dos limites estabelecidos pelo Conselho Monetário Nacional (CMN), as chamadas metas de inflação.

Para tanto, da análise do § 1º do art. 164, constata-se que o Bacen somente pode conceder empréstimos às instituições financeiras, não lhe sendo permitido conceder empréstimos ao Tesouro Nacional.

Soma-se à execução deste controle da inflação o fato de os entes da federação não poderem realizar operações de crédito entre si. Com isso, há um controle de modo a impedir que os sujeitos e os entes endividem-se desnecessariamente e/ou sem conhecimento do Bacen.

Neste sentido, o art. 35 LRF determina que é proibida a realização de operação de crédito entre os entes da Federação, seja diretamente ou indiretamente (através de suas autarquias ou fundos, por exemplo). Vislumbra-se, assim, uma forma de garantir o equilíbrio federativo, evitando-se pendências financeiras entre os entes.

Excetua-se de tal medida se a operação ocorrer entre um ente da federação e uma instituição financeira estatal. Ou seja, a instituição financeira estatal poderá realizar operações de crédito com os entes da federação e entidades que integram a Administração Indireta, desde que, nos termos do art. 35, § 1º, da LRF, não se destinem a financiar, direta ou indiretamente, as despesas correntes e a refinanciar dívidas não contraídas junto à própria instituição concedente.

(FCC/TCE/AM/Analista/2013) *O equilíbrio das contas públicas é um dos maiores problemas enfrentados pelos municípios brasileiros e esse contexto serviu de base para a edição da LC 101/2000, conhecida como a Lei da Responsabilidade Fiscal – LRF, em atenção ao disposto no art. 163, da Constituição Federal. Um dos pontos de maior preocupação do legislador foram os gastos com pessoal, que representam a maior despesa de uma Prefeitura e essa relevância é a razão da LRF ter disciplinado mecanismos de planejamento e controle em proporção à receita corrente líquida do município. Sobre esse assunto e nos termos da LRF, elabore um texto que abranja os seguintes pontos: (i) quais são, respectivamente, os limites percentuais de gastos com pessoal sobre a receita corrente liquida de um município, de um poder executivo municipal e de um poder legislativo municipal? (ii) explique em qual hipótese haverá alerta por parte do TCE/AM em relação a gastos com pessoal de um Poder Executivo municipal. (iii) Identifique outra hipótese geradora de alerta por parte dos Tribunais de Contas. (iv) Explique se as despesas com terceirização de mão de obra devem ser classificadas como despesas com pessoal? (v) Gastos com horas extras e compensações financeiras de regimes de previdência social entram no computo dos gastos com pessoal? (vi) Qual periodicidade para a verificação do cumprimento dos limites com gastos de pessoal de um município? (vii) A partir do alcance de qual percentual do limite máximo de gastos com pessoal é vedado a um Poder Executivo municipal criar cargos? (viii) se o Poder Executivo municipal exceder o limite máximo de gastos com pessoal poderá haver a concessão de revisão geral anual prevista no art. 37, X, da Constituição? (ix) São Paulo e Rio de Janeiro são os*

únicos municípios brasileiros a contar com um Tribunal de Contas. Esses Tribunais estão sujeitos ao controle dos seus gastos com pessoal? (x) Qual regime contábil adotado para a apuração da despesa total com pessoal?

Autor: Marcel Guimarães

Direcionamento da resposta

O candidato deveria discorrer a respeito de cada um dos dez questionamentos realizados pela Banca. O ideal é tratar cada assunto em um parágrafo distinto. Sempre que possível, é interessante mencionar o dispositivo legal. Evidentemente, essa é uma tarefa que requer um nível um tanto quanto profundo de conhecimento, mas que costuma fazer com que a Banca reconheça o domínio que o candidato tem do conteúdo, rendendo uma ótima pontuação para a nota daquele quesito.

Sugestão de resposta

O limite percentual de gastos com pessoal de um município é de 60% da sua Receita Corrente Líquida – RCL, sendo que o poder executivo municipal pode gastar até 54% da RCL com despesas de pessoal, e o poder legislativo municipal, 6% da RCL.

O TCE/AM deverá alertar o Poder Executivo Municipal quando seus gastos de pessoal ultrapassarem 90% do seu limite, o que equivale a 48,6% da RCL (90% de 54% da RCL).

Outra hipótese geradora de alerta por parte dos Tribunais de Contas é no caso em que os montantes das dívidas consolidada e mobiliária, das operações de crédito e da concessão de garantia, se encontram acima de 90% (noventa por cento) dos respectivos limites.

O art. 18, § 1º, da LRF, estabelece que os valores dos contratos de terceirização de mão-de-obra que se referem à substituição de servidores e empregados públicos serão contabilizados como "Outras Despesas de Pessoal". Significa que, caso haja em determinado órgão um cargo efetivo que contemple o "serviço" que está sendo terceirizado, o gasto será contabilizado como de pessoal. Caso contrário, será classificado como "outras despesas correntes", descrevendo-se o serviço terceirizado no momento do registro.

Nos termos do art. 18 da LRF, os gastos com horas extras e compensações financeiras de regimes de previdência social entram no computo dos gastos com pessoal.

A verificação do cumprimento dos limites com gastos de pessoal de um município é feita a cada quadrimestre, salvo nos municípios com menos de 50 mil habitantes, que podem realizar tal apuração a cada semestre.

É vedado a um Poder Executivo municipal criar cargos a partir do alcance de 95% do limite máximo de gastos com pessoal. Esse limite é conhecido como prudencial.

Se o Poder Executivo municipal exceder o limite máximo de gastos com pessoal, poderá haver a concessão de revisão geral anual prevista no art. 37, X, da Constituição. Trata-se de exceção às medidas preventivas e sanções definidas na LRF para o caso de violação do limite prudencial, conforme art. 22, I.

São Paulo e Rio de Janeiro são os únicos municípios brasileiros a contar com um Tribunal de Contas municipal. Esses Tribunais estão sujeitos ao controle dos seus gastos com pessoal, visto que seus gastos são contabilizados, para fins de apuração dos limites, junto com os do Poder Legislativo municipal, cujo teto é de 6% da RCL.

O regime contábil adotado para a apuração da despesa total com pessoal é o de competência, conforme disposto no art. 18, § 2º, da LRF.

(Cespe/TCE/RO/Auditor/2013) O Poder Executivo de determinado estado da Federação remeteu, juntamente com o projeto de lei posteriormente aprovado e que tratou da concessão de crédito presumido aos contribuintes do ICMS, a estimativa do impacto financeiro dessa medida para o exercício de início de sua vigência e para os dois exercícios subsequentes. Esse benefício fiscal, entretanto, não foi considerado na estimativa de receita da lei orçamentária, não tendo sido demonstrado, também, que sua concessão não afetaria as metas de resultados fiscais previstas na lei de diretrizes orçamentárias, mesmo levando-se em conta que os contribuintes do ICMS fariam o creditamento de valores superiores aos que seriam de direito nas operações comerciais sem a benesse. Com base na situação hipotética apresentada, redija um texto dissertativo apontando, conforme o disposto na LRF, a natureza jurídica do crédito presumido concedido na cobrança do ICMS no referido estado e as medidas a serem observadas pelo agente público na aplicação da referida lei aprovada, assim como o início de sua eficácia.

Autor: *Marcel Guimarães*

Direcionamento da resposta

Como o crédito presumido é uma das modalidades de renúncia de receita, assunto tratado no art. 14 da LRF, o candidato deveria ter conhecimento desse dispositivo legal, que além de definir os casos de renúncia de receita, traz as condições exigidas para as situações de renúncia.

Além disso, o candidato deveria mencionar que o crédito presumido tem natureza jurídica de recuperação de custos, o que na ótica do governo se traduz na forma de gasto tributário, contabilizado como despesa de subvenção.

Sugestão de resposta

O crédito presumido concedido na cobrança do ICMS no referido estado, considerado como uma das modalidades de renúncia de receita pela LRF, tem natureza jurídica de recuperação de custos, não traduzindo natureza de receita ou faturamento. A LRF trata a renúncia de receitas como se fosse uma despesa. Tal fato é denominado de gasto tributário (*tax expenditure*) na doutrina norte-americana. Assim, pode-se afirmar que o crédito presumido é uma espécie de subvenção concedida pelo governo.

Conforme art. 14, § 1º, da LRF, a renúncia de receita compreende anistia, remissão, subsídio, crédito presumido, concessão de isenção em caráter não geral, alteração de alíquota ou modificação de base de cálculo que implique redução discriminada de tributos ou contribuições, e outros benefícios que correspondam a tratamento diferenciado.

Nos termos do mesmo art. 14 da Lei, a concessão ou ampliação de incentivo ou benefício de natureza tributária da qual decorra renúncia de receita, como no caso em tela, deverá estar acompanhada de estimativa do impacto orçamentário-financeiro no exercício em que deva iniciar sua vigência e nos dois seguintes, atender ao disposto na lei de diretrizes orçamentárias e a pelo menos uma das seguintes condições: I – demonstração pelo proponente de que a renúncia foi considerada na estimativa de receita da lei orçamentária, na forma do art. 12 da LRF, e de que não afetará as metas de resultados fiscais previstas no anexo próprio da lei de diretrizes orçamentárias (Anexo de Metas Fiscais – AMF); II – estar acompanhada de medidas de compensação, no período mencionado anteriormente, por meio do aumento de receita, proveniente da elevação de alíquotas, ampliação da base de cálculo, majoração ou criação de tributo ou contribuição.

No caso analisado, o benefício fiscal não foi considerado na estimativa de receita da lei orçamentária, não tendo sido demonstrado, também, que sua concessão não afetaria as metas de resultados fiscais previstas na lei de diretrizes orçamentárias, mesmo levando-se em conta que os contribuintes do ICMS fariam o creditamento de valores superiores aos que seriam de direito nas operações comerciais sem a benesse. Assim, o benefício só entrará em vigor quando implementadas as medidas de compensação, por meio do aumento de receita, proveniente da elevação de alíquotas, ampliação da base de cálculo, majoração ou criação de tributo ou contribuição, conforme disposto no § 2º do art. 14 da LRF.

(TCE/RS/Auditor_Substituto/2013) Quais são as sanções administrativas aplicáveis aos entes federados pelo descumprimento dos dispositivos da chamada Lei de Responsabilidade Fiscal (LC 101/2000)? Estão elas em desacordo com o princípio federativo? Por quê?

Autor: Marcel Guimarães

Direcionamento da resposta

O candidato deveria citar as sanções administrativas ou institucionais aplicáveis aos entes federados pelo descumprimento dos dispositivos da LRF, que são a interrupção de transferências voluntárias (e a sua contratação) realizadas pelo Governo Federal ou Estadual, o impedimento de contratação de operações de crédito e a impossibilidade para a obtenção de garantias da União para a contratação de operações de crédito externo. Além disso, era necessário discorrer acerca do fato de as sanções administrativas estarem em desacordo com o princípio federativo e o porquê.

Sugestão de resposta

As sanções administrativas aplicáveis aos entes federados pelo descumprimento dos dispositivos da Lei de Responsabilidade Fiscal – LRF são a interrupção de transferências voluntárias (e a sua contratação) realizadas pelo Governo Federal ou Estadual, o impedimento de contratação de operações de crédito e a impossibilidade para a obtenção de garantias da União para a contratação de operações de crédito externo.

As sanções administrativas (institucionais) estão em desacordo com o princípio federativo. Em geral, a Lei de Responsabilidade Fiscal inclui também sanções à União. Entretanto, tais sanções, em regra, atingem somente Estados e Municípios, pois a União, por exemplo, não recebe transferências de recursos voluntários dos Estados e Municípios, nem deles obtém garantias. Tais sanções são endereçadas principalmente a Estados e Municípios e profundamente ofensivas à sua autonomia política.

DIREITO FINANCEIRO

(Cespe/Bacen/Procurador/2013) Foi submetida à análise da Procuradoria-Geral do Bacen minuta de acordo a ser firmado entre o Bacen e o People's Bank of China (Banco Central da China), para operações de "swap" de moedas (reais por yuans), estando consignada, na minuta de acordo, cláusula que permite, em caso de inadimplemento, à parte credora debitar em conta de depósito ou investimento o valor devido pela outra parte (cláusula "set-off"). De acordo com tal cláusula, há, da parte do Bacen, aquisição de yuans que representa um ativo externo e há um depósito de reais que configura um passivo interno. Da parte do Banco Central da China, opera-se o inverso em relação à aquisição de reais e depósito de yuans. No termo final da operação, haverá débito de reais e crédito em yuans e vice-versa. O diretor de política econômica do Bacen questiona se sobre a operação incidiria o óbice previsto no art. 32, § 5º, da Lei Complementar n. 101/2000, que assim dispõe: "Art. 32. O Ministério da Fazenda verificará o cumprimento dos limites e condições relativos à realização de operações de crédito de cada ente da Federação, inclusive das empresas por eles controladas, direta ou indiretamente. (...) § 5º Os contratos de operação de crédito externo não conterão cláusula que importe na compensação automática de débitos e créditos." Nessa situação hipotética, são viáveis o acordo de swap de moedas e a inserção da cláusula "set-off"? Fundamente sua resposta.

Autores: Frederico Rios Paula e Renato Cesar Guedes Grilo

Direcionamento da resposta

Nesta questão espera-se que o candidato: 1) conceitue as operações de swap; 2) diferencie a realização de swap das operações de crédito; e 3) conclua pela possibilidade da transação (Máximo de 15 linhas).

Sugestão de resposta

A operação de "swap" de moedas é um instrumento financeiro que permite a compra e venda de moedas estrangeiras pelos Bancos Centrais, tendo por principal finalidade permitir a formação de reservas cambiais internacionais. Nos acordos de "swap" com a cláusula "set-off", os bancos centrais reciprocamente aportamos seus ativos nacionais no montante correspondente à moeda a ser comprada e, na data fixada para operação, os depósitos de titularidades diferentes são debitados, às vezes com incidência de remuneração do capital.

Nesse sentido, impõe-se considerar que a operação de "swap" não se confunde com operação de crédito externo, pois enquanto aquela trata de um contrato comutativo de compra e venda de um ativo estrangeiro, esta representa a troca de uma disponibilidade financeira futura por liquidez presente custeada por juros e outros encargos.

Com efeito, é forçoso concluir que os acordos de "swap" escapam à regência da LRF, de modo a não se aplicar a vedação prescrita no art. 32, § 5°, da LRF, pois tal dispositivo apenas veda a compensação automática de débitos e créditos relativos a operações de crédito externo. Portanto, na situação hipotética, são viáveis o acordo de swap de moedas e a inserção da cláusula "set-off"[7].

(MPF/Procurador_da_República/2013) (i) *Princípio da responsabilidade na gestão fiscal. Em que consiste? (ii) Incentivo setorial. Exemplificar. (iii) Princípio da quantificação dos créditos orçamentários: previsão no texto da Magna Carta. (iv) Dívida pública: classificação constitucional.*

Autor: *Paulo Roberto Sampaio Santiago*

Direcionamento da resposta

O candidato precisa de conhecimentos sobre a LRF e Constituição Federal, na parte principiológica.

Sugestão de resposta

O princípio da responsabilidade fiscal consiste na imposição ao Estado do objetivo de equilíbrio nas contas públicas, por meio de planejamento e transparência na arrecadação e na execução orçamentária (art. 1°, § 1°, da LRF).

O referido princípio determina a fixação de metas de resultado fiscal (relação entre receitas e despesas), bem como de limites e condições para a execução de despesas (com pessoal e seguridade), ampliação da dívida pública (consolidada, flutuante e mobiliária) e concessão de garantias creditícias.

Ademais, tem como requisito (art. 11 da LRF) a "instituição, previsão e efetiva arrecadação" dos tributos da competência do ente federativo, sob pena inclusive de vedação de realização de transferências voluntárias pelos demais entes (não gera consequência prática sobre a União).

---

7. BRASIL. Procuradoria Geral do Banco Central. Assunto de política monetária e cambial. Parecer PGBC -94.001/2009, de 1° de abril de 2009. Relatores: Marcus Vinícius Matos, Cristiano de Oliveira Lopes Cozer e Francisco José de Siqueira. Revista da Procuradoria-Geral do Banco Central, Brasília, p. 228-248, Volume 3, n° 1, junho de 2009.

Quanto à transparência, impõem-se ao gestor a fiel escrituração e divulgação de resultados, bem como a elaboração de relatórios e prestação de contas aos órgãos de controle (legislativo e TC).

(FCC/PGE/SP/Procurador/2012) *Em decorrência de ter sido bem sucedida em suas aplicações financeiras, uma determinada fundação instituída e mantida pelo poder público estadual tem disponibilidade de caixa, sem previsão de gastos. O estado, por outro lado, precisa equilibrar seu orçamento, e quer emprestar pare si esse numerário da fundação. É possível a contratação desse empréstimo? Em caso positivo, justifique e responda: (i) incide o controle pelo Ministério da Fazenda previsto no artigo 32 da Lei Complementar 101/00? (ii) há necessidade de lei autorizativa? Em caso negativo, aponte as razoes impeditivas da operação.*

Autor: Paulo Henrique Figueredo de Araújo

Direcionamento da resposta

Cumpria ao candidato iniciar a resposta tratando do art. 35 da Lei de Responsabilidade Fiscal (LRF), aduzindo pela **inaplicabilidade** de tal regramento ao presente caso, pois a vedação imposta refere-se às operações de crédito entre entes federados **diversos**.

No caso representado no enunciado, o "empréstimo" proposto se dará entre um Estado e fundação por ele instituída e mantida, isto é, com entidade de sua **própria Administração Indireta**. Trata-se de circunstância reveladora de que a operação em questão **não** representa **típica** negociação de **crédito**[8], mas uma **realocação orçamentária**, no âmbito de um mesmo orçamento, nos termos do

---

8. Para fins de regulação das operações de crédito entre pelos entes federados, o art. 3º da Resolução nº 43/01, do Senado Federal conceitua quais transações recebem tal qualificação, nos seguintes termos: "Art. 3º Constitui operação de crédito, para os efeitos desta Resolução, os compromissos assumidos com credores situados no País ou no exterior, em razão de mútuo, abertura de crédito, emissão e aceite de título, aquisição financiada de bens, recebimento antecipado de valores provenientes da venda a termo de bens e serviços, arrendamento mercantil e outras operações assemelhadas, inclusive com o uso de derivativos financeiros. § 1º Equiparam-se a operações de crédito: I – recebimento antecipado de valores de empresa em que o Poder Público detenha, direta ou indiretamente, a maioria do capital social com direito a voto, salvo lucros e dividendos, na forma da legislação; assunção direta de compromisso, confissão de dívida ou operação assemelhada, com fornecedor de bens, mercadorias ou serviços, mediante emissão, aceite ou aval de títulos de crédito; II – assunção de obrigação, sem autorização orçamentária, com fornecedores para pagamento *a posteriori* de bens e serviços."

art. 165, § 5°, I, da CF/88 e art. 6° da Lei n° 4.320/1964, numa expressão do **Princípio da Universalidade**.

O conhecimento sobre a Resolução n° 43/01 do Senado Federal (dispõe sobre as operações de crédito dos Estados, DF e Municípios) contribuiria para a resposta. Isso porque tal diploma reforça o entendimento da **não se configuração de operações de crédito** entre a Administração Direta e as entidades da Administração Indireta daquela dependentes, conforme depreende-se do art. art. 2°, parágrafo único, e art. 3°, § 2°, da Resolução n° 43/01-SF. Portanto, **não** haveria sujeição ao controle pelo Ministério da Fazenda, nos termos do art. 32 da LC n° 101/00.

Em se tratando de temática cuja resolução recai sobre um **remanejamento de verbas** dentro de um **mesmo orçamento**, interessa relembrar o **Princípio da Proibição do Estorno de Verbas**, previsto no art. 167, VI, da CF/88.

A completude da resposta demandaria a identificação do excesso de caixa como **superávit financeiro apurado em balanço patrimonial**, recurso apto a permitir a abertura de **créditos adicionais, nas modalidades suplementares ou extraordinários**, nos termos do art. 43 da Lei n° 4.320/1964, modalidades do crédito adicional. Nesse momento, interessa promover breve explanação sobre o **crédito adicional**, conforme art. 40 da Lei n° 4.320/1964, apontando o **crédito suplementar** como mais adequado para o caso, pois objetiva-se o **reforço da dotação** orçamentária, nos termos do art. 41, I, da Lei n° 4.320/1964.

Ao final, necessário aludir às restrições aplicáveis à operação, constantes no art. 43, 44 e 45 da Lei n° 4.320/1964.

Importante constar a ressalva do art. 36 da LRF[9] (**impossibilidade** da operação se a entidade for **instituição financeira**).

Sugestão de resposta

No caso apontado pelo enunciado, inaplicável a vedação constante no art. 35 da Lei Complementar (LC) n° 101/00, que proíbe a realização de operações de crédito entre entidades da Administração Pública. Isso porque restrição

---

9. O art. 36 da LRF revela-se categórico em proibir o empréstimo de valores entre o ente federado controlador e determinada instituição financeira por ele controlada. Ressalva-se somente a aquisição de títulos de dívida para uso comercial da instituição, junto a seus clientes. Trata-se de proibição fundamental para garantia da gestão fiscal responsável, pois a história revela o abuso de tal prática pelos entes federados controladores de instituições financeiras, aproveitando-se da dificuldade de fiscalização de tais operações, permitindo a superação desapercebida dos limites máximos de endividamento, conforme bem ensina José Maurício Conti (*in* Comentários à Lei de responsabilidade fiscal. 6. ed. São Paulo: Saraiva, 2012).

somente abarca órgãos e instituições vinculados a entes federados diversos, operando como uma barreira ao refinanciamento de uma unidade federativa pela outra. Não obstante, nos casos de disponibilização de recursos por entidades inseridas no âmbito de um mesmo ente federado, como no caso de Estado e fundação por ele instituída e mantida, a operação não corresponde a típica transação creditícia, mas a uma realocação orçamentária. Isso porque o art. 165, § 5º, I, da CF/88, ao tratar do orçamento fiscal, revela-se categórico em nele incluir todos os valores inerentes à Administração Direta e Indireta.

Resolução do Senado tratando sobre a temática reforça a não caracterização de operações de crédito entre o ente federado e fundações por ele mantidas.

Consectário importante do entendimento retromencionado revela-se na não submissão da transação proposta no enunciado ao controle do Ministério da Fazenda, nos termos do art. 32 da LC nº 101/00, pois vocacionado à fiscalização das típicas operações de crédito, na qual não se enquadra o manejo financeiro alhures mencionado. Contudo, tal circunstância não torna a operação irrestrita.

Deveras, em se tratando de excesso de caixa decorrente de sucesso em aplicações financeiras da fundação, vislumbra-se típica hipótese de superávit financeiro apurado em balanço patrimonial. Nesses casos, possível a abertura de abertura de créditos suplementares ou extraordinários, nos termos do art. 43 da Lei nº 4.320/1964. Em se pretendendo o reforço de dotação orçamentária do Estado, o crédito aberto deverá será suplementar (art. 41, I). Requisito essencial, porém, é a existência de lei autorizativa para a operação, em decorrência do art. 167, VI, da CF/88 (Princípio da Vedação do Estorno de Verbas), para sua viabilização mediante decreto (art. 42, Lei nº 4.320/1964).

Algumas restrições devem ser observadas: a) necessidade de utilização do crédito até o fim do exercício financeiro (art. 45, Lei nº 4.320/1964); b) exposição de fundamentos para a destinação orçamentária (art. 43); c) comunicação posterior da abertura ao Poder Legislativo (art. 44).

Imperioso consignar, ademais, que, se a entidade da Administração Indireta representar instituição financeira, a operação encontra-se plenamente vedada, pois configuraria burla à proibição instituída pelo art. 36 da LRF.

(AOCP/TCE/PA/Analista/2012) Conceitue "renúncia de receita" e descreva as condições exigidas na Lei de Responsabilidade Fiscal para as situações de renúncia?

Autor: Marcel Guimarães

COLEÇÃO PREPARANDO PARA CONCURSOS

Direcionamento da resposta

Basicamente, o candidato deveria ter conhecimento do conteúdo do art. 14 da LRF, que além de definir os casos de renúncia de receita, traz as condições exigidas para as situações de renúncia. Em termos de estrutura de texto, recomenda-se a elaboração de dois parágrafos: no primeiro, deve ser apresentada a definição de renúncia de receita; no segundo, as condições exigidas pela lei para implementação da renúncia de receita.

Sugestão de resposta

Conforme art. 14, § 1º, da LRF, a renúncia de receita compreende anistia, remissão, subsídio, crédito presumido, concessão de isenção em caráter não geral, alteração de alíquota ou modificação de base de cálculo que implique redução discriminada de tributos ou contribuições, e outros benefícios que correspondam a tratamento diferenciado.

Nos termos do mesmo art. 14 da Lei, a concessão ou ampliação de incentivo ou benefício de natureza tributária da qual decorra renúncia de receita deverá estar acompanhada de estimativa do impacto orçamentário-financeiro no exercício em que deva iniciar sua vigência e nos dois seguintes, atender ao disposto na lei de diretrizes orçamentárias e a pelo menos uma das seguintes condições: I – demonstração pelo proponente de que a renúncia foi considerada na estimativa de receita da lei orçamentária, na forma do art. 12 da LRF, e de que não afetará as metas de resultados fiscais previstas no anexo próprio da lei de diretrizes orçamentárias (Anexo de Metas Fiscais – AMF); II – estar acompanhada de medidas de compensação, no período mencionado anteriormente, por meio do aumento de receita, proveniente da elevação de alíquotas, ampliação da base de cálculo, majoração ou criação de tributo ou contribuição.

(Cespe/TCU/Técnico/2012) *Considere que, no relatório de gestão fiscal do primeiro quadrimestre de 2012 do Poder Executivo federal, o valor total das despesas com pessoal tenha alcançado 39% da receita corrente líquida, conforme definições previstas na Lei de Responsabilidade Fiscal (LRF). Redija, na qualidade de técnico federal de controle externo do TCU, um relatório técnico acerca da situação hipotética apresentada acima. Ao elaborar seu texto, aborde, necessariamente, os seguintes aspectos: (i) papel do TCU diante dessa situação; (ii) consequências para o Poder Executivo federal decorrentes do estabelecido na LRF; (iii) providências a serem tomadas pelo governo federal a respeito dessa situação nos próximos quadrimestres.*

Autor: Marcel Guimarães

DIREITO FINANCEIRO

Direcionamento da resposta

O candidato deveria per conhecimento do limite máximo de gastos de pessoal definido pela LRF para o Poder Executivo Federal, que é de 40,9% da Receita Corrente Líquida – RCL. Além disso, deveria saber que, desse percentual, 3% são destacados para pagamento de pessoal do DF, AP e RR. Logo, o limite do Poder Executivo Federal é de 37,9% da RCL. Com isso, os limites máximo, prudencial e de alerta foram ultrapassados. Desse modo, o papel do TCU era o de emitir alerta ao Poder Executivo, além de auxiliar o legislativo a fiscalizar o cumprimento das regras da LRF, principalmente as medidas adotadas para reduzir os gastos de pessoal. As consequências para o Poder Executivo eram aquelas do art. 22 da LRF, medidas preventivas adotadas quando se ultrapassa o limite prudencial. As providências são aquelas do art. 169 da CF/88, conforme estipula o art. 23 da LRF.

Sugestão de resposta

Trata-se relatório técnico acerca da situação hipotética apresentada.

A partir do relatório de gestão fiscal do primeiro quadrimestre de 2012 do Poder Executivo Federal, constatou-se que o valor total das despesas com pessoal alcançou 39% da receita corrente líquida.

A Lei de Responsabilidade Fiscal – LRF define, em seu art. 20, que o limite máximo de gastos de pessoal do Poder Executivo Federal é de 40,9% da sua Receita corrente Líquida – RCL. Entretanto, desse percentual, 3% são destacados para pagamento de pessoal do DF, AP e RR. Logo, o limite do Poder Executivo Federal é de 37,9% da RCL. A LRF define, além do limite máximo, outros dois limites, que são o prudencial (95% do limite máximo) e o de alerta (90% do limite máximo). Assim, o limite prudencial, no caso do Poder Executivo Federal, é de 36,01% da RCL e o de alerta, 34,11% da RCL. No caso analisado, observa-se que o valor total das despesas com pessoal alcançou 39% da RCL, ultrapassando, portanto, o limite máximo, o prudencial e o de alerta. Assim, em observância ao disposto no art. 59, § 1º, II, da LRF, o TCU deverá alertar o Poder Executivo que o montante da despesa total com pessoal ultrapassou 90% (noventa por cento) do limite máximo permitido. Além disso, o TCU também deverá auxiliar o Poder Legislativo na função de fiscalizar o cumprimento dos dispositivos da LRF, especificamente as medidas adotadas para o retorno da despesa total com pessoal ao respectivo limite, nos termos dos art. 22 e 23 da LRF.

Conforme já relatado, observou-se que o valor total das despesas com pessoal do Poder Executivo Federal alcançou 39% da RCL, ultrapassando, portanto, o limite máximo a que se refere o art. 20 e o limite prudencial a que se refere o art. 22, parágrafo único, da LRF. Assim, ficam vedadas ao Poder Executivo federal as seguintes medidas: I – concessão de vantagem, aumento, reajuste ou adequação de remuneração a qualquer título, salvo os derivados de sentença judicial ou de determinação legal ou contratual, ressalvada a revisão prevista no inciso X do art. 37 da Constituição; II – criação de cargo, emprego ou função; III – alteração de estrutura de carreira que implique aumento de despesa; IV – provimento de cargo público, admissão ou contratação de pessoal a qualquer título, ressalvada a reposição decorrente de aposentadoria ou falecimento de servidores das áreas de educação, saúde e segurança; V – contratação de hora extra, salvo no caso convocação extraordinária do Congresso Nacional e as situações previstas na lei de diretrizes orçamentárias.

Como o limite máximo a que se refere o art. 20 da LRF foi ultrapassado, sem prejuízo das medidas previstas no art. 22 citadas anteriormente, o percentual excedente terá de ser eliminado nos dois quadrimestres seguintes, sendo pelo menos um terço no primeiro, adotando-se, entre outras, as seguintes providências, conforme previsto nos §§ 3º e 4º do art. 169 da Constituição, quais sejam: I – redução em pelo menos vinte por cento das despesas com cargos em comissão e funções de confiança; II – exoneração dos servidores não estáveis; se as medidas anteriores não forem suficientes para assegurar o cumprimento da determinação da LRF, o servidor estável poderá perder o cargo, desde que ato normativo motivado de cada um dos Poderes especifique a atividade funcional, o órgão ou unidade administrativa objeto da redução de pessoal. É importante observar que, conforme art. 23, § 3º, da LRF, não alcançada a redução no prazo estabelecido, e enquanto perdurar o excesso, o ente não poderá: I – receber transferências voluntárias; II – obter garantia, direta ou indireta, de outro ente; III – contratar operações de crédito, ressalvadas as destinadas ao refinanciamento da dívida mobiliária e as que visem à redução das despesas com pessoal.

(FMP/TCE/RS/Auditor/2011) A Lei Complementar nº 101, de 4 de maio de 2000 estabelece normas de finanças públicas voltadas para a responsabilidade na gestão fiscal e dá outras providências. Do Capítulo VIII, que trata da transparência, do controle e da fiscalização, transcrevemos: "Seção I – Da Transparência da Gestão Fiscal. Art. 48. São instrumentos de transparência da gestão fiscal, aos quais será dada ampla divulgação, inclusive em meios eletrônicos de acesso público: os planos, orçamentos e leis de diretrizes orçamentárias; as prestações de contas e o respectivo parecer prévio; o Relatório Resumido da Execução Orçamentária e o Relatório de Gestão Fiscal; e as versões simplificadas desses documentos." E "Seção VI – Da Fiscalização da Gestão Fiscal. Art. 59. O Poder

Legislativo, diretamente ou com o auxílio dos Tribunais de Contas, e o sistema de controle interno de cada Poder e do Ministério Público, fiscalizarão o cumprimento das normas desta Lei Complementar, com ênfase no que se refere a: (...)."
O candidato deve: (i) citar pelo menos dois itens objeto de ênfase na fiscalização da gestão fiscal prevista no artigo 59, e comentar sua importância e finalidade; (ii) e, especificamente quanto aos Relatórios Resumido da Execução Orçamentária e o de Gestão Fiscal, indicar qual a periodicidade exigida em Lei para apresentação de cada um destes e citar e comentar a finalidade de pelo menos dois itens que integrem cada um destes relatórios.

Autor: Marcel Guimarães

Direcionamento da resposta

Nesta questão, o candidato deveria ter conhecimento do art. 59 da LRF, que estabelece os itens que deverão ser enfatizados na fiscalização do cumprimento da referida Lei. O enunciado solicitou que fossem citados pelo menos dois itens, mas optamos por citar todos, para fins didáticos, comentando três deles. Quanto aos relatórios (RREO e RGF), também optamos por demonstrar o conteúdo completo dos dois documentos, embora o comando da questão somente solicitasse os comentários acerca de dois conteúdos de cada relatório.

Sugestão de resposta

O art. 59 da LRF define os itens que serão objeto de ênfase na fiscalização da gestão fiscal por parte do Poder Legislativo, diretamente ou com o auxílio dos Tribunais de Contas, e do sistema de controle interno de cada Poder e do Ministério Público. Esses itens são os seguintes: I – atingimento das metas estabelecidas na lei de diretrizes orçamentárias; II – limites e condições para realização de operações de crédito e inscrição em Restos a Pagar; III – medidas adotadas para o retorno da despesa total com pessoal ao respectivo limite, nos termos dos arts. 22 e 23 da LRF; IV – providências tomadas, conforme o disposto no art. 31 da Lei, para recondução dos montantes das dívidas consolidada e mobiliária aos respectivos limites; V – destinação de recursos obtidos com a alienação de ativos, tendo em vista as restrições constitucionais e as desta Lei Complementar; VI – cumprimento do limite de gastos totais dos legislativos municipais, quando houver.

A fiscalização do atingimento das metas estabelecidas na lei de diretrizes orçamentárias é importante, pois o alcance das metas de resultado primário, por exemplo, mostrará a economia que o Governo irá fazer para pagamento de despesas financeiras, como juros e amortização da dívida. O resultado primário irá indicar se o ente federativo está ou não vivendo dentro de seus limites financeiros e contribuindo para a redução ou elevação do seu endividamento. Assim, a fiscalização do alcance dessas metas tem como finalidade tentar garantir o cumprimento dos parâmetros estabelecidos na LDO.

A fiscalização do cumprimento nos incisos III (medidas adotadas para o retorno da despesa total com pessoal ao respectivo limite) e IV (providências tomadas para recondução dos montantes das dívidas consolidada e mobiliária aos respectivos limites) é fundamental para verificar se o ente federativo que ultrapassar o limite está efetivamente adotando as medidas cabíveis para redução dos gastos com pessoal ou do endividamento. Nesse sentido, a fiscalização tem como finalidade tentar garantir o exato cumprimento da lei, de modo que de fato ocorra a redução dos gastos e do endividamento, conforme o caso.

A LRF definiu diversos instrumentos de transparência, dentre os quais pode-se destacar o Relatório Resumido da Execução Orçamentária – RREO e o Relatório de Gestão Fiscal – RGF.

O Relatório Resumido da Execução Orçamentária – RREO, de periodicidade bimestral, é definido nos art. 52 e 53 da LRF, e abrange todos os poderes e órgãos (um relatório por cada ente da federação). O RREO é composto de: I – balanço orçamentário; e II – demonstrativos da execução das receitas e das despesas. Acompanharão o RREO demonstrativos relativos a: I – apuração da receita corrente líquida – RCL; II – receitas e despesas previdenciárias; III – resultados nominal e primário; IV – despesas com juros; V – Restos a Pagar. O relatório referente ao último bimestre do exercício será acompanhado também de demonstrativos: I – do atendimento da regra de ouro (art. 167, III, da CF/88); II – das projeções atuariais dos regimes de previdência social, geral e próprio dos servidores públicos; III – da variação patrimonial, evidenciando a alienação de ativos e a aplicação dos recursos dela decorrentes.

O Relatório de Gestão Fiscal, de periodicidade quadrimestral, é definido nos art. 54 e 55 da LRF, e deve ser elaborado em cada um dos Poderes e órgãos (citados no art. 20), inclusive pelo Ministério Público. O RGF conterá: I) comparativo com os limites tratados na LRF dos seguintes montantes: a) despesa total com pessoal, distinguindo a com inativos e pensionistas; b) dívidas consolidada e mobiliária; c) concessão de garantias; d) operações de crédito, inclusive por antecipação de receita; II – indicação das medidas corretivas adotadas ou a adotar, se ultrapassado qualquer dos limites; III – demonstrativos, no último quadrimestre: a) do montante das disponibilidades de caixa em trinta e um de dezembro; b) da inscrição em Restos a Pagar, das despesas processadas, não processadas, inscritas até o limite do saldo da disponibilidade de caixa, e das não inscritas por falta de disponibilidade de caixa e cujos empenhos foram cancelados; e c) do cumprimento das regras da LRF acerca de operações de crédito por antecipação de receitas – ARO.

(Cespe/Bacen/Procurador/2009) *Considerando que o Bacen é o agente financeiro máximo e controlador de todas as operações de crédito disciplinadas na Lei de Responsabilidade Fiscal (LRF) – LC n. 101/2000 –, discorra, com fulcro na LRF, acerca das vedações a que está sujeito o Bacen nas suas relações com ente da Federação, no que concerne às operações de crédito.*

Autores: Frederico Rios Paula e Renato Cesar Guedes Grilo

Direcionamento da resposta

Nessa questão, o candidato deve abordar todas as vedações impostas ao Banco Central na relação deste com os entes da Federação previstas nos arts. 35 e 39 da LRF.

Sugestão de resposta

Primeiramente, o art. 35 da LC n. 101/2000, a chamada LRF, veda a realização de operação de crédito entre um ente da Federação e o BACEN, ainda que sob a forma de novação, refinanciamento ou postergação de dívida contraída anteriormente. Excetuam-se dessa vedação as operações entre instituição financeira estatal e outro ente da Federação, inclusive suas entidades da administração indireta, que não se destinem a: i) financiar, direta ou indiretamente, despesas correntes; ii) refinanciar dívidas não contraídas junto à própria instituição concedente. Essa vedação também não impede Estados e Municípios de comprar títulos da dívida da União como aplicação de suas disponibilidades, o que será realizado perante o BACEN, que os negocia, no exercício de política monetária, com o objetivo de regular a quantidade de moeda em circulação e a taxa de juros.

Já o art. 39 da LRF elenca outras vedações ao BACEN nas suas relações com os entes da Federação. A Autarquia não pode realizar: i) operação de crédito, ainda que sob a forma de novação, refinanciamento ou postergação de dívida contraída anteriormente, exceto aquelas entre instituição financeira estatal e outro ente que não se destine a financiar despesas correntes ou refinanciar dívidas não contraídas junto à própria instituição concedente do empréstimo; ii) compra de título da dívida, ressalvado a possibilidade de comprar diretamente títulos emitidos pela União para refinanciar dívida mobiliária federal que estiver vencendo em sua carteira; iii) permuta de título da dívida de ente da Federação por título da dívida pública federal, bem como a operação de compra e venda, a termo, daquele título, cujo efeito final seja semelhante à permuta; iv) concessão de garantia.

Vale ressaltar, por fim, que o BACEN só pode comprar diretamente títulos emitidos pela União para refinanciar a dívida mobiliária federal que estiver vencendo na sua carteira.

(Esaf/PFN/Procurador/2008) Tendo em vista o disposto no inciso I dos arts. 157 e 158 da Constituição da República, os valores despendidos pelas pessoas ali enumeradas a título de imposto sobre renda e proventos de qualquer natureza, incidente na fonte, devem ser incluídos no somatório dos gastos com pessoal para efeito de apuração dos limites previstos na Lei de Responsabilidade Fiscal? Fundamente a sua resposta.

Autores: Frederico Rios Paula e Renato Cesar Guedes Grilo

Direcionamento da resposta

O questionamento feito pela banca examinadora é de considerável dificuldade e exige do candidato a interpretação sistemática da Constituição Federal, da Lei Complementar n. 101/00 e, em menor proporção, da Lei n. 4.320/64. Para tanto, são essenciais os conhecimentos acerca dos conceitos de receita corrente líquida e do regramento jurídico das despesas de pessoal.

Sugestão de resposta

Conforme art. 19 da Lei Complementar n. 101/00, para os fins do disposto no caput do art. 169 da Constituição, a despesa total com pessoal, em cada período de apuração e em cada ente da Federação, não poderá exceder os percentuais da receita corrente líquida dos entes federados, nos índices discriminados no citado artigo. Ou seja, o percentual da despesa a ser gasta com pessoal é calculado com base na receita corrente líquida.

Por sua vez, a receita corrente líquida é conceituada como o somatório das receitas tributárias, de contribuições, patrimoniais, industriais, agropecuárias, de serviços, transferências correntes e outras receitas também correntes, deduzidos, entre outras despesas, os valores transferidos pela União aos Estados e Municípios por determinação constitucional ou legal, e as contribuições mencionadas na alínea a do inciso I e no inciso II do art. 195, e no art. 239 da

Constituição. No âmbito dos Estados, ainda, as parcelas entregues aos Municípios por determinação constitucional.

Dessa forma, interpretando o art. 19 da LC 101/00, verifica-se que os valores dispendidos por força dos incisos I dos arts. 157 e 158 da Constituição Federal não integram o cálculo da receita corrente líquida do ente transferidor e, por consequência, também não integram o somatório dos gastos com pessoal para efeito de apuração dos limites previstos na Lei de Responsabilidade Fiscal.

(FGV/TCM/RJ/Auditor/2008) Considere a seguinte situação hipotética: Tendo o Tribunal de Contas do Município do Rio de Janeiro – TCMRJ recebido as "Contas de Gestão" (processo de contas do Chefe do Executivo) referentes ao exercício de 2007, foram elas apreciadas por seus contadores e técnicos de controle externo, que levantaram vários aspectos. Cabe a você elaborar um parecer (relatório) comentando cada uma das situações apontadas (abaixo relacionadas) à luz da legislação pertinente e da doutrina (quando for o caso) efetuando recomendações (quando pertinente) e manifestando, ao final, sua opinião sobre as contas, justificando sua resposta à luz da Lei Orgânica do TCMRJ. As situações destacadas pelo corpo técnico foram as seguintes: (i) a Dívida Ativa constante do Balanço Patrimonial figura pelo valor nominal (inscrito), não tendo sido constituída qualquer provisão; (ii) as despesas com pessoal do Poder Executivo (ajustadas para fins de Lei de Responsabilidade Fiscal) representaram 53% da Receita Corrente Líquida – RCL; (iii) foram celebrados termos de ajustes para pagamento de despesas do exercício anterior (2006) realizadas sem prévio empenho em um montante correspondente a 0,0001% do orçamento aprovado para 2007.
Autor: Marcel Guimarães

Direcionamento da resposta

Quanto ao item (i), a ausência do lançamento da provisão não constitui irregularidade do ponto de vista legal, visto que a Lei 4.320/64 não faz tal exigência. No caso do item (ii), constata-se que o município do Rio de Janeiro está abaixo do limite legal para gastos de pessoal, que é de 54% da RCL. Com relação ao item (iii), observa-se que é ilegal pagar despesas sem prévio empenho. Entretanto, levando em conta a baixa materialidade do valor, essa irregularidade não constitui motivo para reprovar as contas, motivo pelo qual se recomenda a aprovação das mesmas, com base na Lei nº 289 de 1991, que rege a matéria no município do Rio de Janeiro.

Sugestão de resposta

Trata-se de parecer do Tribunal de Contas do Município do Rio de Janeiro – TCMRJ acerca do processo de contas do Chefe do Executivo referentes ao exercício de 2007.

A Dívida Ativa constante do Balanço Patrimonial figura pelo valor nominal (inscrito), não tendo sido constituída qualquer provisão. Entretanto, a Lei 4.320/64 não determina expressamente sua constituição. Assim, a ausência do lançamento da provisão não constitui irregularidade do ponto de vista legal, visto que, segundo o princípio da legalidade estrita, o servidor público só deve agir em função de mandamento legal, diferentemente do particular, que pode fazer tudo o que a lei não proíbe (princípio da legalidade). Por outro lado, a não constituição da provisão viola alguns normativos e princípios contábeis, o que pode ser considerado mais grave.

A Resolução nº 750 do Conselho Federal de Contabilidade – CFC elenca alguns princípios que norteiam a elaboração dos demonstrativos contábeis, dentre os quais é possível citar o princípio da prudência, segundo o qual, diante de alternativas igualmente válidas, deverá ser feita a opção que resulte no menor patrimônio líquido (ou social) para a entidade. Na mesma linha segue a convenção (princípio) do conservadorismo e a regra "custo ou mercado, dos dois o menor". Inclusive, o CFC regulamentou, por meio da Resolução nº 1.066 de 2005, o tratamento a ser dado a contingências e provisões estabelecendo critérios para lançamento e divulgação de informações envolvendo-as.

As despesas com pessoal do Poder Executivo (ajustadas para fins de Lei de Responsabilidade Fiscal) representaram 53% da Receita Corrente Líquida – RCL. A LRF estabelece como limite máximo para o Executivo Municipal 54% da RCL. Assim, constata-se que o município do Rio de Janeiro está abaixo do limite legal para gastos de pessoal. Apesar disso, considerando que o percentual realizado (53%) está bastante próximo do limite máximo, recomenda-se atenção para que o dispositivo legal não seja violado, o que ensejaria as sanções previstas na norma, como, por exemplo, o não recebimento de transferências voluntárias, obtenção de garantias ou contratação de operações de crédito. É importante ressaltar que os gastos com pessoal ultrapassaram o limite prudencial, que corresponde a 95% do limite máximo. Desse modo, fica o Poder Executivo impossibilitado de aumentar a despesa com pessoal em função de novas contratações (admissão de servidores), à exceção das reposições decorrentes de aposentadoria ou falecimento de servidores das áreas de saúde, educação e segurança.

Foram celebrados termos de ajustes para pagamento de despesas do exercício anterior (2006) realizadas sem prévio empenho em um montante correspondente a 0,0001% do orçamento aprovado para 2007. Tal procedimento não tem amparo legal expresso, constituindo-se irregularidade. A realização de despesas sem prévio empenho contraria o disposto no art. 60 da Lei 4.320/64. Apesar de se tratar de irregularidade, observa-se, na prática, que esse procedimento é realizado por vários entes em nossa federação.

Para atender a despesas que não digam respeito ao orçamento corrente, há um programa de trabalho que contempla dotações para despesas de exercícios anteriores – DEA, que deve ser utilizado somente nas situações previstas na lei, como restos a pagar com prescrição interrompida, por exemplo, e atendidas, ainda, as formalidades legais, como a manifestação dos órgãos jurídicos. O que se verifica, na prática, em alguns entes federativos, é que, em função da inexistência de dotação orçamentária para realizar a despesa, adquire-se o bem ou serviço sem o devido procedimento legal (uma espécie de "fiado") ficando o pagamento para outros exercícios.

Diante do exposto e considerando que as imperfeições detectadas não prejudicaram o exame das contas, assim como o disposto na Lei n° 289 de 1991, em especial o contido no art. 29, *opino* favoravelmente pela aprovação das contas a serem encaminhadas à Câmara Municipal para julgamento.

(FGV/TCM/PA/Auditor/2008) Discorra sobre as alterações na Lei de Diretrizes Orçamentárias e na Lei Orçamentária Anual em decorrência da sanção da Lei Complementar 101/00 – Lei de Responsabilidade Fiscal.

Autor: Marcel Guimarães

Direcionamento da resposta

O candidato deveria apontar as inovações trazidas pela LRF em relação a dois importantes instrumentos de planejamento da CF/88: a Lei de Diretrizes Orçamentárias – LDO e a Lei Orçamentária Anual – LOA. Importante notar que não era necessário discorrer acerca do conteúdo desses instrumentos constantes da CF/88, mas sim das inovações definidas pela LRF nos seus artigos 4° e 5°.

Sugestão de resposta

O planejamento tem grande importância na Lei de Responsabilidade Fiscal – LRF, que trouxe importantes inovações em relação à Lei de Diretrizes Orçamentárias – LDO e à Lei Orçamentária Anual – LOA.

A LRF trouxe uma série de inovações em relação à LDO. Aumentou seu conteúdo e a transformou no principal instrumento de planejamento para uma administração orçamentária equilibrada. A LRF conferiu à LDO a prerrogativa de disciplinar e fixar vários aspectos específicos, tais como: o equilíbrio entre receitas e despesas (art. 4º, inciso I, a); metas fiscais (art. 4º, § 1º); riscos fiscais (art. 4º, § 3º); programação financeira e o cronograma mensal de desembolso, estabelecidos pelo Poder Executivo 30 dias após a sanção da LOA (art. 8º); os critérios e forma de limitação de empenho, a ser efetuada em caso de risco de não cumprimento das metas bimestrais ou de superação do limite da dívida pública consolidada (art. 4º, inciso I, b); normas para o controle de custos e avaliação dos resultados dos programas financiados com recursos do orçamento (art. 4º, inciso I, e); condições e exigências para a realização de transferências de recursos a entidades públicas e privadas (art. 4º, I, f; art. 25, § 1º e art. 26); forma de utilização e montante da reserva de contingência (% da Receita Corrente Líquida) que integra a lei orçamentária anual (art. 5º, III).

Com relação à LOA, a LRF estabelece que o projeto de lei orçamentária anual deverá vir acompanhado de: anexo demonstrativo da compatibilidade da programação dos orçamentos com os objetivos e metas constantes do Anexo de Metas Fiscais (AMF); demonstrativo regionalizado do efeito, sobre as receitas e despesas, decorrente de isenções, anistias, remissões, subsídios e benefícios de natureza financeira, tributária e creditícia (art. 165, § 6º, da CF/88); medidas de compensação a renúncias de receita e ao aumento de despesas obrigatórias de caráter continuado. Outra importante inovação em relação à LOA é que ela deverá conter reserva de contingência, que será destinada apenas ao atendimento de passivos contingentes e outros riscos e eventos fiscais imprevistos, sendo que, conforme afirmado anteriormente, a LDO é que estabelecerá sua forma de utilização e seu montante (% RCL).

(FGV/TCM/RJ/Procurador/2008) Tendo como base o orçamento público da União, estabeleça a distinção entre o Anexo de Riscos Fiscais e o Relatório de Gestão Fiscal, abordando também em qual(is) documento(s) ambos devem estar previstos. Fundamente a resposta nos dispositivos pertinentes.

Autor: *Marcel Guimarães*

Direcionamento da resposta

O candidato deveria definir o conteúdo e finalidade do Anexo de Riscos Fiscais – ARF (art. 4º) e do Relatório de Gestão Fiscal – RGF (art. 54 e 55) da LRF. O ARF faz parte da LDO. A rigor, o RGF é um documento independente. Mas a julgar pelo enunciado, a Banca entendeu, de forma equivocada, que o RGF faz parte de algum outro documento. Considero que, possivelmente, gostariam que o candidato afirmasse que o relatório faz parte da prestação de contas anual do presidente.

É provável que a banca tenha confundido o relatório de gestão fiscal com outro documento que, este sim, compõe a prestação de contas, denominado Relatório de Gestão, elaborado por cada ministério e analisado pela Controladoria-Geral da União - CGU. A partir da análise desses relatórios de gestão é que a CGU elabora a prestação de contas anual do Presidente da República a ser encaminhada ao Congresso Nacional para julgamento. Vale lembrar que esse é o procedimento no âmbito da União.

Sugestão de resposta

A Lei de Responsabilidade Fiscal - LRF (LC 101/2000) trouxe uma série de inovações em relação à LDO. Aumentou seu conteúdo e a transformou no principal instrumento de planejamento para uma administração orçamentária equilibrada. Uma das principais inovações trazidas pela LRF foi a previsão de anexos, que necessariamente deverão integrar a LDO, exigidos para todos os entes federativos (União, Estados, DF e Municípios), que são o Anexo de Metas Fiscais (AMF) e o Anexo de Riscos Fiscais (ARF). Outra inovação da LRF foi a definição de novos instrumentos de transparência, como o Relatório de Gestão Fiscal, que deve constar da prestação de contas dos gestores públicos.

O ARF contém a identificação e avaliação dos passivos contingentes e outros riscos capazes de afetar as contas públicas, informando as providências a serem tomadas caso se concretizem (art. 4, § 3º, da LRF). Passivos contingentes são despesas incertas ou eventuais. O grau de incerteza quanto a sua ocorrência impossibilita a correta discriminação e previsão de valores na lei orçamentária, mas podem vir a afetar o equilíbrio das contas públicas na medida em que se tornem exigíveis. Importante ressaltar que a melhor especificação dos itens do ARF é insumo importante para que, de forma prudencial, se fixe no texto da LDO a forma de utilização e o montante (definido em percentual da Receita Corrente Líquida) a ser consignado a título de Reserva de Contingência, que deverá constar do orçamento. Nos termos art. 5º da LRF, a Reserva de Contingência destina-se ao atendimento de passivos contingentes e outros riscos e eventos fiscais imprevistos ao longo da execução do orçamento, mediante a sua utilização como fonte para abertura de créditos orçamentários adicionais.

O Relatório de Gestão Fiscal, definido nos art. 54 e 55 da LRF, deve ser elaborado em cada um dos Poderes e órgãos (citados no art. 20 da lei), inclusive pelo Ministério Público. O RGF conterá: I) comparativo com os limites tratados na LRF dos seguintes montantes: a) despesa total com pessoal, distinguindo a com inativos e pensionistas; b) dívidas consolidada e mobiliária; c) concessão de garantias; d) operações de crédito, inclusive por antecipação de receita; II – indicação das medidas corretivas adotadas ou a adotar, se ultrapassado qualquer dos limites; III – demonstrativos, no último quadrimestre: a) do montante das disponibilidades de caixa em trinta e um de dezembro; b) da inscrição em Restos a Pagar, das despesas processadas, não processadas, inscritas até o limite do saldo da disponibilidade de caixa, e das não inscritas por falta de disponibilidade de caixa e cujos empenhos foram cancelados; e c) do cumprimento das regras da LRF acerca de operações de crédito por antecipação de receitas – ARO.

6. ORÇAMENTO PÚBLICO

6.1. Leis Orçamentárias

(Esaf/PFN/Procurador/2016) Com o objetivo de assegurar o controle orçamentário, a Carta Magna, por meio do art. 70, adota mecanismos de rigorosa fiscalização, que extravasam a legalidade, adentrando nas esferas da legitimidade e economicidade. Assim, com fulcro nas garantias fundamentais, em que consistem a legitimidade e a economicidade?

Autores: Frederico Rios Paula e Renato Cesar Guedes Grilo

Direcionamento da resposta

A questão cobra, de maneira mais imediata, o conteúdo dos princípios orçamentários da legitimidade e da economicidade; contudo, também menciona o "controle orçamentário", a "legalidade", no contexto do que classifica como "garantias fundamentais" e "rigorosa fiscalização".

Portanto, não basta apenas definir o que se entende por legitimidade e economicidade. Exige-se do candidato que amplie o espectro de abrangência da resposta para alcançar a dimensão maior dada pelo enunciado, sem, contudo, fugir dos temas nucleares propostos. Assim, inicialmente competiria fazer parágrafo introdutório sobre o controle e fiscalização públicos, sua relevância e princípios norteadores, concentrando-se no desenvolvimento da legalidade, legitimidade e economicidade, com foco também no aspecto comparativo aplicável. Depois, concluir a breve dissertação com um parágrafo conclusivo de fechamento do raciocínio.

Sobre a necessidade de haver a legitimidade nas manifestações da Administração Pública, ensina Hely Lopes Meirelles que [10]:

> A necessidade de controle – A Administração Pública, em todas as suas manifestações, deve atuar com legitimidade, ou seja, segundo as normas pertinentes a cada ato e de acordo com a finalidade e o interesse coletivo na sua realização. Até mesmo nos atos discricionários a conduta de quem os pratica há de ser legítima, isto é, conforme as opções permitidas em lei e as exigências do bem-comum. Infringindo as normas legais, ou relegando os princípios básicos da Administração, ou ultrapassando a competência, ou se desviando da finalidade institucional, o agente público vicia o ato de ilegitimidade e o expõe à anulação pela própria Administração ou pelo judiciário em ação adequada.

Quanto à economicidade, destaco também citação de Carvalho Filho[11]:

> O núcleo do princípio é a procura de produtividade e economicidade e, o que é mais importante, a exigência de reduzir os desperdícios de dinheiro público, o que impõe a execução dos serviços públicos com presteza, perfeição e rendimento funcional.

Trata-se de questão aparentemente simples, porém, que requer do examinando o exercício do poder argumentativo em grau mais apurado, expondo conceitos que parecem ser intuitivos, mas que possuem densidade conceitual e técnica que permitem uma definição mais precisa, dentro do contexto proposto.

Segue uma sugestão de resposta, que contém o conteúdo mínimo que julgamos necessário à pontuação dos itens cobrados pelo questionamento.

Sugestão de resposta

Como função típica do Poder Legislativo lhe cabe a 'função fiscalizadora', que é exercida com o auxílio das Cortes de Contas, abrangendo a fiscalização contábil, financeira, orçamentária e patrimonial. Esse controle se qualifica mediante os vetores constitucionais da legalidade, legitimidade e economicidade.

Do princípio republicano, segundo o qual o povo detém o Poder Soberano, exercido por meio dos seus representantes eleitos e de forma direta, nos termos da Constituição, advém a legalidade orçamentária: só se gasta aquilo que o Parlamento autorizou, devendo os administradores públicos a este princípio

---

10. MEIRELES, Hely Lopes. **Direito administrativo brasileiro**. 33 ed. São Paulo: Malheiros. p. 565.
11. CARVALHO FILHO, José dos Santos. **Manual de direito administrativo**. 24. ed. Rio de Janeiro, Lumen Iures, 2011. P. 58.

estarem vinculados no seu agir, sendo ponto de partida para o mister fiscalizatório materializado no Art. 70 e seguintes da Carta Magna.

Contudo, não basta a simples observância da Lei, visto que a despesa pode até estar republicanamente autorizada, mas não ser legítima; emergente, então, o princípio da legitimidade, no sentido de qualificar a legalidade, exigindo-se o compasso com o real atendimento das necessidades públicas, servindo de limite à discricionariedade do gestor.

Assim, pode-se conceituar a legitimidade como o exame de mérito da despesa com vistas a identificar eventual desvio de finalidade, pois as competências discricionárias, ainda que atendam aos parâmetros da legalidade, devem se ater circunscritas a padrões de razoabilidade, moralidade e dos princípios constitucionais reconhecidos, qualificando os aspectos éticos da gestão financeira, a fim de atender ao interesse público também sob o viés político, sociológico e valorativo.

Por sua vez, a economicidade enfoca o binômio do custo/benefício em busca de se extrair do meio utilizado o melhor índice de resultado, dirigindo, assim, o critério de conveniência e oportunidade do administrador público, em atenção aos princípios da eficiência da gestão financeira, com o objetivo de não comprometer a qualidade exigida das prestações públicas.

Portanto, a segurança jurídica advinda com o atendimento aos padrões preestabelecidos pela legalidade se complementa com a ideia de justiça, obtida com a aplicação da legitimidade como princípio da gestão dos recursos públicos e a eficiência orçamentária a partir das escolhas mais eficazes – meios menos custosos que se traduzam em resultados mais eficientes – em salvaguarda da economicidade. Tal fórmula deve nortear o controle das contas públicas, permitindo que se faça não apenas um mero juízo jurídico formal quanto ao atendimento dos limites legais, mas também quanto aos critérios eleitos dentre os possíveis, capazes de tornar, ou não, legítima e econômica a escolha do administrar público.

Em suma, diante do exposto, vislumbra-se a possibilidade de se avaliar o mérito (conveniência e oportunidade) das diretrizes seguidas pelo administrador público, mediante controle da legalidade, qualificada pela legitimidade e economicidade, em busca da eficiência alocativa dos finitos recursos públicos.

(Cetap/TCM/PA/MPC/Analista/2015) Explicando o princípio da não afetação, esclareça em que consiste a desvinculação de receitas da União e como o Supremo Tribunal Federal trata da constitucionalidade deste instituto.

Autor: Marcel Guimarães

DIREITO FINANCEIRO

Direcionamento da resposta

O candidato deveria definir o princípio da não afetação das receitas de impostos, comentando em seguida as inúmeras exceções trazidas pela CF/88. Em seguida, deveria mostrar que os tributos no Brasil possuem um elevado nível de vinculação, o que dificulta a aplicação e o gerenciamento dos recursos arrecadados pelo Governo. Para tentar melhorar a situação, foi criada a DRU – Desvinculação das Receitas da União, procedimento que desamarra alguns recursos tributários arrecadados pela União.

Por fim, deveria ser mencionado que o STF se posicionou pela constitucionalidade do instituto.

Sugestão de resposta

O princípio da não afetação ou não vinculação das receitas veda a vinculação de receita de impostos a órgão, fundo ou despesa. Esse princípio encontra-se disposto no art. 167, IV, da CF/88, que traz várias exceções, como, por exemplo, a possibilidade de vincular receitas de impostos no caso de destinação de recursos para as ações e serviços públicos de saúde ou para a manutenção e desenvolvimento do ensino.

Convém destacar que os impostos são apenas uma das espécies de tributos que o Governo arrecada. Os demais tributos, como a taxa e as contribuições, são naturalmente vinculados a certas despesas. Assim, na prática, o que se observa é que há um elevado nível de vinculação das receitas tributárias no Brasil, visto que os próprios impostos, embora sejam relacionados ao princípio da não vinculação, também são destinados a diversas despesas, por ordem da própria Constituição, como se depreende das exceções citadas anteriormente.

Para "desamarrar" um pouco as receitas tributárias de suas aplicações obrigatórias, instituiu-se, desde 1994, um mecanismo de desvinculação, por meio de emenda à Constituição (Ato das Disposições Constitucionais Transitórias – ADCT, art. 76), conhecido como DRU – Desvinculação das Receitas da União. Por meio dessa desvinculação, liberam-se 20% dos impostos, contribuições sociais e de intervenção no domínio econômico, para livre aplicação pelos administradores públicos.

O Supremo Tribunal Federal considera ser constitucional a DRU – Desvinculação de Receitas da União (DRU), instituída pelo art. 76 do ADCT. O STF julgou o importante tema no bojo do RE 566007, de relatoria da Min. Carmem Lúcia, tendo sido julgado no sistema de repercussão geral.

(MPF/Procurador_da_República/2015) *A Lei n. 4.320 de 17.03.1964 preconiza normas gerais de direito financeiro para elaboração e controle do orçamento e balanço da União, dos estados, dos municípios e do Distrito Federal. Nesse compasso, o que são normas gerais? Exemplificar. Exaure esta Lei n. 4.320/1964 todo o campo de atuação da lei complementar referida na Constituição Federal?*

Autor: Paulo Roberto Sampaio Santiago

Direcionamento da resposta

O candidato precisa de conhecimentos sobre a Lei 4.320/1964 e Constituição Federal, na parte principiológica.

Sugestão de resposta

As normas gerais de Direito financeiro são aquelas editadas pela União para permitir a padronização da matéria em âmbito nacional, tendo em vista sua competência legislativa (art. 24, I, da CR).

Aos demais entes compete suplementar as normas federais e editar normas específicas. São normas gerais, por exemplo, aquelas que definem conceitos e institutos de Direito financeiro; estabelecem critérios de organização e gestão financeira e patrimonial dos entes públicos; orientam a elaboração das leis orçamentárias, sua execução e o repasse de duodécimos; e fixam limites relacionados à responsabilidade fiscal (despesa e endividamento).

Os arts. 163 e ss. da CR estabelecem o conteúdo das leis complementares que tratam de Direito financeiro. Esse conteúdo extrapola a matéria regulada na Lei Geral do Orçamento (Lei 4.320/1964, recepcionada como lei complementar).

Nesse contexto, a Lei de Responsabilidade Fiscal (LC 101/2000) e a Lei do Sistema Financeiro Nacional (Lei 4.595/1964), com as alterações posteriores, também consagram normas gerais de Direito financeiro, tratando, por exemplo, da elaboração das leis orçamentárias e do prazo de sua tramitação, repasses de duodécimos, limites de gastos com pessoal, operações de crédito e câmbio realizadas por instituições financeiras.

(Fafipa/CM/Campina_Grande_do_Sul/Advogado/2014) *O senhor prefeito municipal apresentou o Anteprojeto de Lei n. YYY/2014 visando à abertura de crédito adicional suplementar ao orçamento do Município de Campina Grande do Sul. Analise o Anteprojeto de Lei n. YYYY/2014 exposto, a seguir, e, com base no disposto na Constituição Federal e na Lei 4.320/1964, elabore um parecer sobre a legalidade e a constitucionalidade do referido anteprojeto de lei.*

DIREITO FINANCEIRO

"Prefeitura Municipal de Campina Grande do Sul Anteprojeto de Lei n. YYY/2014. Ementa: autoriza o executivo municipal a abrir crédito adicional suplementar ao orçamento de 2014 e dá outras providências. Art. 1º Fica autorizada no corrente exercício a Abertura de Crédito Adicional Suplementar no Orçamento Geral do Município de Campina Grande do Sul, no valor de R$ 2.810,00 (dois mil e oitocentos e dez reais), destinados ao reforço da seguinte Dotação Orçamentária. Suplementação 06.000.00.000.0000.0.000. Secretaria Municipal da Fazenda 06.001.00.000.0000.0.000. Departamento Contábil Financeiro 06.001.04.123.0006.2.073. Pagamento de salários e encargo, estagiários e previsão de novas contratações. Total da Suplementação: R$ 2.810,00 (dois mil e oitocentos e dez reais). Art. 2º Esta Lei entrará em vigor na data de sua publicação. Edifício da Prefeitura Municipal de Campina Grande do Sul, YY, de YYYY, de 2014. Prefeito Municipal".

Autor: Paulo Henrique Figueredo de Araújo

Direcionamento da resposta

A questão exige a elaboração de **Parecer**. Trata-se de manifestação costumeiramente estruturada da seguinte forma: **a) Epígrafe**, contendo a numeração do Parecer e do Processo de Consulta (sem a identificação específica, seguindo o modelo "Parecer nº ___/ Ref. Consulta nº___"; o Interessado, geralmente a autoridade consulente constante no enunciado (em branco, caso nada seja fornecido); o Assunto, expressão simples e direta do tema objeto da consulta e; a Ementa, com resumo da tese exposta no parecer. Na Ementa, recomenda-se afetar, no máximo, três linhas, economizando espaço para a abordagem específica do conteúdo; **b) Relatório**, com um resumo fático. Recomendamos a economia nas linhas; **c) Fundamentação**, na qual haverá o cotejo analítico da questão submetida, merecendo cuidadosa atenção do candidato, pois essa seção costuma aglutinar a maior parte da nota; **d) Conclusão**, onde se apõe o desfecho abreviado da argumentação, numa estrutura de caráter opinativo; **e) Firma**, sem a identificação do candidato, limitando-se à denominação impessoal fornecida pelo enunciado, ou, caso omisso, do cargo objeto do certame.

Expostos os requisitos formalísticos, adentremos no mérito. Inicialmente, caberia tecer considerações sobre a **fixação de dotações** no âmbito da **Lei Orçamentária Anual (LOA)**, bem como sobre os instrumentos existentes no orçamento para a solução da ausência ou insuficiência das dotações – *os créditos adicionais*[12]. Essencial a exposição das **espécies** desse gênero (Créditos

---

12. "Não se confunda crédito adicional com operações de crédito. Em que pese a denominação, crédito adicional não consiste em operação de empréstimo, em levantamento de linha de financiamento, ainda que eventualmente a abertura de um crédito adicional possa demandar

Suplementares, Especiais e Extraordinários), com as respectivas **finalidades**, referenciando os dispositivos legais correlatos.

Traçadas linhas gerais sobre a temática, analisa-se o caso concreto. Em se referindo o enunciado à **abertura de crédito suplementar**, aludir aos **requisitos legais** para a espécie, constantes no **art. 167, V, da CF/88**, e **art. 43 da Lei 4.320/64**. Uma observação atenta desses dispositivos permite concluir que o anteprojeto **não se coaduna** com as correspondentes exigências, pois **não** consigna a **origem dos valores** utilizados para a suplementação, bem como **não** apresenta a **exposição justificada** para o remanejamento orçamentário.

Ao final, a título de conclusão, caberia opinar pela existência de máculas de ordem legal e constitucional. Interessa lembrar que pareceres representam peças de caráter **aconselhativo**, geralmente submetidos à **homologação** da chefia do órgão consultivo. Portanto, recomenda-se a utilização de construções "opinamos" e "à consideração superior".

Sugestão de resposta

Parecer n°____/Ref. Consulta n°____.

Interessado:____

Assunto: Análise da legalidade e constitucionalidade do anteprojeto de Lei n° XXX/2014.

Ementa: Abertura de créditos suplementares. Reforço de dotação. Necessidade de expressa previsão da origem dos recursos utilizados e exposição de motivos. Art. 167, v, CF/88, e art. 43, Lei 4.320/64.

I – Relatório

Trata-se de projeto de lei encaminhado pelo Prefeito do Município de Campina Grande do Sul, objetivando a abertura de crédito adicional suplementar para o exercício de 2014, submetido à análise da legalidade e constitucionalidade dessa consultoria. É o relatório.

II – Fundamentação

A Lei Orçamentária Anual (LOA) ostenta em seu teor uma previsão preliminar dos créditos orçamentários, denominada dotações "iniciais",

---

a contratação de empréstimo. O vocábulo "crédito" aqui é tomado na sua acepção mais elementar de "confiança", outorgada pelo Legislativo ao Executivo para que altere a LOA, deixando de aplicar a sua versão originalmente aprovada. Perceba, portanto, que não se trata da ideia de crédito no sentido estritamente financeiro, de colocar recurso à disposição do tomador" (MARTINS, Ives Gandra da Silva. Tratado de direito financeiro. vol. 1. São Paulo: Saraiva, 2013).

distribuídas segundo os diversos programas de trabalho. Não obstante, situação deveras costumeira a não estipulação de determinadas espécies de despesa ou, mesmo quando previstas no prelúdio, verificar-se a não alocação de recursos suficientes para seu completo atendimento. Nesse contexto, a legislação conta com o mecanismo dos créditos adicionais, nos arts. 40 e seguintes da Lei 4.320/64.

Os créditos adicionais consistem em autorizações de despesas não computadas ou insuficientemente dotadas na LOA (art. 40, Lei 4.320/64), no desiderato de promover ajustes no correspondente diploma orçamentário, oferecendo flexibilidade e operacionalidade ao sistema – essenciais nas hipóteses de erros de planejamento ou fatos imprevistos. A Lei nº 4.320/64 elenca as seguintes espécies de créditos adicionais, classificáveis segundo a finalidade: a) os créditos suplementares, destinados ao reforço de dotação orçamentária (art. 41, I, Lei 4.320/64), seja por insuficiência inicial da dotação, seja por anulação, total ou parcial, dessa; b) os créditos especiais, vocacionados para as hipóteses de inexistência de dotação específica, significa dizer, ausência de previsão inicial na LOA (art. 41, II, Lei 4.320/64); c) os créditos extraordinários, cabíveis na hipótese de despesas urgentes e imprevisíveis, como guerra, comoção intestina ou calamidade pública (art. 41, III, Lei 4.320/64).

No caso submetido a consulta, em se tratando da abertura de crédito objetivando o reforço de dotações orçamentárias já existentes, está-se diante da modalidade suplementar.

Dentre os requisitos constitucionais para o socorro aos créditos suplementares encontra-se a autorização legal para a correspondente abertura – afinal, em sendo a LOA uma lei, a sua alteração deve operacionalizar-se pelo mesmo instrumento (Paralelismo das Formas). Também compulsória a indicação da origem dos recursos destinados ao reforço da dotação existente (art. 167, V, CF/88). No presente caso, não obstante o envio do anteprojeto de lei atender à primeira exigência, o segundo requisito não resta preenchido. Deveras, o anteprojeto limita-se a indicar as dotações destinatárias, bem como os valores, sendo omisso quanto à origem da verba suplementar.

A condição revela-se deveras salutar: objetiva impedir a assunção de compromissos sem a devida cobertura financeira, evitando a elevação das despesas a patamar superior ao das receitas arrecadadas. Impede-se, assim, a formação de orçamentos deficitários, bem como privilegia-se o Princípio do Planejamento (art. 6º, I, e art. 7º, Decreto-Lei 200/67) e a Gestão Fiscal Responsável (art. 1º, § 1º, LC 101/2000).

A existência de recursos disponíveis corresponde a requisito reforçado pelo art. 43 da Lei 4.320/64. Ademais, o dispositivo é categórico em demandar exposição justificada, também não realizada pelo Chefe do Poder Executivo no presente caso.

Portanto, tendo em vista a violação ao art. 167, V, CF/88, e ao art. 43 da Lei 4.320/64, verifica-se que o anteprojeto submetido à apreciação da presente consultoria padece de vícios da inconstitucionalidade e ilegalidade, não merecendo aprovação.

III – Conclusão

Ante o exposto, opinamos pela existência de máculas de ordem legal e constitucional no anteprojeto de Lei n° XXX/2014, destinado à abertura de créditos suplementares, pois, além de não discriminar a origem dos recursos utilizados para a suplementação, não apresenta exposição justificada de motivos, em violação ao art. 167, V, CF/88 e ao art. 43 da Lei 4.320/64.

É o parecer. À consideração superior.

Advogado.

Inscrição na OAB.

(Cespe/TC/DF/Técnico/2014) "*O orçamento público representa um dos instrumentos de que o Poder Legislativo dispõe para pôr em prática sua missão de controlador dos gastos públicos, principalmente os do Poder Executivo, contemplado com a maior parcela do orçamento, além de constituir um instrumento necessário para revelar as ações e metas governamentais para determinado período de tempo, de forma a delimitar e orientar a ação dos administradores públicos no seu papel de executores do orçamento.*" *(Francisco Glauber Mota. Contabilidade aplicada ao setor público. 1. ed., Brasília: Estefania Gonçalves, p. 18, com adaptações). Em face do texto acima apresentado, meramente motivador, redija um texto dissertativo acerca dos diversos tipos de orçamento público, abordando, necessariamente, os seguintes aspectos: (i) o orçamento clássico ou tradicional; (ii) o orçamento-programa; (iii) o orçamento base-zero.*

Autor: Marcel Guimarães

Direcionamento da resposta

O candidato deveria abordar as mudanças por que tem passado o conceito de orçamento ao longo do tempo, apresentando as principais características do orçamento tradicional ou clássico, cuja principal função era o controle político, do orçamento moderno ou orçamento-programa, em que o orçamento é um instrumento de planejamento.

DIREITO FINANCEIRO

Por fim, deveria apresentar as características do orçamento base-zero – OBZ, uma importante técnica para elaboração do orçamento-programa, e que consiste basicamente em uma análise crítica de todos os recursos solicitados pelos órgãos governamentais.

Sugestão de resposta

O orçamento público é caracterizado por possuir uma multiplicidade de aspectos: político, jurídico, contábil, econômico, financeiro, administrativo etc. O conceito de orçamento tem sofrido significativas mudanças ao longo do tempo, em decorrência da evolução de suas funções. Considerando a história da evolução conceitual do orçamento público, é possível classificar o orçamento em duas fases: orçamento tradicional ou clássico e o orçamento moderno ou orçamento-programa. Além disso, há várias técnicas de elaboração do orçamento, podendo-se destacar a do orçamento base-zero.

O orçamento tradicional ou clássico, cuja função principal é o controle político, constitui-se de uma peça (estática) que contempla apenas a previsão de receitas e a fixação de despesas para um determinado período. A ênfase desse tipo de orçamento estava no gasto (aquilo que o governo iria comprar) e não nas realizações que um governo pretendia executar. Tratava-se de um mero inventário de "meios" com os quais a Administração realizaria suas tarefas, razão pela qual a peça orçamentária também era chamada de "lei de meios" à época. É importante ressaltar que, nesse modelo orçamentário, observa-se a ausência de planejamento de ações e de preocupação das necessidades efetivas da população. No orçamento tradicional, os aspectos econômico, social, contábil, administrativo, jurídico, etc. tinham papel secundário. Os critérios de classificação da despesa eram os de "unidades administrativas" e de "elementos de despesa". O principal critério para distribuição de recursos era o montante de gastos do exercício anterior, não se levando em conta novas realizações futuras.

O orçamento moderno ou orçamento-programa, cuja função principal é a de instrumento de administração (planejamento), constitui-se de uma lei que contempla a previsão de receitas e despesas, programando a vida econômica e financeira do Estado por certo período. É um instrumento dinâmico, que leva em conta aspectos do passado, a realidade presente e as projeções para o futuro. A adoção do orçamento moderno está associada à concepção do modelo de Estado que, desde antes do final do século XIX, deixa de se caracterizar por mera postura de neutralidade, própria do laissez-faire, e passa a ser mais intervencionista, no sentido de corrigir as imperfeições do mercado e promover o desenvolvimento econômico. Assim, o orçamento-programa consiste em um método de orçamentação por meio do qual as despesas públicas são fixadas a partir da identificação das necessidades públicas sob a responsabilidade de certo nível de governo e da sua organização segundo níveis de prioridades e estruturas apropriadas de classificação da programação. Consiste na interligação entre o planejamento e o orçamento por meio de programas de governo. O principal critério de classificação da despesa é o "funcional-programático". Suas principais características são: integração entre planejamento e orçamento; quantificação de objetivos e fixação de metas; relações insumo-produto; alternativas programáticas; acompanhamento físico-financeiro; avaliação de resultados; e gerência por objetivos.

Orçamento Base Zero – OBZ é uma técnica utilizada para a confecção do orçamento-programa e consiste basicamente em uma análise crítica de todos os recursos solicitados pelos órgãos governamentais. Neste tipo de abordagem, na fase de elaboração da proposta orçamentária, haverá um questionamento acerca das reais necessidades de cada área, não havendo compromisso com qualquer montante inicial de dotação. Os órgãos governamentais deverão justificar anualmente, na fase de elaboração da sua proposta orçamentária, a totalidade de seus gastos, sem utilizar o ano anterior como valor inicial mínimo. Importante ressaltar que o OBZ foi um sistema paralelo criado no Texas – EUA e não representou uma evolução do orçamento, como os outros, mas uma simples variação no método de planejamento naquele país. Durante a elaboração da proposta orçamentária para o exercício seguinte, todo conhecimento prévio acerca das execuções em exercícios anteriores seria desconsiderado, ou seja, não existem direitos adquiridos sobre despesas anteriormente autorizadas. Suas principais características são: análise, revisão e avaliação de todas as despesas propostas e não apenas das solicitações que ultrapassam o nível de gasto já existente; todos os programas devem ser justificados cada vez que se inicia um novo ciclo orçamentário.

Diante do exposto, observa-se que o conceito de orçamento tem sofrido significativas mudanças ao longo do tempo, em decorrência da evolução de suas funções, podendo-se destacar o orçamento tradicional ou clássico, cuja principal função era o controle político, e o orçamento moderno ou orçamento-programa, em que o orçamento é um instrumento de planejamento, sendo o orçamento base-zero uma importante técnica para elaboração deste último modelo orçamentário, consistindo basicamente em uma análise crítica de todos os recursos solicitados pelos órgãos governamentais.

(PGE/GO/Procurador/2013) *Discorra, fundamentadamente, sobre os elementos político, econômico e jurídico do orçamento público.*

Autor: *Paulo Henrique Figueredo de Araújo*

DIREITO FINANCEIRO

Direcionamento da resposta

Trata-se de questão conceitual, exigindo do candidato a identificação dos **elementos (ou funções)** do orçamento, quais sejam, o **político, econômico e jurídico**. Reiteramos a necessidade de o candidato, em questionamentos como esse, não se limitar a apresentar respostas diretas ao enunciado, pois, comumente, os espelhos de resposta gabaritam elementos além da mera definição, mesmo em questões desse jaez. Cogente, pois, uma maior exposição sobre a natureza jurídica dos institutos cobrados, eventuais consectários e principiologia aplicável. A identificação de dispositivos legais correlacionados consubstancia uma obrigação do candidato, pois quase sempre se encontram presentes nos espelhos de resposta, rendendo preciosa pontuação.

A extensão da conceituação e caracterização dos elementos retromencionados no corpo da resposta dependerá, sempre, das circunstâncias do momento: se houver espaço e tempo suficientes, interessante ao candidato definir todos. Caso contrário, se houver **limitação** na quantidade de linhas, **basta uma mera alusão**. Não obstante, espaços vazios são inaceitáveis: o candidato não deve, em hipótese alguma, deixar linhas em branco nas respostas, pois muitas bancas incorporam o quantitativo escrito em suas fórmulas de cálculo de pontuação. Tal lição revela-se de interesse para os concursos em geral, sendo menos preocupante para a questão específica, pois a prova da PGE/GO de 2013 não apresentava limitação espacial nas respostas[13].

Sugestão de resposta

A função política decorre da noção de que o orçamento reflete o plano de ação do governo, sempre elaborado com base numa decisão derivada dos mandatários do povo. Representa forma de controle da Administração, a qual, por intermédio do orçamento, fica adstrita à execução da despesa no período e nos limites estabelecidos pelo Legislativo.

Trata-se de sistemática de controle apta a ser sintetizada nos seguintes termos: ao Poder Executivo compete elaborar a proposta orçamentária, sugerindo ações governamentais para implementação no ano subsequente; ao Legislativo, noutra banda, incumbe atuar como freio e contrapeso, contendo eventuais excessos idealizados pelo Poder Executivo. A função política incorpora a noção do controle externo da Administração Pública, o qual,

---

13. Recomendamos a leitura do Ricardo Lobo Torres (Curso de direito financeiro e tributário. Renovar) como obra principal, complementado por Kyoshi Harada (Direito Tributário e Financeiro. Atlas), sem prejuízo de outras obras, tendo em vista a temática ser abordada, com maior ou menor profundidade, na maioria dos cursos de Direito Financeiro.

juntamente com o controle interno de cada Poder, permite a regularidade no exercício das funções estatais.

A própria Constituição Federal revela a fiscalização legislativa da proposta orçamentária do Executivo, ao dispor sobre a existência da Comissão Mista Permanente de Senadores e Deputados (art. 166, CF/88), competente para examinar e emitir parecer sobre os projetos de leis orçamentárias (inciso I), sobre os planos e programas, bem como exercer o acompanhamento e fiscalização orçamentária (inciso II). Ademais, o poder (o qual espelha a existência de uma obrigação constitucional – noção de poder/dever) de controle parlamentar decorre não só da possibilidade de fiscalização e rejeição da lei orçamentária. Inclui, ademais, a prerrogativa de emendas parlamentares, conquanto sejam compatíveis com o Plano Plurianual (PPA), a Lei de Diretrizes Orçamentárias (LDO), indiquem os recursos necessários e sejam relacionados com correções de erros, omissões, e com os dispositivos do texto do projeto de lei (art. 166, §§ 2º e 3º, CF/88).

A função econômica, por sua vez, manifesta-se nas alterações na produção e consumo, promovidas pelo orçamento, em especial, decorrente da opção pelo equilíbrio (receitas iguais às despesas), déficit (receitas menores que despesas) e superávit (receitas maiores que despesas). Por meio das finanças funcionais e orçamentos cíclicos, muitos defendem a utilização do orçamento no desiderato mais do equilíbrio econômico do que financeiro, adotando-se a técnica do déficit nos períodos de crise, para possibilitar investimentos na economia, e do superávit nos períodos de crescimento. Ocorre que, a partir dos anos 1970/80, em decorrência do excessivo endividamento dos Estados, voltou-se a recomendar o equilíbrio orçamentário como ponto de partida para o equilíbrio econômico – apesar de, posteriormente, ainda se verificar graves manifestações de desfuncionalidade orçamentária, em especial, nos países europeus, conforme demonstrado pela crise de 2008.

Em síntese, a função econômica identifica o correto no balanceamento das receitas e despesas como instrumento de atuação do Estado, em especial, por meio do aumento e diminuição do gasto, vocacionados para o estimulo da produção e renda.

Por fim, a função jurídica decorre dá própria adoção, pelo regime constitucional, da Lei como instrumento viabilizador das peças orçamentárias (art. 165, I, II e III, da CF/88), cujo trâmite e aprovação apresentam peculiaridades próprias, distintas das demais leis. Não só: do elemento jurídico decorre o surgimento de diversas normas e princípios orçamentários, vocacionados à operacionalização e concretização de suas funções, quais sejam: a) Unidade (art. 2º da Lei 4.320/64); b) Legalidade (art. 165, CF/88); c) Universalidade ou Totalidade (art. 6º da Lei 4.320/64); d) Anualidade ou Periodicidade (art. 165, § 9º, I, CF/88 e art. 34, Lei

4.320/64); e) Exclusividade: (art. 165, § 8º, 1ª parte, CF/88); f) Especificação (art. 13 e 15, Lei 4.320/64); g) Não Afetação ou Não Vinculação da Despesa; h) Precedência ou Anterioridade (art. 35, § 2º, III, ADCT/88).

(FCC/TCE/MT/MPC/Analista/2013) A Constituição Federal estabelece que o controle externo será exercido pelo Poder Legislativo com o auxílio do Tribunal de Contas englobando a fiscalização contábil, financeira, orçamentária, operacional e patrimonial quanto à legalidade, legitimidade, economicidade, aplicação das subvenções e renúncia de receitas. Em razão desse regramento, a equipe de fiscalização do Tribunal de Contas do Estado de Mato Grosso realizou inspeção em um município e levantou as seguintes situações, consignadas em relatório: (i) A Lei Orçamentária Anual – LOA não conteve os anexos de metas e riscos fiscais; (ii) Além da previsão das receitas e da fixação de despesas, a LOA também tratou de autorização para a contratação de operações de crédito, inclusive por antecipação da receita orçamentária; (iii) Houve alteração do projeto da LOA. Apesar da emenda não tratar de assunto incompatível com o Plano Plurianual – PPA e a Lei de Diretrizes Orçamentárias – LDO, propôs anulação de despesa no que diz respeito: a. despesa fixada para o setor da educação, reduzindo o inicialmente previsto b. serviços da dívida; (iv) Constou do quadro de pessoal os seguintes cargos em comissão: auxiliar de almoxarifado, almoxarife, chefe de almoxarifado e diretor do departamento de compras; (v) Dos registros contábeis constaram erroneamente classificadas como receitas correntes as derivadas de serviços e de operações de crédito e como despesas correntes as relativas a juros da dívida pública e a subvenções econômicas; (vi) Houve concessão de subvenções sociais para a prestação de serviços nas áreas de educação e meio ambiente; (vii) Foi verificada a ocorrência de renúncia de receitas. Ocorreram por meio de concessão de isenção em caráter não geral e redução de alíquota do ISS – Imposto sobre Serviços de Qualquer Natureza; (viii) Os gastos com pessoal do Poder Legislativo Municipal atingiram 8% em relação à receita corrente líquida em dezembro de 2011. Como Analista de Contas, faça um texto com comentários sobre cada uma dessas situações levantadas, à luz da Constituição Federal, Lei Complementar 101/00 (Lei de Responsabilidade Fiscal – LRF) e Lei nº 4.320/64, abordando de forma justificada se são, ou não, irregularidades.

Autor: Marcel Guimarães

Direcionamento da resposta

Para fins didáticos, optamos por elaborar um parecer, embora a Banca não tenha feito essa solicitação de forma expressa. Entretanto, como é comum as

Bancas cobrarem a elaboração de peças técnicas, achamos conveniente apresentar a solução dessa maneira, de modo que os candidatos se familiarizem com os aspectos formais do texto.

Tradicionalmente, a peça de natureza técnica tem a seguinte estrutura: introdução, relatório, análise e conclusão. A introdução é composta por um parágrafo informando do que se trata o parecer. No relatório, é apresentado o problema. Algumas bancas expressamente dispensam a apresentação do relatório, por se tratar basicamente de uma cópia do enunciado. Na análise é que o candidato vai se posicionar, de forma fundamentada, acerca da regularidade ou não dos fatos apontados. E na conclusão, fará um breve resumo dos fatos analisados, podendo apresentar também as recomendações e determinações, se for o caso.

Sugestão de resposta

Trata-se de parecer acerca de inspeção realizada em um município por equipe de fiscalização do Tribunal de Contas do Estado de Mato Grosso.

Na inspeção, foram levantadas as seguintes situações: (i) A Lei Orçamentária Anual – LOA não conteve os anexos de metas e riscos fiscais; (ii) Além da previsão das receitas e da fixação de despesas, a LOA também tratou de autorização para a contratação de operações de crédito, inclusive por antecipação da receita orçamentária; (iii) Houve alteração do projeto da LOA. Apesar da emenda não tratar de assunto incompatível com o Plano Plurianual – PPA e a Lei de Diretrizes Orçamentárias – LDO, propôs anulação de despesa no que diz respeito: a. despesa fixada para o setor da educação, reduzindo o inicialmente previsto b. serviços da dívida; (iv) Constou do quadro de pessoal os seguintes cargos em comissão: auxiliar de almoxarifado, almoxarife, chefe de almoxarifado e diretor do departamento de compras; (v) Dos registros contábeis constaram erroneamente classificadas como receitas correntes as derivadas de serviços e de operações de crédito e como despesas correntes as relativas a juros da dívida pública e a subvenções econômicas; (vi) Houve concessão de subvenções sociais para a prestação de serviços nas áreas de educação e meio ambiente; (vii) Foi verificada a ocorrência de renúncia de receitas. Ocorreram por meio de concessão de isenção em caráter não geral e redução de alíquota do ISS – Imposto sobre Serviços de Qualquer Natureza; (viii) Os gastos com pessoal do Poder Legislativo Municipal atingiram 8% em relação à receita corrente líquida em dezembro de 2011.

Com relação à situação (i), constata-se que de fato a Lei Orçamentária Anual – LOA não deveria conter os anexos de metas e riscos fiscais. Esses anexos, por força do art. 4º da LRF, devem compor a Lei de Diretrizes Orçamentárias – LDO, e não a LOA. Logo, não há irregularidade na situação (i).

Quanto à constatação (ii), não há problema de a LOA também ter tratado de autorização para a contratação de operações de crédito, inclusive por antecipação da receita orçamentária, além da previsão das receitas e da fixação de despesas. Apesar da necessidade de se observar o princípio orçamentário da exclusividade, a própria CF/88, em seu art. 165, § 8°, prevê algumas exceções, como no caso de autorização para a contratação de operações de crédito, inclusive por antecipação da receita orçamentária, além da abertura de créditos adicionais suplementares. Portanto, não se observa qualquer irregularidade na situação (Ii).

No que se refere à situação (iii), não há problema em se alterar o projeto da LOA por meio de emendas, visto que a própria CF/88 prevê essa possibilidade, desde que atendidas as regras definidas no art. 166, § 3°, da Carta Magna. Tal dispositivo estabelece que as emendas ao projeto de LOA ou aos projetos que o modifiquem somente podem ser aprovadas caso: I – sejam compatíveis com o plano plurianual e com a lei de diretrizes orçamentárias; II – indiquem os recursos necessários, admitidos apenas os provenientes de anulação de despesa, excluídas as que incidam sobre: a) dotações para pessoal e seus encargos; b) serviço da dívida; c) transferências tributárias constitucionais para Estados, Municípios e Distrito Federal. Assim, constata-se que a anulação de despesa no que diz respeito ao item "a" (despesa fixada para o setor da educação, reduzindo o inicialmente previsto) está adequada com relação aos preceitos legais. Entretanto, a anulação relativa ao item "b" (serviços da dívida) foi proposta de maneira inadequada, contrariando o disposto na CF/88.

Quanto ao item (iv), em que se observou que constavam do quadro de pessoal cargos em comissão de auxiliar de almoxarifado, almoxarife, chefe de almoxarifado e diretor do departamento de compras, constata-se que apenas os dois últimos estão de acordo com os preceitos legais. A Constituição, em seu art. 37, V, estabelece que as funções de confiança, exercidas exclusivamente por servidores ocupantes de cargo efetivo, e os cargos em comissão, a serem preenchidos por servidores de carreira nos casos, condições e percentuais mínimos previstos em lei, destinam-se apenas às atribuições de direção, chefia e assessoramento. Logo, observa-se que os cargos em comissão de auxiliar de almoxarifado e de almoxarife estavam ocupados de forma irregular, contrariando a Carta Maior.

Com relação ao item (v), segundo o qual supostamente constaram erroneamente dos registros contábeis classificadas como receitas correntes as derivadas de serviços e de operações de crédito e como despesas correntes as relativas a juros da dívida pública e a subvenções econômicas, observam-se impropriedades na constatação, visto que nem todas os registros estavam errados. Segundo a Lei 4.320/64, as receitas de serviços de fato são correntes, não havendo erro na classificação delas como receitas correntes. As operações de crédito são classificadas como receitas de capital. Logo, de fato estava errada sua classificação como corrente. Quanto às despesas, as relativas a juros da dívida pública e as subvenções são realmente correntes, não havendo erro na classificação delas.

Quanto ao item (vi), em que se observou que houve concessão de subvenções sociais para a prestação de serviços nas áreas de educação e meio ambiente, constata-se que apenas a subvenção para a área de educação encontra respaldo legal. De acordo com o art. 16 da Lei 4.320/64, fundamentalmente e nos limites das possibilidades financeiras, a concessão de subvenções sociais visará a prestação de serviços essenciais de assistência social, médica e educacional, sempre que a suplementação de recursos de origem privada aplicados a esses objetivos revelar-se mais econômica. Desse modo, embora a concessão de subvenções sociais para a prestação de serviços na área de educação tenha sido feita de forma apropriada, a subvenção social para serviços na área de meio ambiente não está respaldada pelo referido diploma legal.

Com relação ao item (vii), segundo o qual foi verificada a ocorrência de renúncia de receitas, observa-se que de fato a LRF considera as duas situações como tal. As renúncias ocorreram por meio de concessão de isenção em caráter não geral e de redução de alíquota do ISS – Imposto sobre Serviços de Qualquer Natureza. Conforme art. 14, § 1º, da LRF, a renúncia de receita compreende anistia, remissão, subsídio, crédito presumido, concessão de isenção em caráter não geral, alteração de alíquota ou modificação de base de cálculo que implique redução discriminada de tributos ou contribuições, e outros benefícios que correspondam a tratamento diferenciado. A LRF estabelece, em seu art. 14, uma série de requisitos para a concessão de renúncia de receitas, os quais não foram observados no caso em tela. Assim, a concessão do benefício fiscal foi feita de forma irregular, visto que não foram observados os requisitos legais.

Por fim, com relação ao item (viii), em que se constatou que os gastos com pessoal do Poder Legislativo Municipal atingiram 8% em relação à receita corrente líquida – RCL em dezembro de 2011, observa-se que tal situação é irregular. A LRF, em seu art. 20, III, a, define para gastos com pessoal do Poder Legislativo Municipal o limite de 6% da RCL. Portanto, os gastos com pessoal estão acima do limite máximo permitido pela LRF, devendo ser tomadas as devidas providências para recondução dos valores até o limite.

Diante do exposto, observa-se que não houve irregularidades nas situações (i) e (ii). No caso da situação (iii), constatou-se que a anulação de despesa no que diz respeito ao item "a" (despesa fixada para o setor da educação, reduzindo o inicialmente previsto) estava adequada com relação aos preceitos legais. Entretanto, a anulação relativa ao item "b" (serviços da dívida) foi proposta de maneira inadequada, contrariando o disposto na CF/88. Com relação à situação (iv), observou-se que os cargos em comissão de auxiliar de almoxarifado e de almoxarife estavam ocupados de forma irregular, contrariando o art. 37 da CF/88. Quanto à situação

DIREITO FINANCEIRO

(v), constatou-se que a única classificação realmente errada foi a das operações de crédito como receitas correntes, visto que as demais eram de fato classificadas como tal. Com relação ao item (vi), embora a concessão de subvenções sociais para a prestação de serviços na área de educação tenha sido feita de forma apropriada, a subvenção social para serviços na área de meio ambiente não estava respaldada pela Lei 4.320/64. No caso do item (vii), a concessão de renúncia de receitas foi feita de forma irregular, visto que não foram observados os preceitos do art. 14 da LRF. Finalmente, a situação (viii) constitui irregularidade, visto que os gastos com pessoal (8% da RCL) estavam acima do limite permitido pela LRF para o Poder Legislativo Municipal, que é de 6% da RCL.

(Esaf/PFN/Procurador/2012) A Secretaria de Orçamento Federal – SOF, do Ministério do Planejamento, Orçamento e Gestão – MP, formulou consulta à Procuradoria-Geral da Fazenda Nacional – PGFN sobre a submissão, a partir de 2004, da receita arrecadada pelas contribuições sociais da Lei Complementar 110, de 2001, à sistemática da Desvinculação de Recursos da União – DRU contida no art. 76 do Ato das Disposições Constitucionais Transitórias – ADCT. Indaga, em especial, se as leis orçamentárias produzidas a partir de então podem manter a vinculação da arrecadação das contribuições sociais antes referidas à destinação integral e original para a qual foram instituídas. A dúvida decorre do fim específico e extraordinário da contribuição para o FGTS combinada com a disposição contida no art. 13 da LC 101/2001, que assegurou a destinação integral ao FGTS do valor equivalente à arrecadação das contribuições apenas nos exercícios de 2001, 2002 e 2003. Decorre, ainda, do teor do art. 76 do ADCT e da eventual possibilidade de sua mitigação pelas leis orçamentárias anuais. Na condição de Procurador da Fazenda Nacional, formule resposta juridicamente fundamentada no regime de direito financeiro aplicável.

Autores: Frederico Rios Paula e Renato Cesar Guedes Grilo

Direcionamento da resposta

Nesta questão espera-se que o candidato: 1) discorra sobre as contribuições instituídas pela LC 110/2001; 2) aponte a natureza jurídica das contribuições; 3) aborde a sistemática da DRU (art. 76, da ADCT); 4) faça referência ao entendimento do STF sobre a constitucionalidade das contribuições; 5) aborde a sistemática da DRU prevista no art. 76, da ADCT, apontando a exceção constitucional ao regime; 6) conclua pela possibilidade de manter por meio de lei ordinária a vinculação dos resultados das contribuições do FGTS, a partir do exercício de 2004 até 2015.

Sugestão de resposta

A Lei Complementar nº 110/2001 instituiu duas espécies de contribuições sociais destinadas ao FGTS, a serem pagas pelos empregadores, nos seguintes moldes: a) à alíquota de dez por cento sobre o montante de todos os depósitos devidos, referentes ao FGTS, durante a vigência do contrato de trabalho, acrescido das remunerações aplicáveis às contas vinculadas, em casos de despedida de empregado sem justa causa (art. 1º) e b) à alíquota de cinco décimos por cento sobre a remuneração devida, no mês anterior, a cada trabalhador, incluídas as parcelas de que trata o art. 15 da Lei nº 8.036, de 11.05.1990 (art. 2º).

A jurisprudência do STF assentou o entendimento de que os valores depositados no Fundo de Garantia foram insuficientemente corrigidos na vigência dos planos econômicos "Verão" e "Collor I". Nesse contexto, as novas contribuições para o FGTS foram instituídas com a finalidade de aumentar o ativo para equilibrar o déficit causado pelo impacto da atualização monetária dos saldos das contas vinculadas. Vale citar, assim, o art. 4º da LC 110/2001, que autorizou que fossem creditadas parcelas das contribuições nas contas vinculadas para fins de complemento da atualização monetária.

Foram ajuizadas as ADIs 2556 e 2588 contra a LC 110/2001, entretanto, o STF apenas entendeu haver inconstitucionalidade parcial no art. 14, no tocante à expressão "produzindo efeitos". Deveras, foi proclamada a constitucionalidade da contribuição social prevista no art. 1º LC 110/2001, obstando-se apenas a exigibilidade das novas contribuições no mesmo exercício financeiro em que instituídas, em respeito à anterioridade prescrita pelo art. 150, III, b, da CF. Deixou-se, no entanto, de apreciar a constitucionalidade da contribuição prevista no art. 2º por perda superveniente de objeto, já que sua vigência restringiu-se ao período de sessenta meses contados a partir da exigibilidade da norma.

É importante mencionar que o STF entendeu que as contribuições para o FGTS têm natureza de contribuição social geral, o que enseja, a princípio, a destinação específica do produto de sua arrecadação à finalidade do objeto custeado (art. 195, § 4º e 195 da CF). Corolário disso, o art. 13 da LC 110/2001, de constitucionalidade confirmada pelo STF, determinou que leis orçamentárias anuais referentes aos exercícios de 2001, 2002 e 2003 assegurassem a destinação integral de valor equivalente à arrecadação das contribuições ao FGTS.

Nesse sentido, a partir da previsão feita pelo citado art. 13 da LC 110/2001, o produto arrecadado com as contribuições do FGTS fugiu à sistemática da Desvinculação de Receitas da União – DRU, prevista pelo art. 76 da ADCT. Nos termos deste dispositivo constitucional, são desvinculados de órgão, fundo ou despesa, 20 % da arrecadação da União de impostos, contribuições sociais e de intervenção no domínio econômico, já instituídos ou que vierem a ser criados.

Consoante sabido, a regra é a desvinculação das receitas derivadas dos impostos e a vinculação das receitas provenientes das contribuições *lato sensu*. Sucede, porém, que a Constituição permite a afetação da receita dos impostos a algumas despesas, como ao exemplo dos gastos com saúde e educação (art. 167, IV, da CF). Desse modo, é possível concluir que boa parte da arrecadação da União já está comprometida para fazer frente a várias despesas.

Assim, a Desvinculação das Receitas da União (DRU) se caracteriza como mecanismo constitucional que confere flexibilidade ao regime de afetação de algumas receitas ao custeio de atividades específicas, franqueando maior liberdade quanto à eleição dos programas e despesas a serem assumidos pelo Estado. A DRU foi criada pela EC 27/2000, para suceder o Fundo de Estabilização Fiscal – FEF, o qual, por conseguinte, foi o sucessor do Fundo Social de Emergência. Inicialmente o regime da DRU ficou restrito ao período dos exercícios de 2000 a 2003, todavia, sucessivas emendas constitucionais prorrogaram da vigência, tendo a EC 68/2011 promovido desvinculação até o exercício de 2015.

A rigor, a única exceção à desvinculação de receita que consta no § 2º, do art. 76, é a contribuição social do salário-educação, o que não poderia ser ampliada pelo legislador infraconstitucional. Não obstante isso, considerando-se natureza finalística da contribuição para o FGTS, e tendo em vista que a afetação do produto da arrecadação das contribuições sociais é a regra, é possível que seja mantida por meio de lei ordinária a vinculação dos resultados das contribuições do FGTS, a partir do exercício de 2004 até 2015.

Por fim, não se pode olvidar que a DRU é um instrumento de direito financeiro, o que implica o seu caráter não impositivo, mas autorizativo. É dizer, não existe a obrigação de desvinculação, mas sim a possibilidade autorizada pelo constituinte. Portanto, nada impede que se mantenha a receita de terminada contribuição à sua finalidade[14].

(Femperj/TCE/RJ/Analista/2012) *Tendo o Chefe do Poder Executivo encaminhado projeto de lei orçamentária até quatro meses antes do término do exercício financeiro, o projeto não foi promulgado tempestivamente pelo Parlamento e, por conseguinte, não foi sancionado pelo Executivo até o encerramento da sessão legislativa. Nesses termos, como serão realizadas as despesas do próximo exercício financeiro, enquanto não aprovada a lei orçamentária anual? Justifique sua resposta*

Autor: Marcel Guimarães

---

14. Parecer PGFN/CAF/nº 584/2012.

Direcionamento da resposta

Em regra, a LDO autoriza, caso o projeto de lei orçamentária anual não seja sancionado até 31 de dezembro, a execução contínua de algumas despesas constantes da proposta, o que, no caso de despesas correntes consideradas inadiáveis, não poderá exceder, a cada mês, um duodécimo do valor previsto de cada ação.

Sugestão de resposta

Todo ano, a Lei de Diretrizes Orçamentárias – LDO traz uma seção com regras específicas para o caso de a Lei Orçamentária Anual – LOA não ter sido sancionada até o fim do ano, prevendo a execução provisória do projeto de Lei Orçamentária Anual – PLOA.

Em regra, a LDO autoriza, caso o PLOA não seja sancionado até 31 de dezembro, a execução contínua de algumas despesas constantes da proposta, o que, no caso de despesas correntes consideradas inadiáveis, não poderá exceder, a cada mês, um duodécimo do valor previsto de cada ação.

(Cespe/TCE/ES/Auditor/2012) "*Definido fundamentalmente nos artigos 165 a 169 da CF, o modelo orçamentário brasileiro não estabelece a obrigatoriedade de se executar tudo o que seja definido no orçamento, sendo desnecessário pedir autorização ao Congresso Nacional para não implementar determinada despesa. Há os que atribuem à Lei de Responsabilidade Fiscal (LRF) a responsabilidade de ter introduzido o orçamento impositivo no Brasil, pois o único caso que justificaria a não implementação integral do orçamento seria o da dificuldade no alcance das metas fiscais. Nas demais situações, a execução dos créditos orçamentários seria obrigatória. Tal entendimento, contudo, não é o que tem prevalecido. Na prática, não se observam alterações – desde o advento da LRF – no modo de proceder do Poder Executivo com relação à implementação, ou não, de determinados créditos orçamentários. Prevalece a interpretação de que o orçamento é meramente autorizativo e que determinado crédito orçamentário pode não ser executado por discricionariedade do Poder Executivo.*" *(Edilberto C. Pontes Lima. Algumas observações sobre o orçamento impositivo no Brasil. In: Planejamento e Políticas Públicas, nº 26, Brasília: IPEA, com adaptações). Considerando o texto acima como meramente motivador, redija um texto dissertativo acerca do seguinte tema: "O Orçamento Público Impositivo no Brasil". Ao elaborar seu texto, aborde, necessariamente, os seguintes aspectos: (i) mudanças institucionais necessárias para o orçamento impositivo; (ii) impacto sobre as relações existentes entre os Poderes da República; (iii) repercussões sobre os processos de controle de contas.*

Autor: Marcel Guimarães

DIREITO FINANCEIRO

Direcionamento da resposta

O candidato deveria discorrer acerca de uma possível adoção do orçamento impositivo no Brasil, visto que parte do nosso orçamento é autorizativa.

Nesse sentido, conforme pontos solicitados expressamente pela Banca, o candidato deveria afirmar que a implementação do orçamento impositivo no Brasil implicaria mudanças institucionais sobre quem decide a programação, passando o eixo de decisão do Executivo para o Legislativo. Se a decisão sobre o que e quanto se gastar for tomada no âmbito do Executivo, cabendo ao Congresso apenas dar a autorização, retira-se substancialmente o incentivo de se exigir o implemento integral.

O principal impacto da adoção do orçamento impositivo seria o fortalecimento do Legislativo frente ao Executivo.

Por fim, haveria repercussões sobre os processos de controle de contas, como o a mudança de enfoque, da execução para a elaboração da peça orçamentária. Também é importante mencionar que o Legislativo passaria a ter que fiscalizar se todas as despesas estariam sendo executadas, visto que a execução nesse modelo orçamentário é obrigatória, e também teria que verificar as eventuais justificativas para a não execução de alguma despesa.

É importante mencionar que, à época da aplicação da prova, ainda não havia sido promulgada a EC 86/2015, que implementou o orçamento impositivo no Brasil para as emendas parlamentares individuais, que hoje são de execução obrigatória, nos limites e condições definidos no art. 166 da CF/88.

Sugestão de resposta

O modelo orçamentário brasileiro não estabelece a obrigatoriedade de se executar tudo o que seja definido no orçamento, sendo desnecessário pedir autorização ao Congresso Nacional para não implementar determinada despesa. Embora alguns autores entendam que parte do orçamento brasileiro seja impositiva, prevalece a interpretação de que o orçamento é meramente autorizativo e que determinado crédito orçamentário pode não ser executado por discricionariedade do Poder Executivo. Nesse sentido, a implementação do orçamento impositivo no Brasil implicaria mudanças institucionais, causaria impacto sobre as relações existentes entre os Poderes da República, além de ter repercussões sobre os processos de controle de contas.

Inicialmente, é importante notar que, no orçamento autorizativo, é necessária uma permissão para que determinada programação seja executada. Assim, nesse modelo, o Poder Executivo não pode apresentar determinada programação ao Congresso e implementar outra, diversa daquela. Essa programação é definida pelo Executivo, que, após a autorização parlamentar, a implementa. Com o orçamento impositivo, teria de haver uma mudança profunda de enfoque. Não há muito sentido em se falar de orçamento impositivo sem mudar a responsabilidade pela programação. Um Congresso que não faz a programação não tende a ter muito interesse em obrigar que ela seja integralmente cumprida. É natural que o Poder Executivo possa não cumprir integralmente o orçamento por alguma razão superveniente. Com efeito, adotar o orçamento impositivo implica, essencialmente, transferir a maior responsabilidade de programar o orçamento para o Congresso Nacional. Tornar o orçamento impositivo, portanto, implica uma modificação ainda mais profunda que a exigência de implementação integral da programação aprovada. Implica a mudança sobre quem decide a programação, passando o eixo de decisão para o parlamento. Se a decisão sobre o que e quanto se gastar for tomada no âmbito do Executivo, cabendo ao Congresso apenas dar a autorização, retira-se substancialmente o incentivo de se exigir o implemento integral.

O principal impacto trazido pela implementação do orçamento impositivo sobre as relações existentes entre os Poderes da República seria o fortalecimento do Poder Legislativo. Isso porque, no modelo do orçamento autorizativo, a decisão acerca da execução de determinada dotação cabe ao Poder Executivo, de forma unilateral. No orçamento impositivo, a decisão passaria a depender de autorização de outro Poder, o que envolveria, naturalmente, negociações.

Em contrapartida, haveria enfraquecimento do Poder Executivo, pois o orçamento autorizativo acaba por ser um forte instrumento de barganha nos momentos de votações importantes no Congresso, conforme noticiam amplamente os jornais do País. Os parlamentares de oposição também seriam beneficiados, já que o Executivo não poderia mais decidir a implementação de uma obra de acordo com o apoio ou não de determinado parlamentar. Assim, as emendas individuais seriam executadas independentemente do partido do legislador. Como todos os parlamentares têm direitos a tais emendas, num valor fixo, independentemente de pertencerem à maioria ou à minoria, os direitos das minorias e da oposição estariam mais preservados.

Considerando-se que o Congresso teria mais poder, teria obrigatoriamente mais responsabilidade na apuração de eventuais erros e omissões nas receitas e despesas obrigatórias. Em termos internacionais, o Brasil tornar-se-ia um dos países em que o parlamento tem mais influência em matéria orçamentária, comparando-se aos Estados Unidos. Ter mais poder em matéria orçamentária implica aumento de poder de uma forma geral. Assim, o Congresso brasileiro seria muito fortalecido. Essas considerações permitem perceber as dificuldades para uma modificação institucional dessa natureza. Tornar o orçamento impositivo implicaria profundas mudanças nas relações de poder entre Executivo e Legislativo, e no âmbito do próprio Legislativo.

O Congresso Nacional exerce atividade de controle do orçamento, fiscalizando a atuação do Poder Executivo, circunstância que também ocorre na atuação do Tribunal de Contas da União. A adoção do orçamento impositivo traria como principal repercussão sobre os processos de controle de contas o fato de o Legislativo passar a ter que fiscalizar se todas as despesas estariam sendo executadas de forma integral, visto que a execução nesse modelo orçamentário é obrigatória. Além disso, também deve haver verificação acerca das justificativas para uma eventual não execução de alguma despesa, conforme previsto na legislação que regular a matéria.

Por fim, ganharia importância o controle da elaboração do orçamento, visto que, no orçamento autorizativo, a ênfase do controle acaba sendo na execução. Entretanto, no orçamento impositivo, a etapa de elaboração da peça orçamentária torna-se prioritária, motivo pelo qual passa a ser fundamental um maior controle dessa fase, além da fase de execução do orçamento.

(PGM/CM/Rio_de_Janeiro/Procurador/2011) À *luz do ordenamento jurídico brasileiro, o Poder Executivo pode, na execução orçamentária, deixar de realizar despesa pública prevista na Lei Orçamentária Anual?*

Autor: Paulo Henrique Figueredo de Araújo

Direcionamento da resposta

O candidato deveria iniciar com noções introdutórias sobre o **conceito de orçamento**, citando a legislação pertinente. Em seguida, assentar a **divergência doutrinária** sobre a **existência ou não de vinculação** do gestor público à efetivação das despesas previstas na lei orçamentária.

A fim de ilustrar o desencontro da doutrina: para Aliomar Baleeiro (Uma introdução à Ciência das Finanças), a efetivação das despesas sujeitar-se-ia ao um **regime dual: a)** em se tratando de **despesas fixas** instituídas por **lei**, como o pagamento de subsídios, vencimento e obrigações da Dívida Pública, sua execução revela-se **obrigatória**, sob pena de crime de responsabilidade; **b)** no caso de **despesas variáveis desprovidas de lei**, o orçamento operaria como **simples autorização**, sendo a execução **facultativa** – *denotariam meros créditos limitativos e não imperativos*. Não criariam, portanto, direitos subjetivos em favor das pessoas ou instituições beneficiárias, situando-se no âmbito da **discricionariedade** a ordenação ou efetivação do pagamento. Em consenso com tal entendimento, **Kiyoshi Harada** (Direito financeiro e tributário).

Já **Adilson Abreu Dallari** adota uma vertente menos flexível, ao defender a **impossibilidade** de **descumprimento** indiscriminado das disposições orçamentárias. Para o autor, o **orçamento-programa**, elaborado em função de objetivos, metas, projetos e programas, dos quais as dotações revelam-se representação numérica, **não** pode ser havido como **meramente autorizativo**, tendo um **caráter impositivo**. Portanto, a lei orçamentária, uma vez aprovada, **obrigaria** o Executivo a lhe dar fiel cumprimento – com a execução ou implantação dos projetos e programas que embasaram ou justificaram os quantitativos expressos nas dotações. Contudo, a regra **não** seria **absoluta**, **excecionando-se** na hipótese de **fatos supervenientes** aptos a tornar **impossível** a execução dos projetos e programas previstos[15]. Corrobora com o entendimento **Regis Fernandes de Oliveira** (Curso de direito financeiro).

Por fim, interessante à alusão aos diversos dispositivos legais e constitucionais pertinentes à temática, arrolados na proposta de resposta.

Sugestão de resposta

O conceito de orçamento evoluiu perante a doutrina e legislação nacional. Inicialmente visto como mera peça contábil, consignante da previsão de receitas e autorização de despesas, passou à condição de instrumento de ação do Estado. Hodiernamente fala-se na necessidade daquele evidenciar a política econômico-financeira e o programa de trabalho do Governo (art. 2º, Lei 4.320/64) – noção de orçamento-programa. Por isso, a doutrina identifica a existência dos aspectos políticos, econômicos e jurídicos na peça orçamentária.

Da evolução quanto ao conceito de orçamento derivam fortes divergências sobre o grau de vinculação das aplicações financeiras, isto é, se o agente estatal pode deixar de realizar despesa pública prevista na Lei Orçamentária Anual. Setores da doutrina advogam o caráter puramente autorizativo do orçamento, estabelecendo distinções quanto às despesas fixas e variáveis, estabelecidas em lei ou não, enquanto significativa corrente leciona a impossibilidade do gestor, em condições normais, evadir-se da realização da despesa segundo prevista na LOA.

No âmbito legislativo, verifica-se um nível mínimo de vinculação orçamentária. Ilustra a obrigatoriedade de efetivação das despesas as disposições

---

15. DALLARI, Adilson Abreu. Orçamento impositivo. In: CONTI, José Maurício; SCAFF, Fernando Facury (Org.). Orçamentos públicos e direito financeiro. São Paulo: Editora Revista dos Tribunais, 2011. p. 309-327.

constitucionais referentes à aplicação de recursos mínimos em educação (art. 212, CF/88), saúde (arts. 34, 35, 156, 167 e 198, CF/88). A Lei de Responsabilidade Fiscal (LRF), por sua vez, veda a limitação de empenho e movimentação financeira no tocante às "despesas que constituam obrigações constitucionais e legais do ente, inclusive aquelas destinadas ao pagamento do serviço da dívida, e as ressalvadas pela lei de diretrizes orçamentárias" (art. 9º, § 2º, LC nº 101/00). Por fim, a EC nº 86/2015 ressaltou a obrigatoriedade execução orçamentária e financeira das programações relativas às emendas parlamentares individuais ao projeto de lei orçamentária (art. 166, §§ 9º e 11, CF/88).

Noutra banda, elementos fomentadores da discricionariedade também estão presentes no ordenamento. Deveras, a Desvinculação de Receitas da União (DRU), sucessora do Fundo Social de Emergência (FSE), permite, até 31.12.2015, a desafetação de órgão, fundo ou despesa, de até 20% (vinte por cento) da arrecadação federal de impostos, contribuições sociais e de intervenção no domínio econômico. Igualmente, a ocorrência de alguma das contingências previstas no Anexo de Riscos Fiscais (art. 4º, § 3º, LRF) pode operar como fator de não efetivação de despesa orçamentária. Interessa, ademais, consignar, no âmbito das emendas parlamentares ao orçamento, a possibilidade de não as realizar por impedimentos de ordem técnica (art. 166, § 12, CF/88).

(Cespe/TCU/Auditor/2011) "A Constituição Federal de 1988 estabelece, em seu art. 165, § 9º, que cabe à lei complementar: I – dispor sobre o exercício financeiro, a vigência, os prazos, a elaboração e a organização do plano plurianual, da lei de diretrizes orçamentárias e da lei orçamentária anual; II – estabelecer normas de gestão financeira e patrimonial da administração direta e indireta, bem como condições para a instituição e funcionamento de fundos. Considerando que o fragmento de texto acima tem caráter unicamente motivador, redija um texto dissertativo acerca do seguinte tema: "Estado atual da legislação concorrente em matéria financeira e orçamentária no Brasil". Ao elaborar seu texto, aborde, necessariamente, os seguintes aspectos: (i) necessidade econômica da legislação federal a respeito de normas gerais de orçamento; (ii) abrangência e limites da competência da União em matéria orçamentária; (iii) possibilidade de exercício pleno da competência legislativa pelos estados e municípios.

Autor: Marcel Guimarães

Direcionamento da resposta

O candidato deveria mencionar que, como a lei que rege a matéria ainda é a 4.320/64, aprovada como lei ordinária no âmbito do ordenamento constitucional anterior e recepcionada com status de lei complementar pela CF/88, fica evidenciada a necessidade econômica de reformulação das normas vigentes, principalmente com a instituição da nova lei de finanças públicas de que trata o art. 165, § 9º, da Carta Magna.

Com relação à abrangência e limites da competência da União em matéria orçamentária, a CF/88 define que compete à União, aos Estados e ao Distrito Federal legislar concorrentemente sobre direito financeiro e orçamento, entre outras matérias. Assim, a competência da União limita-se a estabelecer normas gerais. A CF abre a possibilidade de exercício pleno da competência legislativa pelos estados em caso de inexistência de lei federal a respeito da matéria.

Os municípios não possuem essa competência legislativa plena, visto que a Carta Maior reserva a eles apenas a competência para legislar sobre assuntos de interesse local, além de suplementar a legislação federal e a estadual no que couber.

Sugestão de resposta

Em função das determinações constantes do art. 165, § 9º, da CF/88, a matéria financeira e orçamentária está reservada à legislação complementar. Como essa nova lei de finanças públicas ainda não foi aprovada pelo Congresso Nacional, a Lei nº 4.320/1964, aprovada como lei ordinária no âmbito do ordenamento constitucional anterior, foi recepcionada com status de lei complementar pela CF/88. Observa-se que vários dispositivos constitucionais relacionados com orçamento e gestão financeira foram meras repetições das normas já consagradas pela Lei nº 4.320/1964, que, por isso mesmo, continua atual em vários de seus dispositivos. Entretanto, por se tratar de lei aprovada mais de duas décadas antes da Constituição vigente, constata-se que muitos assuntos estão superados e não foram até hoje adaptados ao novo ordenamento constitucional. Assim, na prática, fica evidenciada a necessidade econômica de reformulação das normas vigentes, principalmente com a instituição da nova lei de finanças públicas de que trata o art. 165, § 9º da CF/88, tendo em vista que diversas normas relacionadas com a elaboração, aprovação, execução e a própria natureza do orçamento, introduzidas pela Carta Maior, precisam de regulamentação.

Nos termos do art. 24 da Constituição, compete à União, aos Estados e ao Distrito Federal legislar concorrentemente sobre direito financeiro e orçamento, entre outras matérias. Assim, a competência da União limita-se a estabelecer normas gerais.

Nos termos do art. 24, § 2º, da CF/88, no âmbito da legislação concorrente, a competência da União para legislar sobre normas gerais não exclui a competência suplementar dos Estados. Inexistindo lei federal sobre normas gerais, os Estados exercerão a competência legislativa plena, para atender a suas peculiaridades. Vale ressaltar que a superveniência de lei federal sobre normas gerais suspende a eficácia da lei estadual, no que lhe for contrário. Convém observar que os municípios não estão incluídos no âmbito da competência concorrente a que se refere o art. 24 da Carta Magna, não possuindo competência legislativa plena. Apesar disso, o art. 30 da CF estabelece que compete a eles legislar sobre assuntos de interesse local, além de suplementar a legislação federal e a estadual no que couber.

(Cespe/Bacen/Procurador/2009) Considerando que, originalmente, a destinação de recursos públicos para, direta ou indiretamente, cobrir déficits de pessoas jurídicas deveria atender a três requisitos: (i) ser autorizada por lei específica; (ii) atender às condições estabelecidas na lei de diretrizes orçamentárias; e (iii) estar prevista no orçamento ou em seus créditos adicionais, responda, de modo fundamentado, à questão a seguir: o Banco Central do Brasil, o Banco Nacional de Desenvolvimento Econômico e Social e a Caixa Econômica Federal, no exercício de suas atribuições precípuas, estão subordinados aos três requisitos citados?

Autores: Frederico Rios Paula e Renato Cesar Guedes Grilo

Direcionamento da resposta

Nessa questão, o candidato deve demonstrar que conhece a exceção à regra geral do *caput* do art. 26 da LRF, contida no § 1º do próprio dispositivo legal.

Sugestão de resposta

Os três requisitos à destinação de recursos públicos para o setor privado, no caso, para cobrir déficits de pessoas jurídicas, mencionado no enunciado da questão, qual seja, i) autorização por lei específica; ii) atendimento às condições estabelecidas na LDO; e iii) previsão no orçamento ou em seus créditos adicionais, previstos no *caput* do art. 26 da LRF, aplicam-se a toda Administração indireta, inclusive fundações públicas e empresas estatais, mas não às instituições financeiras e ao Banco Central do Brasil, no exercício de suas atribuições precípuas, conforme excepciona o § 1º do referido dispositivo.

Verifica-se, portanto, que, embora o Banco Nacional de Desenvolvimento Econômico e Social (BNDES) e a Caixa Econômica Federal (CEF) sejam empresas estatais, mais precisamente empresas públicas, são, igualmente, instituições financeiras públicas, não se subordinando aos três requisitos citados. Assim também o Banco Central do Brasil (BACEN), autarquia federal, por expressa previsão legal.

(FGV/TCM/RJ/Procurador/2008) Na elaboração da Lei de Diretrizes Orçamentárias, ela deve conter o Anexo de Metas Fiscais. Esclareça, de forma sucinta, sua finalidade e conteúdo.

Autor: Marcel Guimarães

Direcionamento da resposta

Nesta questão, o candidato deveria apresentar o conceito e a finalidade do Anexo de Metas Fiscais, documento que faz parte da LDO, por força da LRF. O Anexo de Metas Fiscais (AMF) demonstra como será a condução da política fiscal para os próximos exercícios e avalia o desempenho fiscal dos exercícios anteriores. O conteúdo do anexo é definido no art. 4º da LRF.

Sugestão de resposta

A Lei de Responsabilidade Fiscal – LRF (LC 101/2000) trouxe uma série de inovações em relação à LDO. Aumentou seu conteúdo e a transformou no principal instrumento de planejamento para uma administração orçamentária equilibrada. Uma das principais inovações trazidas pela LRF foi a previsão de anexos, que necessariamente deverão integrar a LDO, exigidos para todos os entes federativos (União, Estados, DF e Municípios), que são o Anexo de Metas Fiscais (AMF) e o Anexo de Riscos Fiscais (ARF).

O Anexo de Metas Fiscais (AMF) demonstra como será a condução da política fiscal para os próximos exercícios e avalia o desempenho fiscal dos exercícios anteriores. O art. 4º, § 1º, da LRF, estabelece que, no AMF, que integrará o projeto de LDO, serão estabelecidas metas anuais, em valores correntes e constantes, relativas a receitas, despesas, resultados nominal e primário e montante da dívida pública, para o exercício a que se referirem e para os dois seguintes.

O AMF deve conter ainda: I – a avaliação do cumprimento das metas relativas ao ano anterior; II – o demonstrativo das metas anuais, com memória e metodologia de cálculo que justifiquem os resultados pretendidos, comparando-as com as fixadas nos três exercícios anteriores; III – a evolução do patrimônio líquido, também dos últimos três exercícios, destacando a origem e a aplicação dos recursos obtidos com a alienação de ativo; IV – avaliação da situação financeira e atuarial: a) dos regimes geral de previdência social e próprio dos servidores públicos e do Fundo de Amparo ao Trabalhador; b) dos demais fundos públicos e programas estatais de natureza atuarial; e V – o demonstrativo da estimativa e compensação da renúncia de receita e da margem de expansão das despesas obrigatórias de caráter continuado.

(Cespe/AGU/Advogado/2004) Analise o seguinte dispositivo hipotético constante de uma Lei Orçamentária Anual da União: "Art. 5º Na vigência desta lei: I – fica autorizado o início de novos investimentos destinados à recuperação da malha rodoviária federal, com duração de até 3 anos; II – fica vedada a realização de concursos públicos para provimento de cargos na Administração Pública Federal; III – passam a compor o rol de prioridades e metas da Administração Pública Federal os seguintes itens: a) ampliação da oferta de moradias a populações carentes; b) incremento do crédito oficial para a agricultura familiar; c) combate à prostituição infantil. A respeito do dispositivo hipotético acima apresentado, redija um texto dissertativo que contemple, necessariamente, os seguintes aspectos: (i) compatibilidade com o conteúdo constitucional das demais peças legislativas orçamentárias; (ii) observação dos princípios orçamentários do texto constitucional; (iii) controle de constitucionalidade do dispositivo, levando-se em conta a natureza jurídica da lei orçamentária e a jurisprudência.

Autores: Frederico Rios Paula e Renato Cesar Guedes Grilo

Direcionamento da resposta

O candidato deverá tecer comentários sobre as três leis orçamentárias, indicando, sucintamente, suas peculiaridades. Após, analisar a compatibilidade do dispositivo legal em comento face aos princípios orçamentários, o que se mostra como o ponto central da questão.

Por fim, a banca examinadora exige que a resposta contemple a temática do controle de constitucionalidade da lei orçamentária, com referência à jurisprudência, inclusive. Apesar de extensa, a questão não se mostra demasiadamente difícil.

Sugestão de resposta

Da análise do conteúdo do dispositivo da lei orçamentária anual em comento, verifica-se a sua incompatibilidade com as demais peças orçamentárias.

De fato, a Constituição Federal estabeleceu três leis orçamentárias que devem ser elaboradas e executadas de forma harmônica, com observância cogente aos três entes da Federação: o Plano Plurianual (PPA), a Lei de Diretrizes Orçamentárias (LDO) e a Lei Orçamentária Anual (LOA).

O PPA é, em apertada síntese, o diploma legislativo que estabelece o planejamento estratégico do Governo a longo prazo, estabelecendo as diretrizes, objetivos e metas da Administração Pública Federal para as despesas de capital e outras dela decorrentes, bem como para as despesas de duração continuada, influenciando, assim, a elaboração das demais peças do Orçamento. Importa destacar que em relação às despesas de duração prolongada, nenhum investimento cuja execução ultrapasse um exercício financeiro poderá ser iniciado sem prévia inclusão no plano plurianual, ou sem lei que autorize a inclusão, sob pena de crime de responsabilidade (art. 167, § 1º da CF).

A LDO, por sua vez, compreende "as metas e prioridades da administração pública federal, incluindo as despesas de capital para o exercício financeiro subsequente, orientará a elaboração da lei orçamentária anual, disporá sobre as alterações na legislação tributária e estabelecerá a política de aplicação das agências financeiras oficiais de fomento" (art. 165, § 2º da CF). Com efeito, a LDO serve como um elo entre as demais leis orçamentárias, visto que seu objetivo é dar sequência ao processo de afinidade lógica e de compatibilização entre o PPA e a LOA, estabelecendo as prioridades da Administração na aplicação dos recursos públicos.

No caso em comento, a previsão na lei orçamentária de início de novos investimentos destinados à recuperação da malha rodoviária federal, com duração de até 03 anos, bem como a vedação de se realizar concursos públicos para provimento de cargos na Administração Pública Federal, caracteriza-se como incompatível face ao conteúdo destinado a cada uma das leis orçamentárias. Em verdade, tais situações jurídicas são reservadas ao PPA, que, como já dito, se ocupam de despesas de longo prazo.

Por outra via, a previsão de que passam "a compor o rol de prioridades e metas da Administração Pública Federal os seguintes itens: a) ampliação da oferta de moradias a populações carentes; b) incremento do crédito oficial para a agricultura familiar; c) combate à prostituição infantil" se mostra também incompatível com a natureza da lei orçamentária, uma vez que invade questão reservada constitucionalmente à LDO.

Nessa situação, nota-se violação ao princípio da exclusividade na lei orçamentária, que, a teor do art. 165, § 8º da Constituição Federal, só pode conter a previsão da receita e a fixação da despesa, com exceção da abertura de créditos suplementares e contratação de operações de crédito, ainda que por antecipação de receita. Ou seja, não há que se falar em temas outros que não sejam ligados estritamente à fixação da despesa e a previsão da receita, o que não ocorreu no caso em análise, que invadiu seara estranha à natureza da LOA, inclusive tratando de questões ligadas ao PPA e à LDO.

Por fim, não há empecilho para que seja realizado o controle de constitucionalidade da lei orçamentária na espécie. De fato, historicamente o Supremo Tribunal Federal entendeu ser a lei orçamentária uma lei de efeitos concretos, não sendo cabível, assim, o controle abstrato de suas disposições. A orientação mudou a partir do julgado nas ADI's 2925 e 4048, onde predominou o entendimento de que o STF deve exercer sua função precípua de fiscalização da constitucionalidade das leis e dos atos normativos quando houver um tema ou uma controvérsia constitucional suscitada em abstrato, independente do caráter geral ou específico, concreto ou abstrato de seu objeto.

6.2. Fundos Públicos

(**AOCP/TCE/PA/MPC/Procurador/2012**) *A Constituição Federal Brasileira de 1988 trouxe no inciso II do § 9º de seu art. 165 a possibilidade de instituição e funcionamento de fundos. O que se pode entender sobre fundos neste contexto, qual a sua utilidade, qual(is) seria(m) o(s) requisito(s) para sua instituição e de que modo poderia(m) vir a funcionar?*

Autor: Marcel Guimarães

Direcionamento da resposta

O candidato deveria afirmar que o fundo pode ser definido como um conjunto de recursos com a finalidade de desenvolver ou consolidar, através de financiamento ou negociação, uma atividade pública específica. A CF/88 veda a instituição de fundos de qualquer natureza sem prévia autorização legislativa.

Além disso, o funcionamento de cada fundo deve ser feito conforme regras a serem mais bem detalhadas em lei complementar. Mas, basicamente, o fundo funciona a partir da definição das origens dos recursos para seu custeio, da destinação específica a ser dada para os recursos, além da definição do órgão responsável pela gestão do mesmo.

Sugestão de resposta

O fundo pode ser definido como um conjunto de recursos com a finalidade de desenvolver ou consolidar, através de financiamento ou negociação, uma atividade pública específica.

A CF/88, em seu art. 167, IX, veda a instituição de fundos de qualquer natureza sem prévia autorização legislativa. Assim, para que seja instituído um fundo, o requisito é que haja prévia autorização legislativa.

É importante mencionar que os dispositivos constitucionais em vigor exigem o estabelecimento de normas para a instituição e funcionamento de fundos, mas a Lei nº 4.320/1964 restringe-se a conceituar o assunto, sem, no entanto, esgotá-lo completamente. Assim, faz-se necessário um tratamento legal do assunto com maior profundidade. A Lei Federal nº 4.320/64 estabelece que constitui fundo especial o produto de receitas especificadas que, por lei, se vinculam à realização de determinados objetivos ou serviços, facultada a adoção de normas peculiares de aplicação.

Nesse sentido, o funcionamento dos fundos se dá por meio da aplicação das receitas orçamentárias vinculadas a determinada dotação consignada na Lei de Orçamento Anual ou em créditos adicionais. O funcionamento de cada fundo seria feito por meio da definição das origens dos recursos para seu custeio, da destinação específica a ser dada a esses recursos, além da definição do órgão responsável pela gestão do fundo.

6.3. Princípios Orçamentários

(Esaf/PFN/Procurador/2016) Discorra sobre o princípio do equilíbrio orçamentário (conceito, panorama histórico, tratamento pelo ordenamento jurídico nacional e diferença entre equilíbrio orçamentário e fiscal), abordando, também, de modo fundamentado, se, no Brasil, é possível a proposição/aprovação de um "orçamento deficitário".

Autores: Frederico Rios Paula e Renato Cesar Guedes Grilo

Direcionamento da resposta

Na questão em referência, que eu considero difícil e cujo tema vem sendo bastante debatido na mídia, o examinador busca saber se o examinando domina o princípio do equilíbrio orçamentário e suas nuances, bem como que o referido princípio não impede a proposição/aprovação de um orçamento deficitário.

Sugestão de resposta

O princípio do equilíbrio orçamentário diz respeito à correspondência que deve haver entre as despesas previstas no orçamento e as receitas estimadas para lhes fazer frente (trata-se de um equilíbrio formal). Implícito na ordem constitucional vigente e explícito na legislação de regência (LC 101/00 e Lei n. 4.320/64), referido princípio, a partir dos anos 30, passou a merecer mais atenção, eis que evidenciada também sua relevância do ponto de vista econômico.

Quanto ao equilíbrio fiscal, este não corresponde a uma "equação matemática rígida, em que a diferença numérica entre o montante de receitas e de despesas deva ser sempre igual a zero, mas, sim, que essa equação tenha valores estáveis e equilibrados, a fim de permitir a identificação dos recursos necessários à realização dos gastos"[16].

Em razão disso, é possível proposição/aprovação de um orçamento deficitário[17], sem que isso implique em ofensa às normas orçamentárias brasileiras, mormente porque os déficits previstos podem ser cobertos mediante operações de crédito (endividamento), desde que sejam observadas as regras aplicáveis à espécie (especialmente a regra de Ouro prevista no artigo 163, III, da CF), propiciando-se a adequação da dívida pública à sua capacidade de pagamentos e, assim, assegurando-se o equilíbrio substancial das contas públicas.

(Cespe/AGU/Advogado/2012) Suponha que um projeto de lei orçamentária contenha um dispositivo que tipifique o crime de interceptação de dados pessoais pela Internet e outro que revogue a possibilidade de os órgãos de controle interno da administração pública avaliarem a eficácia e a eficiência dos resultados da gestão orçamentária. Nessa situação hipotética, é possível, de acordo com o ordenamento jurídico brasileiro, a inclusão de tais dispositivos?

Autores: Frederico Rios Paula e Renato Cesar Guedes Grilo

Direcionamento da resposta

A questão é direta e não possui muita complexidade. Basta o candidato se recordar do conteúdo do princípio da exclusividade e adequar o comando do instituto ao caso em análise.

---

16. Retirei essa citação do padrão de respostas de questão discursiva elaborada pelo Cespe para o concurso de Procurador do Ministério Público junto ao TCU, aplicada em 14/11/2015. Notem como os assuntos das questões se repetem

17. No padrão de respostas da questão discursiva elaborada pelo Cespe para o concurso de Procurador do Ministério Público junto ao TCU, aplicada em 14/11/2015, a banca examinadora citou, inclusive, previsão legal para o orçamento deficitário: Art. 7º, § 1º, da Lei nº 4.320/64.

Sugestão de resposta

Em decorrência do princípio da exclusividade, a lei orçamentária apenas poderá conter dispositivos que se refiram à matéria orçamentária. Na literalidade do artigo 165, § 8º da Constituição Federal, "a lei orçamentária anual não conterá dispositivo estranho à previsão da receita e à fixação da despesa, não se incluindo na proibição a autorização para abertura de créditos suplementares e contratação de operações de crédito, ainda que por antecipação de receita, nos termos da lei".

Com efeito, a proibição constitucional de se inserir nas leis orçamentárias qualquer matéria estranha ao orçamento se revela como um fator protetivo à natureza da norma, evitando a validade das chamadas "caudas orçamentárias" ou dos "orçamentos rabilongos"[18]. Desta forma, a hipótese de projeto de uma lei orçamentária que disponha sobre tipificação do crime de interceptação de dados pessoais pela Internet, bem como que revogue a possibilidade de os órgãos de controle interno da administração pública avaliarem a eficácia e a eficiência dos resultados da gestão orçamentária esbarram na aplicação do princípio da exclusividade.

Cabe ressaltar que as únicas exceções previstas no art. 165, § 8º da Constituição Federal também dizem respeito ao orçamento, quais sejam, a abertura de créditos suplementares e contratação de operações de crédito, ainda que por antecipação de receita[19].

(PGM/CM/Rio_de_Janeiro/Procurador/2011) *Disserte sobre o equilíbrio orçamentário, versando obrigatoriamente sobre sua dimensão normativa e acatamento nos ordenamentos brasileiro e internacional.*

Autor: Paulo Henrique Figueredo de Araújo

Direcionamento da resposta

O candidato deveria iniciar apontando correlação entre o **equilíbrio orçamentário** e a **prudência** na gestão da coisa pública, ressaltando compor a

---

18. As chamadas caudas orçamentárias foram muito utilizadas na legislatura nacional, visto que o Orçamento, por ser essencialmente extenso, comportaria a inclusão, em qualquer dos seus anexos, de dispositivo estranho à sua natureza, apenas como uma manobra para tapear os congressistas desatentos a aprovarem determinada medida que não estava sendo apreciada formalmente.

19. O crédito suplementar, conforme é cediço, tem lugar quando a despesa fixada não é suficiente para atender o objetivo almejado inicialmente. Além disso, acaso a receita prevista também não seja suficiente para atingir o seu fim, a lei orçamentária também pode conter previsão autorizando o Poder Executivo a realizar operações de crédito, ou seja, empréstimos públicos, como hipótese de endividamento autorizado.

aludida noção, além da própria **equivalência entre receitas e despesas**, questões referentes à **transparência e planejamento**. Em seguida, a explanação sobre as **facetas** do equilíbrio orçamentário (**contábil e econômica**), com a sua distinção, revela-se importante para a solução da questão[20].

Destacar que os preceitos básicos de equilíbrio possuem **ampla aceitação** nos ordenamentos **brasileiro e estrangeiro**, conforme se depreende da LC 101/2000, cujos paradigmas restaram importados da legislação alienígena.

Para evitar confusões, interessante acentuar a **distinção** entre o **equilíbrio** econômico do orçamento e a sua **função** econômica. Uma breve explanação sobre a última – integrante da noção de **orçamentos cíclicos**, típica da **macroeconomia** do **keynesianismo** – demonstraria conhecimento do candidato quanto ao tema, rendendo pontos preciosos[21].

Por fim, deveria dispor sobre a **dimensão normativa**, isto é, a existência de **parâmetros legais mínimos de equilíbrio** na Carta Magna e na **legislação infraconstitucional**, com alusão a exemplos.

Sugestão de resposta

O equilíbrio orçamentário revela concepção gerencial vocacionada para a preservação de gastos públicos inferiores às receitas. Seu paradigma objetiva a aproximação da gestão da coisa pública à direção prudencial privada. Não se limita à equivalência entre receitas e despesas, abrangendo noções de transparência e planejamento. O Brasil não é o único país a adotar preceitos de responsabilidade fiscal. Deveras, a própria LC 101/00 – diploma paradigmático sobre a temática – possui inspiração em legislações de países como a Nova Zelândia, Austrália e Reino Unido.

O equilíbrio orçamentário é abordado pela doutrina, principalmente, sob a forma contábil e econômica. Para a concepção contábil, independentemente da origem das entradas (se próprias ou decorrentes de endividamento), o orçamento deve ser aprovado com igualdade entre receitas e despesas (R = D). Para a vertente econômica, por sua vez, só haveria equilíbrio orçamentário caso as despesas públicas fossem financiadas exclusivamente com receitas próprias, excluindo-se as chamadas receitas creditícias. O equilíbrio econômico não deve

---

20. PASCOAL, Valdecir Fernandes. Direito financeiro e controle externo. 8. ed. Rio de Janeiro: Elsevier, 2013.
21. A função econômica e a noção de orçamentos cíclicos pode ser estudada em TORRES, Ricardo Lobo. Curso de direito financeiro e tributário. 17. ed. Rio de Janeiro: Renovar, 2010.

ser confundido com a função econômica do orçamento. Esta concerne à utilização do orçamento como instrumento de regulação do mercado.

Interessa salientar o alto grau de correlação entre o desequilíbrio financeiro e a função econômica do orçamento. Deveras, a opção pelo equilíbrio, déficit e superávit apresenta reflexos significativos nas relações de produção e consumo. Por meio das finanças funcionais e orçamentos cíclicos, muitos defendem a utilização do orçamento no desiderato mais do equilíbrio econômico do que financeiro, adotando-se a técnica do déficit nos períodos de crise, para possibilitar investimentos na economia, e do superávit nos períodos de crescimento. Nada obstante, a partir dos anos 1970, em decorrência do excessivo endividamento dos Estados, voltou-se a recomendar o equilíbrio orçamentário como ponto de partida para o equilíbrio econômico – apesar de, posteriormente, ainda se verificar graves manifestações de disfuncionalidade orçamentária, em especial, nos países europeus, conforme demonstrado pela crise de 2008.

A dimensão normativa do equilíbrio orçamentário revela-se na incorporação, pelo legislador, de regras objetivas mínimas de economicidade e prudência no planejamento, execução das despesas públicas e realização da arrecadação. São preceitos exemplificados com a vedação às operações de créditos excedentes ao montante das despesas de capital (a "regra de ouro" do direito financeiro – art. 167, III, CF/88; a existência de limites precisos para as despesas com pessoal, em percentuais da receita corrente líquida (art. 169, CF/88; art. 19, LC 101/00); a previsão de reservas de contingência (art. 5º, III, LC 101/00); dentre outros.

Há quem entenda que o princípio do equilíbrio orçamentário seria meramente formal, aberto e destituído de eficácia vinculante, pois seu respeito se daria enquanto a conjuntura econômica permitir, mas não estando sujeito ao controle jurisdicional (operar-se-ia sob a "reserva do possível").

(MPF/Procurador_da_República/2008) Dissertação. *Sistema constitucional financeiro. Princípios em relação ao orçamento: exclusividade em matéria orçamentária; proibição de estorno; especialização. Dívidas mobiliária e consolidada*

Autor: *Paulo Roberto Sampaio Santiago*

Direcionamento da resposta

A questão não exigiu grande complexidade na resposta dos candidatos, até porque já delimitou precisamente quais temas deveriam ser abordados. Em tal situação, o mais adequado é que o candidato especifique, por tópicos ou parágrafos separados, cada um desses temas.

Assim, facilita o trabalho do examinador e evita uma situação muito comum em provas subjetivas, que é a de o examinador não encontrar um tópico específico, que estava na resposta em meio a outros argumentos, o que obriga o candidato a interpor recurso para demonstrar em que linha e parágrafo o tema foi abordado.

No caso, a questão queria apenas uma abordagem dos princípios orçamentários e do conceito de dívida mobiliária e consolidada.

Sugestão de resposta

a) Princípio da exclusividade – está previsto no art. 165, § 8º, da CF, segundo o qual "A lei orçamentária anual não conterá dispositivo estranho à previsão da receita e à fixação da despesa, não se incluindo na proibição a autorização para abertura de créditos suplementares e contratação de operações de crédito, ainda que por antecipação de receita, nos termos da lei".

Ao afirmar que não haverá dispositivos estranhos à previsão de receitas e fixação de despesas, o legislador constituinte buscou evitar os chamados orçamentos "rabilongos", prática muito comum no passado, de incluir no meio do orçamento temas que nada tinham que ver com a matéria orçamentária, com o objetivo de se aproveitar de trâmites mais céleres da Lei Orçamentária.

A exceção a esse princípio da exclusividade se dá em relação à autorização para a abertura de créditos suplementares e contratações de operação de crédito, ainda que por antecipação de receita, nos termos da lei.

Quando bem analisadas, observa-se que as exceções não são estranhas à matéria orçamentária, pois a abertura de créditos suplementares ou a contratação de operações de crédito, ainda que por antecipação de receita, não passam de dispositivos relacionados à fixação de despesa (abertura de crédito suplementar) e previsão de receita (operação de crédito). Logo, pode-se dizer que o orçamento não terá temas não orçamentários.

b) Princípio da proibição de estorno – Possui previsão constitucional no art. 167, VI e VIII, segundo o qual:

> Art. 167. São vedados: (...) VI – a transposição, o remanejamento ou a transferência de recursos de uma categoria de programação para outra ou de um órgão para outro, sem prévia autorização legislativa; (...) VIII – a utilização, sem autorização legislativa específica, de recursos dos orçamentos fiscal e da seguridade social para suprir necessidade ou cobrir déficit de empresas, fundações e fundos, inclusive dos mencionados no art. 165, § 5º; (...).

A transferência de um recurso, o remanejamento de um órgão para outro só é permitido se houver prévia autorização legislativa, o que demanda um rito mais difícil do que ato do Poder Executivo e submetido ao controle dos representantes do povo.

O princípio possui como essência o fato de impedir que o Poder Executivo tenha poderes de remanejar ou transpor dotações do orçamento sem a autorização do Poder Legislativo. Qualquer alteração mínima, ainda que transpondo recursos de um órgão para o outro, ou de uma programação para outra, representa violação à lei aprovada pelo parlamento. Decorre também do princípio da simetria ou paralelismo das formas.

c) Princípio da especialização – Também chamado princípio da especificação, encontra previsão nos arts. 5º e 15 da Lei nº 4.320/1964, que vedam consignar dotações globais para atender indiferentemente as despesas nele previstas. Eis a redação dos dispositivos:

> Art. 5º A Lei de Orçamento não consignará dotações globais destinadas a atender indiferentemente a despesas de pessoal, material, serviços de terceiros, transferências ou quaisquer outras, ressalvado o disposto no art. 20 e seu parágrafo único. (...) Art. 20. (...). Parágrafo único. Os programas especiais de trabalho que, por sua natureza, não possam cumprir-se subordinadamente às normas gerais de execução da despesa poderão ser custeadas por dotações globais, classificadas entre as Despesas de Capital.

São exceções ao princípio apenas os: a) programas especiais de trabalho; e as b) reservas de contingência, que são dotações orçamentárias específicas separadas para ser utilizadas em eventos fiscais imprevistos.

Deve-se ressaltar, contudo, que as duas exceções se referem à necessidade de discriminação das despesas. Não há exceção em relação à vedação de dotação ilimitada. Assim, não se pode instituir um programa sem limitar o valor de sua dotação. É preciso limitar o valor da dotação e detalhar a despesa, existindo exceção apenas quanto a essa obrigação.

d) Dívidas mobiliária e consolidada – os conceitos das dívidas mobiliária e consolidada são de extrema importância para a aferição dos limites de endividamento e servem de parâmetro para diversas operações, tais quais a obtenção de créditos públicos.

Nesse sentido, o art. 29, I, da LRF conceitua a dívida pública consolidada como o montante total, apurado sem duplicidade, das obrigações financeiras do ente da Federação, assumidas em virtude de leis, contratos, convênios ou tratados e da realização de operações de crédito, para amortização em prazo superior a doze meses.

A dívida pública mobiliária, por sua vez, consiste nos títulos emitidos pela União, inclusive os do Banco Central do Brasil, estados e municípios, e tem por objetivo o financiamento desses Entes (art. 29, II, da LRF).

O art. 52, IX, da CF diz competir privativamente ao Senado Federal "estabelecer limites globais e condições para o montante da dívida mobiliária dos estados, do Distrito Federal e dos municípios". No exercício dessa competência, o Senado editou a Resolução nº 40/2001, que dispõe sobre os limites globais para o montante da dívida pública consolidada e da dívida pública mobiliária dos estados, do Distrito Federal e dos municípios.

Por essa resolução, o limite da dívida consolidada dos estados e do Distrito Federal é de duas vezes sua receita líquida corrente (200% da RLC), e o limite dos municípios é de 1,2 vezes a sua receita líquida corrente (120% da RCL)

(FGV/TCM/RJ/Procurador/2008) Faça a distinção entre os princípios da unidade e universalidade do orçamento, destacando a finalidade de cada um.

Autor: Marcel Guimarães

Direcionamento da resposta

Nesta questão, o candidato deveria apresentar o conceito e a finalidade de dois princípios orçamentários bastante importantes: o da unidade e o da universalidade. Os dois princípios foram instituídos pela Lei 4.320/64, mas foram recepcionados pela CF/88.

O princípio da unidade determina a existência de orçamento único para cada um dos entes federados – União, estados, Distrito Federal e municípios – com a finalidade de se evitarem múltiplos orçamentos paralelos dentro da mesma pessoa política.

O princípio da universalidade determina que a LOA de cada ente federado deverá conter todas as receitas e despesas de todos os poderes, órgãos, entidades, fundos e fundações instituídas e mantidas pelo Poder Público.

Sugestão de resposta

Os Princípios Orçamentários visam estabelecer regras norteadoras básicas, a fim de conferir racionalidade, eficiência e transparência para os processos de elaboração, execução e controle do orçamento público. Válidos para os Poderes Executivo, Legislativo e Judiciário de todos os entes federativos – União, estados, Distrito Federal e municípios – são estabelecidos e disciplinados por normas constitucionais, infraconstitucionais e pela doutrina.

Previsto de forma expressa no art. 2º da Lei nº 4.320/1964, o princípio da unidade determina a existência de orçamento único para cada um dos entes federados – União, estados, Distrito Federal e municípios – com a finalidade de se evitarem múltiplos orçamentos paralelos dentro da mesma pessoa política. Dessa forma, todas as receitas previstas e despesas fixadas, em cada exercício financeiro, devem integrar um único documento legal dentro de cada esfera federativa: a Lei Orçamentária Anual (LOA). Assim, observa-se que o princípio da unidade não implica qualquer agregação entre orçamentos de entes federados distintos. É importante mencionar que a CF/88 representou uma evolução do princípio da unidade para o da totalidade, segundo o qual é possível a coexistência de orçamentos variados (fiscal, de investimentos e da seguridade social, por exemplo), desde que estejam consolidados numa só peça, de forma que continue sendo possível uma visão geral das finanças públicas.

O princípio da universalidade, também estabelecido de forma expressa no mesmo art. 2º da Lei nº 4.320/1964, recepcionado e normatizado pelo § 5º do art. 165 da Constituição Federal, determina que a LOA de cada ente federado deverá conter todas as receitas e despesas de todos os poderes, órgãos, entidades, fundos e fundações instituídas e mantidas pelo Poder Público.

(Esaf/PFN/Procurador/2005) *Unidade, universalidade, sinceridade, equilíbrio, proibição de estorno, anualidade, não-afetação e exclusividade são alguns dos princípios que informam o modelo normativo do orçamento no direito brasileiro. Esses princípios exercem o papel de nortear a função política do orçamento como plano de governo que o Legislativo aprova para fiel execução pelo Executivo. A confecção do orçamento envolve aspectos contábeis de receita e de despesa, de inegável interesse público, enquanto seu controle exige a participação de vários setores do espaço burocrático. Identifique os modelos de controle do orçamento e das finanças propiciados pelo direito brasileiro, em âmbito de finanças públicas federais, especificando suas variantes e peculiaridades.*

Autores: Frederico Rios Paula e Renato Cesar Guedes Grilo

Direcionamento da resposta

A questão é ampla e exige a indicação de detalhes muitas vezes pouco estudados pelos candidatos: modelos de controle do orçamento. De qualquer forma, o conteúdo não é complexo e o bom aproveitamento na questão depende, basicamente, de uma explanação organizada da temática.

Sugestão de resposta

É cediço que o controle do orçamento público pode ser identificado de acordo com o momento de sua realização e em relação ao órgão que o realiza.

No que se refere ao momento, o controle pode ser concomitante ou posterior ao próprio orçamento. O controle concomitante, como o nome induz, é realizado ao longo da execução do orçamento, propiciando que os órgãos de fiscalização e a própria população possam acompanhar a execução do orçamento. Por seu turno, o controle posterior se verifica após a execução orçamentária, quando se analisam os relatórios e demais documentos expedidos.

O controle do orçamento também pode ser classificado em externo, interno ou privado. O controle interno é exercido dentro da Administração Pública, consistindo na necessidade de cada órgão possuir uma estrutura que tenha por finalidade analisar os resultados, quanto à eficiência e eficácia, da gestão orçamentária, financeira e patrimonial nos órgãos e entidades públicos, avaliar o cumprimento das leis orçamentárias, controlar as operações de crédito, avais e garantias, bem como auxiliar o controle externo no exercício da sua missão institucional, conforme art. 74 da Constituição Federal.

Opostamente, o controle externo é feito exclusivamente pelo Poder Legislativo de cada ente, com auxílio do Tribunal de Contas, conforme art. 70 a 73 da Constituição Federal. Cabe ressaltar que o controle externo possui duas facetas: uma é predominantemente política, quando o Congresso Nacional, por exemplo, julga as contas do Chefe do Poder Executivo; outra é predominantemente técnica, quando o Tribunal de Contas respectivo analisa as contas dos demais gestores, envolvendo denúncias, tomada de contas especial, fiscalização de atos de pessoal, etc.

Por fim, destaca-se o controle popular ou privado. Conforme o art. 74, § 2º da Constituição Federal, "qualquer cidadão, partido político, associação ou sindicato é parte legítima para, na forma da lei, denunciar irregularidades ou ilegalidades perante o Tribunal de Contas da União". Da leitura do dispositivo, verifica-se a preocupação do constituinte em possibilitar ao cidadão comum a possibilidade de denunciar improbidades à Corte de Contas respectiva.

(Esaf/PFN/Procurador/2003) Discorra sobre o princípio da não-afetação e suas exceções.

Autores: Frederico Rios Paula e Renato Cesar Guedes Grilo

Direcionamento da resposta

Nessa questão, o candidato deve discorrer sobre o princípio da não afetação, abordando os limites de sua incidência, o seu fundamento constitucional (art. 167, IV), bem como todas as suas exceções.

Sugestão de resposta

O princípio da não afetação consiste na vedação à vinculação de receita dos impostos a órgão, fundo ou despesa, com fundamento no art. 167, IV, da Constituição Federal. Vale ressaltar que esse princípio se restringe aos impostos. Assim, é permitida a vinculação a órgãos, fundos ou despesas da receita proveniente das taxas (art. 98, § 2º) e das contribuições sociais e econômicas.

Ocorre que a própria Constituição, no referido dispositivo, apresenta algumas exceções à não afetação de receita. São elas: i) a repartição do produto da arrecadação dos impostos (art. 158 – FPE e art. 159 – FPM); ii) a destinação de recursos para as ações e serviços públicos de saúde (art. 198, § 2º), para manutenção e desenvolvimento do ensino (art. 212) e para realização de atividades da administração tributária (art. 37, XXII – Fundaf); iii) a prestação de garantias às operações de crédito por antecipação de receita (art. 165, § 8º); iv) a vinculação de receitas próprias geradas pelos impostos dos Estados e do Distrito Federal (art. 155), bem como pelos dos Municípios (art. 156) para a prestação de garantia ou contragarantia à União e para pagamento de débitos para com esta (art. 167, § 4º); v) a vinculação de receita facultativa aos Estados e ao Distrito Federal para programa de apoio à inclusão e promoção social (art. 204, parágrafo único) e para fundo estadual de fomento à cultura (art. 216, § 6º).

(TJ/DFT/Juiz/2003) *A Lei Complementar n. 26/97-DF prevê a dedução de até 3% (três por cento) do valor do ISS, IPTU e IPVA devidos por pessoas físicas e jurídicas que patrocinarem práticas esportivas. Analise o cabimento ou não de ação direta de inconstitucionalidade contra a Lei Complementar referida, apontando expressamente os fundamentos constitucionais de sua opção.*

Autor: Marcio Del Fiore

Direcionamento da resposta

A questão demanda do candidato o conhecimento sobre noções básicas de direito financeiro, especificamente o princípio da não afetação ou não vinculação de impostos a fundo, órgão ou despesa expressamente previsto no art. 167, IV, da CF/88.

Desse modo, a Lei Complementar n. 26/97 viola o princípio da não vinculação de impostos a fundo, órgão ou despesa.

Sugestão de resposta

No caso apresentado é cabível o ajuizamento de ação direta de inconstitucionalidade contra a Lei Complementar n. 26/97, tendo em vista a violação do art. 167, IV, da CF/88 que estabelece o princípio da não afetação ou não vinculação de impostos a fundo, órgão ou despesa.

Por este princípio, o dinheiro oriundo da arrecadação dos impostos deve ser destinado ao custeio dos serviços públicos indivisíveis, ou seja, uti universi (elemento finalístico da arrecadação). Em outras palavras, eles custeiam as despesas genéricas, não havendo uma destinação específica.

Convém não confundir a vinculação da receita com a vinculação do fato gerador. Com efeito, os impostos são desvinculados nesses dois aspectos, tendo em vista que, a uma, não estão vinculados a nenhuma ação estatal específica (desvinculação em relação ao fato gerador); a duas, o produto da sua arrecadação não destina a um fundo, órgão ou despesa específica (desvinculação a fundo, órgão ou despesa).

É importante mencionar que somente a Constituição pode fixar exceções ao princípio da vinculação, por meio de emenda constitucional. Não é possível criar novas exceções por meio de lei ordinária ou complementar.

Desse modo, a referida Lei Complementar ao prever a dedução de até 3% (três por cento) do valor do ISS, IPTU e IPVA devidos por pessoas físicas e jurídicas que patrocinarem práticas esportivas vincula, de maneira inconstitucional, a receita de impostos e contraria o que estabelece o art. 167, IV, da CF/88.

O Supremo Tribunal Federal teve a oportunidade de analisar a constitucionalidade da referida Lei Complementar n. 26/97 na ADI 1750 e julgou procedente para declarar a inconstitucionalidade da vinculação do imposto sobre propriedade de veículos automotores – IPVA, contida na LC 26/97 do Distrito Federal, uma vez que o ato normativo atacado a faculta vinculação de receita de impostos, vedada pelo artigo 167, inciso IV, da CF/88. Aduziu, ainda, ser irrelevante se a destinação ocorre antes ou depois da entrada da receita nos cofres públicos.

Por fim, é importante registrar que o Supremo Tribunal Federal não conheceu dos pedidos da ADI 1.750 no que se refere aos impostos municipais (ISS e IPTU), pois os atos normativos editados pelo Distrito Federal no exercício de competência legislativa reservada aos municípios (art. 32, § 1º, da CF/88) não se sujeitam ao controle abstrato de constitucionalidade pela Suprema Corte.

6.4. Teoria da Reserva do Possível

(TRF/3R/Juiz/2016) Princípio da reserva do possível: (a) O que significa? (b) Quando o Poder Judiciário é provocado pelo Ministério Público Federal ou qualquer interessado para resolver sobre a implementação de direitos sociais (moradia, saúde, educação, etc.) como deve ser a atuação dele?

Autora: Jaqueline Conesuque Gurgel do Amaral

Direcionamento da resposta

O candidato deve saber quais são os direitos fundamentais e conseguir classificá-los em positivos ou negativos. Deve expor que a efetivação dos direitos sociais muitas vezes exige uma prestação positiva do Estado. Necessário conceituar a reserva do possível e expor as hipóteses de aplicação e não aplicação dessa teoria em face dos direitos sociais.

Por fim, deve dizer se cabe ou não ao Poder Judiciário determinar a implementação de polícias públicas em caso de omissão estatal. Recomenda-se a leitura dos julgados do STF nas ações SL 47-AgR e ARE 745745 AgR.

Sugestão de resposta

A Constituição Federal de 1988 garantiu inúmeros direitos fundamentais, muitos deles atinentes à liberdade dos cidadãos e, por isso, albergando uma obrigação de não fazer do Estado (direitos de defesa ou direitos negativos), mas muitos determinando uma atuação estatal (prestações positivas). Nesse sentido, os direitos sociais envolvem inúmeros deveres prestacionais positivos estatais, a exemplo do direito à saúde e à educação.

Quanto a esses direitos, não deve o governante simplesmente se abster de atuar, pelo contrário, deve atuar positivamente para garantir que eles sejam realmente implementados. Ocorre que a atuação estatal para garantir efetividade aos direitos sociais envolve custos, custos esses variáveis de acordo com as necessidades de cada cidadão. Nesse passo, a organização estatal e o estabelecimento de políticas públicas são essenciais para a governabilidade, impondo-se que haja planejamento para bem empregar os recursos existentes diante das inúmeras necessidades. Assim é que se desenvolveu a teoria da reserva do possível, pois, diante de necessidades infinitas e recursos finitos, o Estado somente pode fazer até o limite de sua disponibilidade orçamentário-financeira.

Por isso, diz-se que no Brasil a teoria da reserva do possível foi introduzida como a teoria da reserva do financeiramente possível. Essa teoria é matéria de defesa estatal diante das inúmeras demandas judiciais que surgiram em face da não efetivação dos direitos fundamentais sociais pelo Estado em sua completude. Também se passou a invocar o Princípio da Separação dos Poderes, argumentando-se que o Poder Judiciário, ao determinar determinada prestação positiva para efetivação desses direitos (sociais), estaria invadindo a seara administrativa, que é de incumbência precípua do Poder Executivo.

Chegando ao Supremo Tribunal Federal, a questão foi inicialmente tratada na SL 47-AgR e, após, em inúmeros outros julgamentos, tendo-se concluído que a reserva do possível apenas é legítima se demonstrado por dados objetivos que a escassez de recursos torna absolutamente impossível a efetivação do direito reclamado. Decidiu-se que essa teoria não pode ser invocada de forma genérica, apenas para legitimar o injusto inadimplemento de deveres estatais de prestação constitucionalmente impostos ao Estado.

Necessário dizer que a teoria da reserva do possível não pode ser aplicada quando a sua aplicação comprometer o núcleo básico que qualifica o mínimo existencial. Nessas omissões governamentais injustas que tornam nulas as previsões constitucionais quanto aos direitos dos cidadãos, é possível a atuação do Poder Judiciário, sem que haja intromissão em outro Poder, uma vez que a determinação judicial garantindo a efetivação do direito apenas determina o cumprimento do mandamento constitucional, não havendo qualquer inovação legislativa.

Em verdade, tanto doutrinária quanto jurisprudencialmente, uma das causas que justifica o comportamento positivo ou afirmativo do Poder Judiciário é garantir a primazia da Constituição Federal. Dessa forma, quando se trata de garantir a efetividade de direitos fundamentais sociais (saúde, educação, moradia etc.), pode o Poder Judiciário atuar positivamente, não se aceitando a argumentação de aplicação da reserva do possível como mera retórica, sem dados objetivos que a demonstrem.

(Vunesp/MPE/ES/Promotor/2013) Explique brevemente o que vem a ser a denominada "cláusula da reserva do possível", a "proibição do retrocesso" e o "mínimo existencial". Em seguida, mencione uma situação jurídica concreta de atuação do Promotor de Justiça em relação a algum desses institutos.

Autor: Alexandre Schneider

Direcionamento da resposta

Para que sejam enfrentados os institutos da reserva do possível, proibição do retrocesso e mínimo existencial, previamente deve ser situado o contexto jurídico-constitucional em que incidem, ou seja, na seara de efetivação dos direitos fundamentais de segunda geração (direitos sociais ou prestacionais). Em seguida, o candidato deverá posicionar essa categoria de direitos fundamentais no contexto de orçamento público.

Atingidas tais premissas, deverá ser explicitado brevemente em que consiste doutrinariamente cada instituto, mostrando suas imbricações, notadamente posicionando a proibição de retrocesso e o mínimo existencial como contra-argumentos para afastar a escusa, omissão ou supressão de concretização dos direitos sociais fundada na escusa de ausência ou insuficiência de recursos orçamentários.

Por fim, como exemplo, poderá ser mencionada a atuação do Ministério Público em defesa do direito à saúde pública integral e universal.

Sugestão de resposta

O surgimento dos direitos sociais remonta à transição do Estado Liberal para o modelo de Estado Social (ou Estado de Bem-Estar Social), quando às chamadas liberdades negativas (direitos fundamentais de primeira geração, como direito à vida, liberdade e propriedade – exercitáveis pelo indivíduo pela mera atitude de abstenção do Estado em face do cidadão) juntaram-se os **direitos sociais** – cuja essência consiste em prestações por parte do Estado em prol do indivíduo, razão por que são ditos **prestacionais**.

A efetivação dos direitos sociais[22], historicamente, tem sido difícil, tormentosa conflituosa, em razão do custo econômico que representa, para o aparato estatal, a densificação das diretrizes fixadas na Constituição para o núcleo desses direitos, tais como saúde, educação, segurança pública, assistência jurídica, dentre outros. Noutras palavras, a entrega desses serviços pelo Estado aos cidadãos em geral (sociedade) tem um custo econômico considerável no orçamento público. Classificados em liberdades sociais e direitos sociais programáticos, estes últimos são de aplicabilidade diferida, o que não implica que a atuação estatal prestacional possa ser protelada; antes, deverá ser imediata, cabendo aos

---

22. Todos os direitos têm aplicação imediata. Entretanto, nem todas as normas definidoras de direitos têm a mesma aplicabilidade – a norma que tem possibilidade de ser aplicada é norma que tem capacidade para produzir efeitos jurídicos, não se cogitando saber se ela produz efetivamente esses efeitos, já que isso diria respeito a uma análise sociológica.

órgãos estatais maximizar a eficácia de todo e qualquer direito da pessoa humana (Ingo Sarlet, in A eficácia dos direitos fundamentais).

Com a crise do *Welfare State*, os poderes Executivo e Legislativo (em larga medida com a chancela do Estado-Juiz) adotaram posturas de diminuição ou supressão do alcance e destinação dos direitos prestacionais, fundados no pressuposto de que, a um só tempo, os recursos públicos (dinheiros públicos) são escassos em contraste com as sempre crescentes necessidades pessoais; centrados, ainda, na alegação de que a Constituição, ao prever os direitos sociais, fê-lo em caráter programático, com ampla margem de escolha e decisão por parte do legislador e do administrador, de modo que haveria discricionariedade na implementação dos direitos sociais.

Assim, surgiu, inicialmente, a ideia de **reserva do possível**, que incide sobre os direitos sociais programáticos, de aplicabilidade diferida, pois estes não especificam qualquer conduta a ser seguida pelo administrador, mas meras diretrizes. Por esse postulado, segundo Canotilho (in Direito constitucional e teoria da Constituição), "os direitos sociais só existem quando e enquanto existir dinheiro nos cofres públicos". Essa é a escusa utilizada pelo Poder Público para deixar de implementar os direitos sociais, diminuir a sua aplicabilidade ou até mesmo para suprimir direitos fundamentais já consagrados. O princípio tem origem na Alemanha, criada pelo Tribunal Constitucional Alemão no julgamento do caso *numerus clausus*[23], com o viés de que a sociedade deveria adotar senso de razoabilidade na exigência de determinadas prestações sociais, evitando a utilização de dinheiro público em favor de quem não necessita da providência pública. No Brasil, consolidou-se a noção de que os recursos financeiros devem ser empregados para atender o que esteja elencado em prioridade; sobejando dinheiro público, estaria o Poder Público autorizado a deferir atendimento ao supérfluo – eis o verdadeiro sentido da reserva do possível, não sendo aceitável que o Poder Público utilize-se da escusa da ausência ou insuficiência de recursos para deixar de implementar as políticas públicas.

Argumentativamente, como poderia o administrador público, por exemplo, aduzir que estiam recursos para a saúde quando, no mesmo orçamento, sobejam recursos para a propaganda governamental? O Ministério Público Federal, em diversas ações civis públicas voltadas a buscar o alcance de tratamentos de saúde ou dispensação de medicamentos, tem-se valido da referida argumentação para afastar a alegação de ausência ou insuficiência de recursos,

---

23. No qual foi discutido o direito de acesso a vagas em universidades naquele país, sendo ao final reconhecido que as normas eram constitucionais, pois o Estado alemão implementando tudo que estava ao seu alcance para cumprir o dever estatal de tornar acessível o ensino superior. Assim, não seria razoável exigir a satisfação do interesse individual do cidadão em potencial sacrifício de outros programas sociais ou de outras políticas públicas.

postulando o deslocamento de recursos de propaganda para custear o direito à saúde dos indivíduos.

A **proibição de retrocesso** está associada, também, à efetivação e implementação dos direitos sociais. A promoção desses direitos fundamentais, do ponto de vista ideal, deveria ser levada a cabo numa única oportunidade, mas não é o que ocorre no plano real. O que se deve buscar é a gradativa implementação, cada vez maior, de direitos, começando com pouco e propiciando um aumento contínuo das prestações sociais. Assim, pelo princípio da proporcionalidade, no seu viés de proibição de proteção insuficiente (ou deficiente), a maximização dos direitos fundamentais preconizada pela Constituição veda que o Poder Público retroceda em relação a direitos e prestações já implementados, cabendo-lhe, unicamente, avançar na concretização dos direitos sociais. Assim, torna-se imperiosa a adoção de uma postura do poder público voltada a emprestar gradual eficácia aos direitos fundamentais, sendo interditas as condutas que impliquem retrocesso das conquistas alcançadas. Segundo Canotilho, o princípio da proibição do retrocesso social impõe que o núcleo essencial dos direitos sociais já realizado e efetivado por meio de medidas legislativas deve ser considerado constitucionalmente garantido, sendo inconstitucionais quaisquer medidas legislativas que, sem a criação de outros esquemas alternativos ou compensatórios, anulem-no ou o aniquilem.

Por sua vez, a ideia de **mínimo existencial** está atrelada à essência dos direitos fundamentais, atuando como sistema de proteção e garantia dos direitos, independentemente das circunstâncias sociais, políticas e econômicas definidoras do contorno de cada comunidade em que inserido o indivíduo. Impõe-se ao Estado a abstenção de violação desse núcleo mínimo que confere sentido ao princípio da dignidade da pessoa humana. Na lição de Bernal Pulido (in *El principio de proporcionalidad y los derechos fundamentales*), são reconhecidos direitos minimamente essenciais a todos os indivíduos, a serem satisfeitos pelo Estado, mediante prestações sociais. Eis o limite da justificativa da reserva do possível, que somente poderá ser usada para deixar de atender necessidades supérfluas, mas nunca para justificar a falta de concretude do mínimo existencial – para manter uma sociedade justa e igualitária é imperativo que seja materialmente garantida a igualdade de oportunidades por prestações sociais eficientes a todos os indivíduos, atendendo às exigências mínimas de todos.

Na espécie, o exemplo recorrente em todas as promotorias de justiça diz com a necessidade de se postular a materialização do direito à saúde pública, integral e universal, não sendo raros os casos de omissão do poder público, inclusive, no que tange à dispensação de medicamentos básicos e na realização de procedimentos previstos nas diretrizes e protocolos do Sistema Único de Saúde (SUS) – mínimo existencial. Por outro lado, no mesmo campo de implementação do direito à saúde pública gratuita, há que se ter cautela e critérios na busca de financiamento público de medicamentos ditos experimentais, sem qualquer garantia de que o cidadão será curado – nesse caso, a reserva do possível atua em prol da manutenção dos recursos para o custeio das necessidades básicas da população, servindo como argumento para negar o medicamento experimental que, a propósito, poderá ser dispensado pelo laboratório interessado, gratuitamente, sem onerar os cofres públicos, haja vista o seu interesse em obter autorização do Ministério da Saúde para comercializá-lo.

(UEPA/PGE/PA/Procurador/2012) Conceitue e diferencie o papel da "lei de diretrizes orçamentárias", do "orçamento plurianual" e da "lei orçamentária", discorrendo sobre suas características e princípios. Conceitue reserva do possível e analise, considerando dentre outros aspectos pertinentes, os princípios referentes à questão orçamentária e à separação dos poderes, os limites da reserva do possível e a interferência das decisões judiciais na execução do orçamento.

Autor: Paulo Henrique Figueredo de Araújo

Direcionamento da resposta

Inicialmente, cumpria ao candidato promover a conceituação e distinção dos instrumentos orçamentários aludidos no enunciado – Lei de Diretrizes Orçamentárias (LDO), Plano Plurianual (PPA) e Lei Orçamentária Anual (LOA).

No tocante à **Lei de Diretrizes Orçamentárias (LDO)** interessante consignar consistir inovação da Constituição Federal de 1988 (CF/88), promovendo citação indireta das destinações previstas no art. 165, § 2º, da CF/88. Ademais, importante ressaltar acréscimo nas funções da LDO promovido pela Lei Complementar (LC) nº 101/00, no seu art. 4º, devendo ser dado destaque aos anexos da LDO, quais sejam, o **Anexo de Metas Fiscais e o Anexo de Riscos Fiscais**.

Ao tratar do **Plano plurianual (PPA)**, importava ressaltar esse como documento orçamentário definidor, de forma regionalizada, das **diretrizes, objetivos e metas** da Administração para as despesas de capital e outras delas decorrentes e para as relativas aos **programas de duração continuada** (art. 165, § 1º, CF/88).

Por fim, no tocante à **Lei Orçamentária Anual (LOA)**, pertinente discorrer sobre sua **natureza discriminante** das **receitas** previstas e **despesas** fixadas para determinado exercício financeiro, de forma a evidenciar a **política econômico-financeira e o programa de trabalho** do Governo (art. 2º da Lei n. 4.320/64).

A alusão de informações complementares sobre a sistemática de envio e aprovação do PPA, LDO e LOA revela conhecimento jurídico do candidato, permitindo ao examinador maior generosidade na concessão de pontos. Nesse sentido, importante invocar o art. 35, § 2º, do ADCT.

Assentada as premissas gerais, deve-se atentar para a diferença ontológica entre os diplomas. Deveria ser explanado que o PPA, LDO e LOA diferenciam-se basicamente por duas circunstâncias essenciais: **grau de concreção e nível de planejamento**.

Superada a primeira etapa da resposta, o candidato deveria ingressar no tema da **Reserva do Possível**, dispondo sobre seu conteúdo e alcance, abordando, ao final do sobre os limites de aplicação da Teoria. Importante apontar o entendimento do Supremo Tribunal Federa (STF) reconhecendo a **possibilidade** de superação dos óbices impostos pela Reserva do Possível, bem como pela Separação dos Poderes, na hipótese de efetivação de políticas públicas concernente a **direitos fundamentais previstos Constitucionalmente**, sobretudo nos casos de **omissões** quanto à **saúde e educação**[24].

Sobre o tema, essencial a leitura, na íntegra, da **ADPF 45**, paradigmática, em especial devido à completude na qual tratada a matéria, sendo seu conteúdo sempre cobrado em provas e concursos públicos[25].

---

24. Gilmar Mendes (Curso de Direito Constitucional. 7. ed. São Paulo: Saraiva, 2012) discorre sobre a Reserva do Possível, sendo recomendada a leitura de seu livro sobre a temática.

25. A seguir, excerto que consideramos relevante: "Não deixo de conferir, no entanto, assentadas tais premissas, significativo relevo ao tema pertinente à 'reserva do possível' (Stephen Holmes/Cass R. Sunstein, 'The Cost of Rights', 1999, Norton, New York), notadamente em sede de efetivação e implementação (sempre onerosas) dos direitos de segunda geração (direitos econômicos, sociais e culturais), cujo adimplemento, pelo Poder Público, impõe e exige, deste, prestações estatais positivas concretizadoras de tais prerrogativas individuais e/ou coletivas. É que a realização dos direitos econômicos, sociais e culturais – além de caracterizar-se pela gradualidade de seu processo de concretização – depende, em grande medida, de um inescapável vínculo financeiro subordinado às possibilidades orçamentárias do Estado, de tal modo que, comprovada, objetivamente, a incapacidade econômico-financeira da pessoa estatal, desta não se poderá razoavelmente exigir, considerada a limitação material referida, a imediata efetivação do comando fundado no texto da Carta Política. Não se mostrará lícito, no entanto, ao Poder Público, em tal hipótese – mediante indevida manipulação de sua atividade financeira e/ou político-administrativa – criar obstáculo artificial que revele o ilegítimo, arbitrário e censurável propósito de fraudar, de frustrar e de inviabilizar o estabelecimento e a preservação, em favor da pessoa e dos cidadãos, de condições materiais mínimas de existência. Cumpre advertir, desse modo, que a cláusula da 'reserva do possível' – ressalvada a ocorrência de justo motivo objetivamente aferível – não pode ser invocada, pelo Estado, com a finalidade de exonerar-se do cumprimento de suas obrigações constitucionais, notadamente quando, dessa conduta governamental negativa, puder resultar nulificação ou, até mesmo, aniquilação de direitos constitucionais impregnados de um sentido de essencial fundamentalidade. (...) Vê-se, pois, que os condicionamentos impostos, pela cláusula da 'reserva do possível', ao processo de concretização dos direitos de segunda geração – de implantação sempre onerosa –, traduzem-se em

Sugestão de resposta

A Lei de Diretrizes Orçamentárias (LDO) representa instrumento orçamentário erigido pela Constituição Federal de 1988 (CF/88), de iniciativa privativa do Poder Executivo (art. 165, CF/88), cujo desiderato precípuo de orientar a elaboração e execução orçamentária do ano seguinte, abordando especificamente as matérias elencadas no art. 165, § 2°, CF/88, quais sejam: a) as metas e prioridades da Administração Pública, incluindo as despesas de capital para o exercício financeiro subsequente; b) orientar a elaboração da lei orçamentária anual (LOA); c) dispor sobre as alterações na legislação tributária; d) estabelecer a política de aplicação das agências financeiras oficiais de fomento. Tais funcionalidades foram acrescidas pela Lei Complementar (LC) n° 101/00, no seu art. 4°, com destaque para a criação de anexos específicos, quais sejam, o Anexo de Metas Fiscais e o Anexo de Riscos Fiscais.

Segundo o art. 35, § 2°, II, do ADCT, projeto da LDO deve ser encaminhado pelo Chefe do Poder Executivo até 8 (oito) meses e meio antes do encerramento do exercício financeiro, devendo ser devolvida para sanção pelo Legislativo até o encerramento do primeiro período da sessão legislativa, sob pena de não interrupção desta (art. 57, § 2°, CF/88).

O Plano Plurianual (PPA), por sua vez, representa instrumento definidor, de forma regionalizada, das diretrizes, objetivos e as metas da Administração para as despesas de capital e outras delas decorrentes e para as relativas aos programas de duração continuada (art. 165, § 1°, CF/88). Segundo o art. 35, § 2°, I, do ADCT, o PPA vigora até o final do primeiro exercício financeiro do mandato presidencial subsequente, iniciando a partir do 2° ano do mandato em curso. O mesmo dispositivo preceitua o envio do projeto de lei do PPA deve ser promovido pelo Chefe do Executivo ao Legislativo até 4 (quatro) meses antes de findo o 1° ano de seu mandato, devendo ser devolvido até o encerramento da sessão legislativa.

A Lei Orçamentária Anual (LOA), por fim, consigna as receitas previstas e despesas fixadas para determinado exercício financeiro, de forma a evidenciar a política econômico-financeira e o programa de trabalho do Governo (art. 2°, Lei n° 4.320/1964), organizando-se em capítulos específicos, quais sejam, o Orçamento Fiscal, o Orçamento de Investimentos e o Orçamento da Seguridade Social (art. 165, § 5°, CF/88). A LOA deve ser encaminhada até 4 (quatro) meses antes do

---

um binômio que compreende, de um lado, (1) a razoabilidade da pretensão individual/social deduzida em face do Poder Público e, de outro, (2) a existência de disponibilidade financeira do Estado para tornar efetivas as prestações positivas dele reclamadas" (ADPF 45-MC, j. 29.4.2004).

encerramento de cada exercício financeiro, com devolução obrigatória para sanção até o final da sessão legislativa.

Em síntese, o PPA, LDO e LOA diferenciam-se pelo grau de concreção e nível de planejamento. O PPA, em se tratando de documento de duração plurianual, apresenta nível de planejamento de menor detalhamento, com baixo grau de concreção, pois vocacionado à definição de políticas abrangente, de longo prazo. Noutra banda, a LDO e LOA, por se referirem a um espaço de tempo menor, apresentam níveis de detalhamento mais sofisticados do que o PPA, sendo vocacionadas à gestão orçamentária de médio e curto prazo. Ocorre que, enquanto a LDO apresenta os preceitos de elaboração e execução do orçamento a ser aprovado, a LOA limita-se a dispor sobre as receitas e despesas.

A "Reserva do Possível", no Brasil, representa teoria vocacionada à análise da efetivação de políticas públicas prestacionais sob a ótica da disponibilidade ou não de recursos financeiros, bem como da autorização na lei orçamentária para o dispêndio. A teoria manifesta-se numa tríplice dimensão, a saber: a) a disponibilidade fática dos recursos financeiros necessários à efetivação dos direitos fundamentais; b) a disponibilidade jurídica dos recursos humanos e materiais, referente à distribuição de receitas, competências tributárias, orçamentárias, legislativas, e administrativas; c) proporcionalidade e razoabilidade da prestação.

A disponibilidade jurídica (item "b") apresenta especial relevo para a solução de contendas constitucionais envolvendo a Reserva do Possível e o Ativismo Judicial. Deveras, o gasto público depende de previsão orçamentária, por força do Princípio da Universalidade (art. 6º da Lei nº 4.320/1964 e art. 165, § 5º, da CF/88). Eventual dispêndio não previsto originalmente depende da abertura de crédito adicional, o qual pressupõe projeto de lei (art. 166, CF/88). Ademais, há um sério prejuízo ao Princípio da Programação, pois os dispêndios extraordinários decorrentes de liminares judiciais fogem ao planejamento prévio da execução orçamentária, iniciado desde o PPA, especificado na LDO e materializado na LOA.

O ponto de tensão revela-se manifesto, com prejuízo ao próprio Princípio da Separação dos Poderes: a disciplina orçamentária requer projetos de lei de iniciativa exclusiva do Poder Executivo, com posterior apreciação e deliberação pelo Poder Legislativo, em processo regrado de forma especial pela CF/88 e cuja execução deve observar as exigências da LC nº 101/00. Portanto, revela-se discutível a constitucionalidade, sob a perspectiva da Separação dos Poderes e do Devido Processo Legislativo, a determinação de gasto público por meio de decisão judicial, máxime quanto não há previsão expressa na LOA.

Não obstante tal contexto, Supremo Tribunal Federa (STF) reconhece a possibilidade de afastar os obstáculos erigidos pela Reserva do Possível e pela Separação dos Poderes, quando o caso tratar da efetivação de políticas públicas concernente a direitos fundamentais previstos Constitucionalmente, principalmente, nos casos de omissões quanto à saúde e educação, em homenagem à preservação da dignidade da pessoa humana e do mínimo existencial. Ademais, o Pretório Excelso refuta a mera alegação "vazia" da Reserva do Possível como tese de defesa, exigindo a comprovação categórica da ausência de recursos públicos viáveis à satisfação do bem da vida postulado.

(MPF/Procurador_da_República/2008) Como a teoria da reserva do possível pode ser utilizada como argumento pelo administrador público e como deve ser ela apreciada pelo Judiciário?

Autor: *Érico Gomes de Sousa*

Direcionamento da resposta

O tema da reserva do possível é sempre e constantemente cobrado em provas do Ministério Público Federal, devendo haver atualização do candidato sobre seu conceito e entendimento dos Tribunais Superiores do assunto.

Sugestão de resposta

A "reserva do possível" é teoria que costuma ser invocada no contexto da efetivação dos direitos fundamentais de segunda geração (os direitos sociais, ditos por muitos como "prestacionais"), os quais, para sua efetivação, necessitam de grandes aportes financeiros oriundos do orçamento público. Daí ser constantemente trazida como tese defensiva pela Administração Pública em juízo, sobretudo no que diz respeito à implementação do direito à saúde; o Estado-administrador utiliza o argumento da escassez de recursos públicos para atender a todas as demandas sociais que diariamente acorrem ao Judiciário.

O Judiciário, no entanto, não pode acolher tal tese da maneira como alegada pela Administração, sem os sopesamentos adequados, que são até mesmo reconhecidos pela jurisprudência do STF. Ora, é cediço que o núcleo duro dos direitos fundamentais, o chamado "mínimo existencial", deve ser garantido, sendo certo que a Administração Pública não pode escorar-se na má distribuição de recursos entre as diversas áreas da atividade estatal previstas no orçamento público para escusar-se de cumprir seu papel no que tange ao mínimo existencial de seus cidadãos.

Muitas vezes, assim, na efetivação dos direitos fundamentais, o Judiciário ver-se-á diante de "escolhas trágicas", devendo, de acordo com o adequado juízo de ponderação, acolher ou não a reserva do possível, com os temperamentos atinentes ao núcleo duro dos direitos fundamentais, conforme narrado *supra*.

7. NORMAS GERAIS SOBRE FINANÇAS PÚBLICAS

(Cespe/Bacen/Procurador/2013) Considere que determinado estado- -membro tenha deslocado o depósito do salário ou remuneração de seus servidores, feito em instituição financeira oficial, para instituição financeira privada e que a legitimidade do ato esteja sendo questionada, sob o fundamento de que tais depósitos somente poderiam ser feitos em instituições financeiras oficiais. Em face dessa situação hipotética, esclareça, com fundamento na jurisprudência do Supremo Tribunal Federal sobre o tema, se o depósito do valor correspondente à remuneração dos servidores públicos estaduais em instituição privada afronta a Constituição Federal no que concerne às normas gerais relativas às finanças públicas.

Autor: *Renato Cesar Guedes Grilo*

Direcionamento da resposta

O candidato deve explicitar o artigo 164, § 3º da CF de 1988 em sua resposta, abordando se a remuneração dos servidores públicos pode ser declarada disponibilidade de caixa e a orientação do STF sobre o tema.

Sugestão de resposta

O depósito do valor correspondente à remuneração dos servidores públicos estaduais em instituição privada não afronta o artigo 164, § 3º da CF de 1988. Segundo este artigo, as disponibilidades de caixa da União serão depositadas no Banco Central; as dos Estados, do Distrito Federal, dos Municípios e dos órgãos ou entidades do Poder Público e das empresas por ele controladas, em instituições financeiras oficiais, ressalvados os casos previstos em lei.

De acordo com a orientação da jurisprudência do STF, o depósito do valor correspondente à remuneração dos servidores públicos em instituições financeiras privadas não afronta o artigo 164, § 3º da CF d 1988, uma vez que o referido depósito não se enquadra no conceito de disponibilidade de caixa, enquadrando-se em tal conceito o dinheiro ainda não afetado a determinado fim. Os valores correspondentes à remuneração dos servidores públicos já estão afetados ao pagamento dos mesmos, não podendo ser considerados disponibilidade de caixa.

Ver AI 837677 AgR, Rel. Min. Rosa Weber, Primeira Turma, DJe 8.52012.

(Cespe/AGU/Advogado/2012) *Suponha que o presidente de determinada autarquia encaminhe ofício ao Banco Central do Brasil, explicando a impossibilidade de reformar o seu gabinete com os recursos orçamentários disponíveis e pedindo um empréstimo no valor de R$ 5.000,00. Nessa situação, é possível a concessão do empréstimo? Justifique sua resposta.*

Autor: Renato Cesar Guedes Grilo

Direcionamento da resposta

O candidato deve explicitar de forma sucinta e objetiva a função do Banco Central. O candidato deve citar o artigo 164, § 1º da CF de 1988, que diz respeito à possibilidade de concessão de empréstimos por parte do Banco Central. Ademais, mencionar os limites constitucionais orçamentários submetidos ao crivo da legalidade ressalvadas situações excepcionais que autorizariam abertura de créditos o que não é o caso (arts. 165, § 5º I e art. 167 II da CF).

Sugestão de resposta

O Banco central tem a função de gerir a política econômica, controlando o poder de compra da moeda e garantindo sua estabilidade. Conforme artigo 164, caput da CF de 1988 compete única e exclusivamente ao Banco Central a emissão da moeda. Dessa forma, nessa situação não é possível a concessão do empréstimo. De acordo com o artigo 164, § 1º da CF de 1988 é vedado ao Banco Central conceder, direta ou indiretamente, empréstimos ao Tesouro Nacional e a qualquer órgão ou entidade que não seja instituição financeira.

As autarquias são entidades da administração pública indireta, com personalidade jurídica de direito público, patrimônio e receita próprios, para desempenhar atividades típicas da Administração Pública, que requeiram, para seu funcionamento, gestão administrativa e financeira descentralizada. Desse modo, as autarquias não são instituições financeiras, não podendo o Banco Central conceder empréstimos às mesmas.

Outrossim, a fixação de despesas está estabelecida na Lei Orçamentária (Princípio da Legalidade cuja iniciativa compete ao Chefe do Poder Executivo), ressalvados os casos de aberturas de créditos adicionais o que não ocorre no caso em tela.

8. PRECATÓRIOS

(FCC/ALE/PB/Procurador/2013) Sob alegação de não pagamento, no prazo constitucional, de precatório de determinado Município, o Tribunal de Justiça estadual acolhe representação com pedido de intervenção do Estado no Município e requisita ao Governador a decretação do ato interventivo, independentemente de apreciação pela Assembleia Legislativa. Diante disso, considerada a disciplina constitucional da matéria, responda, justificadamente: (i) sob qual fundamento, poderia, em tese, o fato relatado na representação levar à decretação de intervenção do Estado no Município? (ii) o procedimento observado no caso seria adequado para a decretação de intervenção estadual sob esse fundamento? (iii) seria admissível a interposição de recurso extraordinário em face do acórdão do TJ que deferiu o pedido de intervenção?

Autores: *Marcelo Veiga Franco, Paulo Antônio Grahl Monteiro de Castro e Eron Freire dos Santos*

Direcionamento da resposta

A questão exige do candidato conhecimentos a respeito da disciplina constitucional da intervenção, bem como noções básicas no que tange aos precatórios. Cobrou, ainda, o entendimento jurisprudencial concernente à possibilidade ou não de ser combatida, por meio de recurso extraordinário, a decisão do Tribunal de Justiça que defere pedido de intervenção.

O fundamento, em tese, para a decretação do ato interventivo, é o constante do inciso IV do art. 35 da Constituição. Isso porque o não pagamento de precatório, no prazo constitucional, de forma intencional, representa inequívoco descumprimento de ordem (decisão) judicial.

Parece tentar o examinador induzir o candidato a erro no ponto em que pergunta se o procedimento adotado foi correto. É que a Constituição prevê, em regra, um controle político a ser exercido pela Assembleia Legislativa do Estado, salvo no que diz respeito ao art. 35, IV, da Constituição.

Por fim, o candidato deve abordar o não cabimento do recurso extraordinário da decisão que tenha dado provimento à representação interventiva. Isso, pois, a teor da Súmula n. 637 do STF, "Não cabe recurso extraordinário contra acórdão de Tribunal de Justiça que defere pedido de intervenção estadual em Município". O Supremo Tribunal Federal entende que referida decisão tem natureza político-administrativa, e não jurisdicional, o que implica a impossibilidade de controle por meio de recurso extraordinário.

Sugestão de resposta

Nos termos do art. 35, IV, da Constituição da República Federativa do Brasil, a intervenção do Estado no Município é medida excepcional, mas que se revela medida possível para prover a execução de ordem ou decisão judicial, quando o não pagamento do precatório for intencional.

A respeito da disciplina da intervenção, nos ensinamentos de Dirley da Cunha Júnior (Curso de Direito Constitucional): "entende-se por intervenção o ato político, fundado na Constituição, que consiste na ingerência de uma entidade federada nos negócios políticos de outra entidade igualmente federada, suprimindo-lhe temporariamente a autonomia, por razões estritamente previstas na Constituição."

A fim de que se proceda à intervenção do Estado no Município, deve o Tribunal de Justiça dar provimento a representação para sua decretação, requisitando ao Governador do Estado que o faça, nos termos do art. 35, IV, da Constituição da República Federativa do Brasil. Não se mostra necessária a apreciação do ato de decretação pela Assembleia Legislativa, por se tratar de exceção constitucional, a teor do art. 36, § 3º, da Constituição da República Federativa do Brasil.[26]

Por fim, importante mencionar que não cabe recurso extraordinário contra o acórdão do Tribunal de Justiça que deferiu o pedido de intervenção estadual no Município, por se tratar de decisão de natureza político-administrativa, e não jurisdicional. É exatamente esse o entendimento constante da Súmula n. 637 do STF: "Não cabe recurso extraordinário contra acórdão de Tribunal de Justiça que defere pedido de intervenção estadual em Município".

---

26. No que diz respeito, especificamente, à intervenção estadual nos municípios, ensina Alexandre de Moraes que: "a intervenção estadual nos municípios tem a mesma característica de excepcionalidade já estudada na intervenção federal, pois a regra é a autonomia do município e a exceção a intervenção em sua autonomia política, somente nos casos taxativamente previstos na Constituição Federal (CF, art. 35), sem qualquer possibilidade de ampliação pelo legislador constituinte estadual. Por ser um ato político, somente o governador do Estado poderá decretá-la, dependendo na hipótese do art. 35, IV, de ação julgada procedente pelo Tribunal de Justiça. Igualmente à intervenção federal, existirá um controle político exercido pela Assembleia Legislativa, que no prazo de 24 horas apreciará o decreto interventivo, salvo na hipótese do art. 35, IV, da Constituição Federal."

(Cespe/AGU/Advogado/2012) O Hospital XYZ propôs ação de ressarcimento em face da União, objetivando o pagamento de diferenças da tabela de procedimentos cirúrgicos do Sistema Único de Saúde, em razão de errônea conversão da unidade de referência de valor (URV) para Real. O pedido foi julgado procedente, tendo sido a União condenada a indenizar o Hospital XYZ, bem como a pagar honorários de sucumbência no valor de R$ 150.000,00. Durante a execução do julgado, o Banco ABC interveio como terceiro interessado, sob o argumento de que o advogado do Hospital XYZ havia cedido seus honorários de sucumbência, e requereu, por conseguinte, que fosse habilitado como credor por ocasião da expedição do precatório respectivo. Em face dessa situação hipotética, responda, de forma justificada, aos questionamentos seguintes. (i) É possível a cessão de crédito de precatórios? (ii) A União pode questionar a eficácia da cessão de crédito? (iii) Sendo os honorários advocatícios considerados verbas de natureza alimentar, poderia o respectivo crédito ser cedido, dada a natureza da obrigação prevista como vedação no art. 286 do Código Civil?

Autores: Frederico Rios Paula e Renato Cesar Guedes Grilo

Direcionamento da resposta

Nessa questão, o candidato deve abordar a sistemática do regime de precatórios prevista no art. 100 da Constituição Federal, mais precisamente nos §§ 13 e 14. Ao final, para completar a questão, deve citar o julgamento da ADI pelo STF a respeito da EC n. 62/2009, indicando que os dispositivos constitucionais abordados são constitucionais.

Sugestão de resposta

A Emenda Constitucional n. 62/2009 inclui no art. 100 da Constituição Federal os §§ 13 e 14 prevendo nova sistemática ao Regime de Precatórios. O primeiro dispositivo constitucional permite ao credor ceder, total ou parcialmente, seus créditos em precatórios a terceiros, independentemente da concordância do devedor, no caso a União. Essa regra não se aplica aos débitos de natureza alimentícia cujos titulares tenham 60 anos de idade ou mais ou sejam portadores de doença grave, sob pena de perda da preferência de pagamento na forma do § 2º, bem como aos pagamentos de obrigações definidas em leis como de pequeno valor, os chamados RP

O segundo dispositivo somente dá margem ao questionamento da eficácia da cessão de crédito caso a União, na condição de entidade devedora, não seja comunicada pelo credor por meio de petição protocolizada nos autos do processo respectivo.

DIREITO FINANCEIRO

Vale ressaltar, ainda, que a citada EC n. 62/2009 foi objeto de controle de constitucionalidade, tendo sido os dispositivos analisados considerados constitucionais (cf. STF, ADIs: 4357 e 4425).

Por fim, o crédito advindo de honorários advocatícios, com natureza de verba alimentar, pode ser cedido, porém, terá transmutada sua natureza para crédito ordinário, sem preferência na ordem de pagamento e seguindo a cronologia própria.

9. RECEITAS E DESPESAS PÚBLICAS

(Cespe/TCU/Técnico/2015) Por meio de portaria, determinado órgão sujeito à fiscalização do TCU concedeu a um ocupante de cargo em comissão em efetivo exercício suprimento de fundos destinado a cobrir despesas de aquisição de material de consumo de pequeno vulto. Esse servidor é a pessoa responsável pelo almoxarifado do referido órgão. Após a concessão do suprimento de fundos ao servidor, realizou-se o empenho da despesa. O suprido, então, sacou os recursos diretamente de uma conta bancária destinada à movimentação de suprimento de fundos aberta pelo ordenador de despesas. O suprido não prestou contas da aplicação dos recursos no prazo estabelecido pelo ordenador de despesas, tendo alegado, como justificativa para não fazê-lo, que até a referida data o material não havia sido comprado. Redija um parecer técnico relativo à concessão de suprimento de fundos referida na situação hipotética acima, apontando eventuais impropriedades observadas no caso em questão. Seu parecer deve contemplar, necessariamente, os seguintes elementos: (1) Análise da observância dos procedimentos relacionados ao suprimento de fundos no que se refere ao(à): (i) beneficiário da despesa coberta; (ii) tipo de despesa coberta; (iii) aplicação dos recursos recebidos pelo suprido; (iv) prestação de contas dos recursos recebidos pelo suprido. (2) Recomendações a serem apresentadas pelo TCU ao órgão que concedeu o suprimento de fundos, com vistas a sanar as possíveis irregularidades e evitar que elas voltem a ocorrer.

Autor: Marcel Guimarães

Direcionamento da resposta

A Banca apresentou a seguinte resposta-padrão:

I) Legalidade da concessão de suprimento de fundos quanto ao beneficiário da despesa

O beneficiário do suprimento de fundos pode ser um servidor público ou um ocupante de cargo em comissão em efetivo exercício no órgão. No caso em questão, o suprido ocupa cargo em comissão em efetivo exercício no órgão, o que está em conformidade com o disposto na legislação. O problema é que o suprido não pode ter a seu cargo a guarda do material a adquirir, salvo quando não houver na repartição outro servidor que reúna condições de fazê-lo.

II) Legalidade da concessão de suprimento de fundos quanto ao tipo de despesa coberta

O suprimento de fundos é um regime de adiantamento que se aplica aos casos de despesas expressamente definidos em lei, consistindo na entrega de numerário a servidor, a qual será sempre precedida de empenho na dotação própria. É justamente no empenho da despesa que se identifica a primeira ilegalidade: o fato de o empenho da despesa ter sido realizado posteriormente à concessão do suprimento de fundos ao servidor, quando, na verdade, deveria antecedê-la. As condições para as despesas serem realizadas por meio de suprimento de fundos são as seguintes: atender a despesas de pequeno vulto; atender a despesas eventuais – inclusive em viagens e com serviços especiais – que requeiram pronto pagamento e atender a despesas de caráter sigiloso, conforme classificação em regulamento. No caso específico, não se observa qualquer irregularidade no que diz respeito ao tipo da despesa coberta pelo suprimento de fundos, já que se trata de uma despesa de pequeno vulto.

III) Legalidade da concessão de suprimento de fundos quanto à aplicação da despesa

As despesas com suprimento de fundos serão efetivadas por meio do Cartão de Pagamento do Governo Federal (CPGF), sendo vedada por lei a abertura de conta bancária destinada à movimentação de suprimentos de fundos, para órgãos do Executivo Federal, em regra. Em relação a esse aspecto, identifica-se mais uma irregularidade no processo de concessão de suprimento de fundos em análise, visto que, em regra, os recursos decorrentes do suprimento de fundos não deveriam ter sido depositados em conta bancária aberta especificamente para a movimentação de suprimento de fundos.

Contudo, deve-se destacar que, de acordo com o Decreto nº 6.467, de 2008, os Comandos Militares, o Ministério Público e os Poderes Legislativo e Judiciário estão autorizados a se utilizar da conta para pagamento de Suprimento de Fundos, fato esse que deve ser ressaltado.

IV) Legalidade da concessão de suprimento de fundos quanto à prestação de contas da despesa

Quanto à prestação de contas, o servidor que recebe suprimento de fundos é obrigado a prestar contas de sua aplicação, procedendo-se, automaticamente, à tomada de contas se não o fizer no prazo assinalado pelo ordenador da despesa, sem prejuízo das providências administrativas para a apuração das responsabilidades e imposição das penalidades cabíveis. O fato de não ter efetuado ainda a compra do material não livra o servidor dessa obrigação, sendo sua justificativa inválida, na situação em tela.

V) **Recomendações a serem apresentadas pelo tcu ao órgão que concedeu o suprimento de fundos, com vistas a sanar as possíveis irregularidades e evitar que elas voltem a ocorrer**

A) Recomendação para sanar problema quanto ao beneficiário

Nesse sentido, a situação apresentada somente poderá ser considerada legal se for comprovada a inexistência de outro servidor apto a receber o suprimento de fundos em lugar do responsável pelo almoxarifado, cabendo à fiscalização do TCU averiguar tal situação.

B) Recomendação para evitar problema quanto à aplicação da despesa

Nesse sentido, uma possível solução para esse problema é a utilização do Cartão de Pagamento do Governo Federal (CPGF), por meio do qual devem ocorrer os saques para a aplicação da despesa. Em casos específicos definidos na legislação, a movimentação por meio de conta corrente bancária em nome do suprido é permitida.

C) Recomendação para evitar problemas quanto à prestação de contas da despesa

O órgão que concedeu o suprimento de fundos deveria ter procedido, automaticamente, à tomada de contas do suprimento de fundos no caso em questão. Além disso, as restituições, por falta de aplicação, parcial ou total, ou aplicação indevida, deverão ser tratadas como anulação de despesa ou como receita orçamentária, se recolhidas após o encerramento do exercício, procedimento que o TCU deve recomendar ao órgão que concedeu o suprimento de fundos.

Sugestão de resposta

Trata-se de parecer técnico relativo à concessão de suprimento de fundos.

Por meio de portaria, determinado órgão sujeito à fiscalização do TCU concedeu a um ocupante de cargo em comissão em efetivo exercício suprimento de fundos destinado a cobrir despesas de aquisição de material de consumo de pequeno vulto. Esse servidor é a pessoa responsável pelo almoxarifado do referido órgão. Após a concessão do suprimento de fundos ao servidor, realizou-se o empenho da despesa. O suprido, então, sacou os recursos diretamente de uma conta bancária destinada à movimentação de suprimento de fundos aberta pelo ordenador de despesas. O suprido não prestou contas da aplicação dos recursos no prazo estabelecido pelo ordenador de despesas, tendo alegado, como justificativa para não fazê-lo, que até a referida data o material não havia sido comprado.

O beneficiário do suprimento de fundos pode ser um servidor público ou um ocupante de cargo em comissão em efetivo exercício no órgão. No caso em questão, o suprido ocupa cargo em comissão em efetivo exercício no órgão, o que está em conformidade com o disposto na legislação. O problema é que o suprido não pode ter a seu cargo a guarda do material a adquirir, salvo quando não houver na repartição outro servidor que reúna condições de fazê-lo.

O suprimento de fundos é um regime de adiantamento que se aplica aos casos de despesas expressamente definidos em lei, consistindo na entrega de numerário a servidor, a qual será sempre precedida de empenho na dotação própria. É justamente no empenho da despesa que se identifica a primeira ilegalidade: o fato de o empenho da despesa ter sido realizado posteriormente à concessão do suprimento de fundos ao servidor, quando, na verdade, deveria antecedê-la. As condições para as despesas serem realizadas por meio de suprimento de fundos são as seguintes: atender a despesas de pequeno vulto; atender a despesas eventuais – inclusive em viagens e com serviços especiais – que requeiram pronto pagamento e atender a despesas de caráter sigiloso, conforme classificação em regulamento. No caso específico, não se observa qualquer irregularidade no que diz respeito ao tipo da despesa coberta pelo suprimento de fundos, já que se trata de uma despesa de pequeno vulto.

As despesas com suprimento de fundos serão efetivadas por meio do Cartão de Pagamento do Governo Federal (CPGF), sendo vedada por lei a abertura de conta bancária destinada à movimentação de suprimentos de fundos, para órgãos do Executivo Federal, em regra. Em relação a esse aspecto, identifica-se mais uma irregularidade no processo de concessão de suprimento de fundos em análise, visto que, em regra, os recursos decorrentes do suprimento de fundos não deveriam ter sido depositados em conta bancária aberta especificamente para a movimentação de suprimento de fundos. Contudo, deve-se destacar que, de acordo com o Decreto nº 6.467, de 2008, os Comandos Militares, o Ministério Público e os Poderes Legislativo e Judiciário estão autorizados a se utilizar da conta para pagamento de Suprimento de Fundos.

Quanto à prestação de contas, o servidor que recebe suprimento de fundos é obrigado a prestar contas de sua aplicação, procedendo-se, automaticamente, à tomada de contas se não o fizer no prazo assinalado pelo ordenador da despesa, sem prejuízo das providências administrativas para a apuração das responsabilidades e imposição das penalidades cabíveis. O fato de não ter efetuado ainda a compra do material não livra o servidor dessa obrigação, sendo sua justificativa inválida, na situação em tela.

Diante do exposto, cabe ao TCU realizar as recomendações a seguir ao órgão que concedeu o suprimento de fundos, com vistas a sanar as possíveis irregularidades e evitar que elas voltem a ocorrer: a) Recomendação para sanar problema quanto ao beneficiário: a situação apresentada somente poderá ser considerada legal se for comprovada a inexistência de outro servidor apto a receber o suprimento de fundos em lugar do responsável pelo almoxarifado, cabendo à fiscalização do TCU averiguar tal situação; b) Recomendação para evitar problema quanto à aplicação da despesa: uma possível solução para esse problema é a utilização do Cartão de Pagamento do Governo Federal (CPGF), por meio do qual devem ocorrer os saques para a aplicação da despesa. Em casos específicos definidos na legislação, a movimentação por meio de conta corrente bancária em nome do suprido é permitida; c) Recomendação para evitar problemas quanto à prestação de contas da despesa: o órgão que concedeu o suprimento de fundos deveria ter procedido, automaticamente, à tomada de contas do suprimento de fundos no caso em questão.

Além disso, as restituições, por falta de aplicação, parcial ou total, ou aplicação indevida, deverão ser tratadas como anulação de despesa ou como receita orçamentária, se recolhidas após o encerramento do exercício, procedimento que o TCU deve recomendar ao órgão que concedeu o suprimento de fundos.

(Vunesp/PGM/São_Paulo/Procurador/2014) Considerando as disposições da Lei Geral do Orçamento, defina "restos a pagar".

Autor: Felipe Cesar Michna

Direcionamento da resposta

Antes de conceituar restos a pagar, é fundamental que o candidato discorra sobre os estágios da despesa, simplificadamente: a) empenho (art. 60, da Lei 4.320/64); b) liquidação (art. 63 da Lei 4.320/64); c) pagamento (art. 65 da Lei 4.320/64). Posteriormente, deve o candidato definir restos a pagar e seu conteúdo no art. 36 da Lei 4.320/64.

Sugestão de resposta

Para que a administração execute a despesa, deve, inicialmente, promover o ato de empenho, que se traduz em uma reserva do valor, conforme determina o art. 60 da Lei 4.320/64. Após, efetivado o ato que gerou o empenho, tem-se a liquidação (art. 63), a fim de aferir o valor exato a ser pago, culminando no pagamento (art. 65). Tais procedimentos têm seus momentos próprios e devem ser – em regra – todos encerrados ao final do exercício financeiro.

Restos a pagar são despesas empenhadas, mas não pagas até o dia 31 de dezembro de cada exercício financeiro, sendo que o seu cancelamento gera acréscimo patrimonial, pois se referem a encargos incorridos no próprio exercício. Uma vez empenhada, a despesa pertence ao exercício financeiro em que o empenho ocorreu, onerando a dotação orçamentária daquele exercício. Neste sentido, o art. 36 da Lei 4.320/64 conceitua Restos a Pagar ("consideram-se restos a pagar as despesas empenhadas mas não pagas até 31 de dezembro, distinguindo-se as processadas das não processadas".

Referido artigo deve ser interpretado em cotejo com o art. 42 da LRF, que veda ao titular de Poder ou órgão, nos últimos dois quadrimestres de seu mandato, contrair obrigação de despesa que não possa ser cumprida integralmente dentro dele. Isto tudo de modo a se evitar um desequilíbrio econômico financeiro a ser suportando pela nova Administração. Caso contrário, em havendo a contratação de despesa no período citado, o ato será considerado crime, conforme se extrai do art. 359-C do Código Penal.

(Cespe/AGU/Procurador/2013) Supondo que o governo de determinado estado da Federação, de forma reiterada, não venha aplicando o mínimo exigido da receita resultante de impostos estaduais, compreendida a proveniente de transferências, nas ações e serviços públicos de saúde, e tomando por base as disposições da Constituição Federal de 1988 acerca desse tema, redija um texto dissertativo que responda, de forma justificada, aos seguintes questionamentos: (i) Na hipótese descrita, que norma constitucional está sendo violada? (ii) Qual providência pode ser adotada – e por quem –, visando resolver a situação? Descreva, em linhas gerais, as possíveis tramitações dessa "providência".

Autor: Renato Cesar Guedes Grilo

Direcionamento da resposta

i) Nesta questão o candidato deve abordar o tema da intervenção federal, contido no artigo 34 e incisos da CF de 1988, demonstrando o porquê de haver tal intervenção.

ii) O candidato deverá explicar como se dá a decretação da intervenção federal, conforme regra contida no artigo 36, inciso III e parágrafos, todos da CF de 1988.

DIREITO FINANCEIRO

Sugestão de resposta

Na hipótese descrita está sendo violada a norma constitucional contida no artigo 34, inciso VII, alínea "e" da CF de 1988, que dispões que a União não intervirá nos Estados nem no Distrito Federal, exceto para assegurar a observância dos princípios constitucionais, como a aplicação do mínimo exigido da receita resultante de impostos estaduais, compreendida a proveniente de transferências, na manutenção e desenvolvimento do ensino e nas ações e serviços públicos de saúde.

A providência a ser tomada no caso em questão é a decretação da intervenção federal da União no estado-membro descumpridor da norma constitucional citada. Em tal situação, a decretação da intervenção dependerá de provimento, pelo STF, de representação do Procurador-Geral da República, conforme artigo 36, inciso III da CF de 1988. Tal decreto de intervenção especificação a amplitude, o prazo e as condições de execução e, se couber, nomeará o interventor e será submetido à apreciação do Congresso Nacional no prazo de vinte e quatro horas. Caso o Congresso nacional não esteja funcionando, far-se-á sua convocação extraordinária no mesmo prazo de vinte e quatro horas. No caso em questão, tal decreto limitar-se-á a suspender a execução do ato impugnado, caso isso baste para o restabelecimento da normalidade.

Por fim, cessados os motivos da intervenção, as autoridades afastadas de seus cargos a estes retornarão, salvo impedimento legal. Tal procedimento está contido no artigo 36, §§ 1º a § 4º da CF de 1988.

(TCE/RS/Auditor_Substituto/2013) Enumere e conceitue as fases da despesa pública, estabelecendo, fundamentadamente, se há encadeamento entre elas e se alguma delas pode ser suprimida, bem como se é possível estornar despesas compromissadas, de que forma e com que embasamento.

Autor: Marcel Guimarães

Direcionamento da resposta

O aluno deveria mencionar que a despesa pública passa pelas etapas de planejamento e de execução. O planejamento é composto principalmente pela fixação da despesa. A execução da despesa orçamentária se dá em três fases, na forma prevista na Lei nº 4.320/1964: empenho, liquidação e pagamento. Após definir cada etapa, deveria mencionar que essas fases são encadeadas e consecutivas, não podendo haver supressão de nenhuma dessas etapas.

Com relação ao estorno de despesas compromissadas, não estava claro se a banca queria que o aluno considerasse como compromissadas as despesas empenhadas ou liquidadas. O certo é considerar a liquidada. Mas optamos por mostrar os dois caminhos na resposta.

Sugestão de resposta

A despesa pública passa pelas etapas de planejamento e de execução.

O planejamento é composto principalmente pela fixação da despesa, que nada mais é do que a autorização das despesas por meio de dotações na Lei Orçamentária Anual ou por meio da abertura de créditos adicionais.

A execução da despesa orçamentária se dá em três fases, na forma prevista na Lei nº 4.320/1964: empenho, liquidação e pagamento.

O empenho, segundo o art. 58 da Lei nº 4.320/1964, é o ato emanado de autoridade competente que cria para o Estado obrigação de pagamento pendente ou não de implemento de condição. Consiste na reserva de dotação orçamentária para um fim específico.

Conforme dispõe o art. 63 da Lei nº 4.320/1964, a liquidação consiste na verificação do direito adquirido pelo credor tendo por base os títulos e documentos comprobatórios do respectivo crédito e tem por objetivo apurar: I – a origem e o objeto do que se deve pagar; II – a importância exata a pagar; III – a quem se deve pagar a importância, para extinguir a obrigação.

O pagamento consiste na entrega de numerário ao credor por meio de cheque nominativo, ordens de pagamentos ou crédito em conta, e só pode ser efetuado após a regular liquidação da despesa.

Há um encadeamento da fixação da despesa orçamentária com as três fases da sua execução. Assim, a despesa só pode ser empenhada se existir autorização para aquele gasto na Lei Orçamentária Anual ou em créditos adicionais. Só pode ser liquidada após a realização do empenho. E o seu pagamento só será efetuado quando ordenado após sua regular liquidação, conforme art. 62 da Lei 4.320/64.

Os estágios da execução da despesa são necessários e obrigatórios para todas as despesas, sem exceção. Portanto, não existe despesa que não passe, nessa ordem, pelo empenho, liquidação e pagamento. Nenhuma dessas etapas pode ser suprimida.

Quando o valor empenhado for insuficiente para atender à despesa a ser realizada, o empenho poderá ser reforçado. Caso o valor do empenho exceda o montante da despesa realizada, o empenho deverá ser anulado parcialmente.

Considerando despesa compromissada como aquela que passou pela etapa do empenho, é possível realizar o seu cancelamento ou estorno. Nos termos do art. 38 da Lei 4.320/64, reverte à dotação a importância de despesa anulada no exercício. Caso a anulação ocorra após o encerramento do exercício financeiro, a anulação do empenho será considerada com receita do ano em que se efetivar.

Caso se considere que despesa compromissada é aquela que passou pela etapa de liquidação, o seu cancelamento é ilegal, salvo em situações excepcionais, em que o objeto da obrigação deixa de existir ou é devolvido, abrindo-se a possibilidade de um estorno da obrigação, com a devida comprovação. Também é ilegal o cancelamento/anulação de empenhos de despesas liquidadas.

(Cespe/AGU/Advogado/2012) Discorra sobre as exigências a serem cumpridas pelos entes da Federação para que possam aumentar a despesa com pessoal, com base no disposto na Constituição Federal e na Lei de Responsabilidade Fiscal.

Autores: Frederico Rios Paula e Renato Cesar Guedes Grilo

Direcionamento da resposta

A questão é de fácil resolução, bastando, conforme consta do enunciado, conjugar as disposições constitucionais e legais que regem a matéria.

Sugestão de resposta

Conforme previsão constante do Art. 21 da LC 101/2000 (Lei de Responsabilidade Fiscal), é nulo de pleno direito o ato que provoque aumento da despesa com pessoal e não atenda às seguintes exigências:

(i) estimativa do impacto orçamentário-financeiro no exercício em que deva entrar em vigor e nos dois subsequentes;

(ii) declaração do ordenador da despesa de que o aumento tem adequação orçamentária e financeira com a lei orçamentária anual e compatibilidade com o plano plurianual e com a lei de diretrizes orçamentárias;

(iii) demonstração da origem dos recursos para seu custeio, devendo o ato será acompanhado de comprovação de que a despesa criada ou aumentada não afetará as metas de resultados fiscais previstas;

(iv) compensação dos efeitos financeiros, nos períodos seguintes, mediante aumento permanente de receita ou pela redução permanente de despesa; (v) respeito ao limite legal de comprometimento aplicado às despesas com pessoal inativo; (vi) inexistência de vinculação ou equiparação de quaisquer espécies remuneratórias para o efeito de remuneração de pessoal do serviço público; e

(vii) prévia inclusão no plano plurianual ou lei que autorize a inclusão.

(Cespe/AGU/Advogado/2012) A administração federal direta, autárquica e fundacional pode admitir empregados públicos pelo regime celetista. A contratação de pessoal para emprego público deverá ser precedida de concurso público, a exemplo dos empregados de estatais, admitidos pelas empresas públicas e sociedades de economia mista. Com base em uma perspectiva orçamentária, estabeleça a diferença entre a natureza da contraprestação da remuneração devida ao empregado público, assim considerado o admitido pela administração direta, autárquica ou fundacional, e a da contraprestação devida ao empregado de estatal não dependente.

Autores: Frederico Rios Paula e Renato Cesar Guedes Grilo

Direcionamento da resposta

Nesta questão espera-se que o candidato aponte a natureza de despesa com pessoal, sob o ponto de vista orçamentário, relativamente aos empregados admitidos pela administração direta, autárquica ou fundacional. Também deverá ser feita a diferenciação entre empresa estatal dependente e não dependente, com o fim de concluir que as empresas estatais não dependentes não estão submetidas à LRF no que toca ao regime de gastos com o pessoal.

Sugestão de resposta

Em virtude do comando constante do art. 1º, § 2º, b, da LC 101/2000, a administração direta, autárquica ou fundacional, os fundos e as empresas estatais dependentes sofrem incidência da sistemática de limitação de despesas determinada pela responsabilidade na gestão fiscal. Disso decorre o enquadramento como despesa de pessoal dos gastos efetuados por eles com quaisquer espécies remuneratórias pagas aos ativos, aos inativos e aos pensionistas, relativos a mandatos eletivos, cargos, funções ou empregos (art. 18, LRF).

Assim, sob a perspectiva orçamentária, a contraprestação da remuneração devida ao empregado público admitido pela administração direta, autárquica ou fundacional tem natureza de despesa com pessoal, devendo ser consignada nos orçamentos fiscal e da seguridade social que de cuida o art. 165, § 5°, I e III, da CF.

Por outro lado, as empresas estatais não dependentes não são alcançadas pela LRF em sua inteireza, já que a lei não as inclui no rol de destinatários previsto no supracitado art. 2°. O conceito dessa modalidade de estatal é estabelecido por inferência, pois ao contrário do das empresas dependentes, que recebem do ente instituidor recursos financeiros para pagamento de despesas com pessoal ou de custeio em geral ou de capital (art. 2°, III, da LRF), as empresas não dependentes apenas recebem do Tesouro do ente ao qual se vincula recursos para incremento de capital.

Segundo afirma a doutrina, as empresas não dependentes ficam vinculadas ao orçamento de investimentos de que trata o art. 165, § 5°, II, da CF e não precisam mostrar todas as despesas e receitas[27]. Nesse sentido, é forçoso concluir que a contraprestação dos empregados das empresas não dependentes não tem natureza de despesa com pessoal para fins orçamentários, não ingressando no cálculo do limite de despesas, razão pela qual fogem da regência dos arts. 19 e 20 da LRF.

(Cespe/AGU/Advogado/2012) A concessionária X, contratada pelo poder público para explorar, conservar e manter a regularidade do tráfego em determinada rodovia federal mediante contraprestação dos usuários, encaminhou ofício ao poder concedente, informando que, após aquela data, enviaria os relatórios de débitos dos usuários para que a procuradoria do ente federativo executasse a cobrança. Em face dessa situação hipotética, discorra sobre a pertinência da conduta da concessionária, com base no disposto na Lei n. 4.320/1964, e estabeleça a distinção conceituai e classificatória entre preço público, tarifa, pedágio e taxa.

Autor: *Renato Cesar Guedes Grilo*

Direcionamento da resposta

Nesta questão o candidato deve apontar qual a natureza da receita em discussão (taxa, pedágio, tarifa ou preço público) e com base na resposta em se tratando de taxa a conduta da concessionária teria sido correta, mas se se tratar das demais receitas, incorreta.

---

27. LEITE, Harisson. Manual de direito financeiro. Salvador: JusPodivm, 2012, p. 93.

Sugestão de resposta

De acordo com a recente posição do STF pedágio e taxa não se confundem, bem como pedágio não é tributo.

Taxa é espécie de **tributo** que tem na sua materialidade uma atividade do Estado, servindo para remunerar o exercício do poder de polícia ou a utilização, efetiva ou potencial, de serviços públicos específicos e divisíveis, nos termos do art. 145, II, da Constituição Federal. Por ser espécie tributária, está submetida a um regime de **direito público** e a ela se aplicam todas as limitações constitucionais ao poder de tributar (princípios da legalidade, anterioridade nonagesimal, noventena e do exercício financeiro, sua cobrança segue o rito especial da Execução Fiscal, etc.). Na classificação do Direito Financeiro, se trataria de receita derivada (art. 9º da Lei 4.320/1964) e corrente (art. 11, § 1º da referida Lei).

O **preço público** possui natureza contratual, sendo imprescindível para a validade de sua cobrança a efetiva utilização do serviço prestado ao usuário, de modo que não se admite a cobrança de preço público pela utilização em potencial do serviço, como ocorre validamente com a taxa.

Parte da doutrina diferencia preço público de **tarifa**, onde aquele seria utilizado para quando o serviço e a cobrança forem realizadas diretamente pelo Estado, e tarifa quando a prestação e a cobrança forem feitas por particular concessionário ou permissionário daquele serviço.

O **pedágio** é taxa ou preço público. De acordo com a Constituição, mesmo se fosse considerado tributo, sua cobrança será possível em razão da utilização de vias conservadas pelo Poder Público. Seria, nesse caso, um tipo especial de taxa que somente poderia ser cobrada pela utilização efetiva de um serviço, não admitindo a cobrança pela simples disponibilização da rodovia em condições de tráfego.

Diante deste impasse, há quem aplique aqui o critério da compulsoriedade na primeira acepção trazida acima: se o usuário puder licitamente se deslocar do ponto A para o B, sem necessariamente se valer da rodovia com pedágio, este possuirá natureza de preço público; agora se para chegar ao seu destino o usuário tiver que se valer da rodovia com pedágio, sua natureza será de taxa.

A jurisprudência do STF já considerou o pedágio taxa (RE 181475), como também já entendeu ser preço público (ADI 800).

O critério diferenciador da taxa e demais receitas está no enunciado da Súmula 545 do STF *"Preços de serviços públicos e taxas não se confundem, porque estas, diferentemente daqueles, são compulsórias e tem sua cobrança condicionada a prévia autorização orçamentária, em relação a lei que as instituiu".*

A súmula deixa claro que o STF além de ver diferença entre tais institutos, parece apontar não só umas das principais características da taxa, mas também o que seria um critério diferenciador entre ambos: a **compulsoriedade**.

Como estamos buscando responder a indagação feita acima, qual seja entender *o que justifica determinado serviço público ser remunerado por taxa enquanto outro é remunerado por tarifa*, é curial que busquemos um critério diferenciador.

O **critério da compulsoriedade**, que é aceito por diversos doutrinadores, pode ser entendido de duas formas: 1. Um serviço público será remunerado por taxa se não puder o administrado licitamente obter de outro modo aquela comodidade por ele proporcionada. Caso haja uma outra alternativa lícita ao administrado para obter a comodidade almejada, sua adesão ao serviço é considerada facultativa, devendo ser remunerado por preço público; ou 2. Sempre que a contraprestação a cargo do sujeito passivo independer de sua efetiva utilização, bastando que o serviço público seja disponibilizado pelo Estado ou por um concessionário, advindo o vínculo diretamente da lei, estaremos diante de uma taxa; agora se for necessário um contrato, mesmo que verbal ou de adesão, podendo o usuário optar em não receber aquele serviço público, estaremos diante de um preço público.

Então, onde não cabe o contrato, o serviço público será remunerado por taxa, pois não há que se falar em liberdade do usuário – trata-se de vínculo *ex lege*. Quando houver possibilidade de escolha por parte do administrado, aderindo ao contrato (seja ele de adesão, verbal, precedido de licitação ou não – exemplo: contrato de transporte coletivo), será o serviço remunerado por preço público.

Nada impede, então, que os preços públicos sejam juridicamente transformados em taxas. Para tanto, que se tornem, por lei, compulsórios; que os serviços a eles correspondentes sejam efetivamente prestados aos contribuintes, ou postos à sua disposição; e que aludidos serviços atendem aos requisitos da especificidade e divisibilidade.

Contudo, recentemente decidiu o STF na ADI 800 e ADI 4965 (Informativo 750) que o **pedágio** cobrado pela efetiva utilização de rodovias não tem natureza tributária, mas de preço público, consequentemente, não está sujeito ao princípio da legalidade estrita, sepultando expressamente o critério da via alternativa gratuita para definir a natureza jurídica do pedágio.

Desta forma, em se tratando de preço público, tarifa ou pedágio quando explorado pelo próprio Ente, ter-se-á uma receita originária em razão da obtenção de recursos pela exploração do Estado de seu próprio patrimônio, agindo como se particular fosse e não podendo utilizar seu poder coercitivo. De modo diverso, se se cuidasse de tributo (taxa) ter-se-ia receita de natureza derivada, recolhidas do setor privado por ato de autoridade, aplicando o poder coercitivo.

No caso em questão, aplicando o recente entendimento do Pleno do STF, a Corte realçou que essa discussão da natureza tributária ou não do pedágio teria sido contaminada pela figura do denominado "**selo-pedágio**", prevista na Lei 7.712/1988, reconhecido como **taxa** pelo STF. Contudo, fez questão de ressaltar em seu julgamento que essa exação seria compulsória a todos os usuários de rodovias federais, por meio de pagamento renovável mensalmente, independentemente da frequência de uso, cobrada antecipadamente, como contrapartida a serviço específico ou divisível, prestado ao contribuinte ou posto à sua disposição (critério da compulsoriedade). Consignou haver profundas diferenças entre o citado "**selo-pedágio**" e o **pedágio,** na forma em que atualmente disciplinado. Foi além, afirmando que esse último somente seria cobrado se, quando e cada vez que houvesse efetivo uso da rodovia, o que não ocorreria com o "**selo-pedágio**", que seria exigido em valor fixo, independentemente do número de vezes que o contribuinte fizesse uso das estradas durante o mês. Destacou que o enquadramento do **pedágio** como **taxa** ou preço público independeria de sua localização topológica no texto constitucional, mas seria relacionado ao preenchimento, ou não, dos requisitos previstos no art. 3º do CTN ("Tributo é toda prestação pecuniária compulsória, em moeda ou cujo valor nela se possa exprimir, que não constitua sanção de ato ilícito, instituída em lei e cobrada mediante atividade administrativa plenamente vinculada").

Assim, não sendo tributo, mas um preço contratual a ser cobrado pela própria concessionária, a cobrança compete a esta não sendo adequado o encaminhamento à Procuradoria para cobrança dos inadimplentes.

Entretanto, sendo tributo, competiria o encaminhamento à Procuradoria para inscrição em Dívida Ativa e posteriormente ajuizamento da execução fiscal.

(Fumarc/AGE/MG/Procurador/2011) No âmbito do direito financeiro brasileiro, considerando a classificação mais comum e genericamente aceita de receitas ordinárias, apresente suas duas hipóteses.

Autor: Paulo Henrique Figueredo de Araújo

Direcionamento da resposta

A questão exige do candidato conhecimento sobre as **classificações das receitas**, em especial considerando o **critério da Regularidade**.

Antes de qualquer resposta discursiva, o candidato deve, em poucas linhas, tecer comentários gerais sobre o instituto cobrado. Além de demonstrar domínio jurídico e segurança, sua resposta apresenta um número maior de termos aptos a serem gabaritados no espelho de resposta, permitindo maior pontuação. Trata-se de exigência ressaltada em hipóteses como a presente, de questão cujo enunciado exige resposta simples, de apresentação das duas hipóteses de receitas ordinárias. Questionamentos assim, aparentemente despretensiosos, nunca devem ser respondidos de forma direta – apesar de o examinador fazer crer seja essa a forma correta –, mas necessitam de **contextualização** sobre instituto cobrado.

Nesse sentido, cumpria ao candidato **conceituar Receita Pública ("strictu sensu")**, distinguindo-a dos Ingressos Provisórios.

Em seguida, necessário se fazia explanar as Receitas Ordinárias como uma subespécie da classificação das receitas pelo critério da **Regularidade**. Segundo tal parâmetro, as receitas podem ser qualificadas como receitas **Ordinárias** ou **Extraordinárias**.

Após tratar de tal apanhado temático, somente agora o candidato faria alusão às duas hipóteses de Receitas Ordinárias, quais sejam, as Receitas Originárias e as Receitas Derivadas[28].

Sugestão de resposta

As Receitas Públicas *(strictu sensu)* consistem em entradas de recursos efetivadas de maneira permanente no patrimônio do Estado, isto é, não condicionadas à devolução ou baixa patrimonial. Diferenciam-se dos Ingressos Provisórios, os quais representam típicos recursos de terceiros, apenas momentaneamente em poder da Administração Pública, sujeitos a devolução futura – destituídas, portanto, de caráter definitivo.

Quanto à Regularidade, as receitas podem ser qualificadas como receitas "Ordinárias" e "Extraordinárias". Consistem em Receitas Ordinárias aquelas de caráter constante, isto é, aptas a renovação anual na peça orçamentária – decorrem da atividade habitual do ente estatal. Propiciam um fluxo financeiro contínuo,

---

28. Recomendamos para estudo da presente questão a leitura de J. R. Caldas Furtado (Direito financeiro, Fórum), bem como de Carlos Alberto de Moraes Ramos Filho (Curso de direito financeiro, Saraiva). Esta última, vislumbramos como uma das mais adequadas para o estudo de Direito Financeiro para Procuradorias, pois, apesar de sucinta, revela-se completa, com generosa alusão aos diversos entendimentos jurisprudenciais e doutrinários. Ademais, por se tratar de membro da carreira (Procurador do Estado do Amazonas), grandes são as chances de examinadores a utilizarem como paradigma.

estável e permanente, garantindo recursos para o custeio das despesas públicas. As Receitas Extraordinárias, por sua vez, são as excepcionais ou esporádicas, de renovação não previsível ano a ano no orçamento – geralmente, mas não sempre, para o atendimento de situações anormais no plano institucional. Sua marca distintiva traduz-se na descontinuidade, instabilidade e transitoriedade.

Dentre as Receitas Ordinárias, podemos identificar duas subespécies de reiterado ingresso na Administração Pública, quais sejam: as Receitas Originárias e as Receitas Derivadas. As Receitas Originárias representam aquelas decorrentes da exploração econômica pelo Estado, promovida segundo as regras de direito privado, como as doações, a herança vacante, o preço pago pela utilização de um serviço de natureza econômica ou pela utilização de um bem público, o preço de vendas realizadas ou o aluguel de imóveis locados pelo Poder Público, os juros pela aplicação de dinheiro disponível. Noutra banda, as Receitas Derivadas decorrem de relações entre o Estado e particulares promovidas no âmbito do exercício da autoridade pública, isto é, regido pelas normas de direito público, como os tributos, as multas derivadas do Poder de Polícia, as reparações de guerra, dentre outras.

(Ceperj/Cedae/Advogado/2009) De acordo com a Lei n. 4.320/64, o empenho de despesa é ato emanado de autoridade competente que cria para o Estado obrigação de pagamento pendente ou não de implemento de condição. Relacione as três modalidades de empenho e exemplifique cada uma delas.

Autor: *Márcio Ladeira Ávila*

Direcionamento da resposta

A questão é bastante direta e requer que o candidato entenda o contexto no qual está inserido o empenho de despesa e conheça suas modalidades. É fundamental a leitura dos artigos 58 a 70 da Lei n. 4.320/64.

Sugestão de resposta

Inicialmente, é importante destacar que o empenho de despesa é o ato emanado de autoridade competente, que cria para o Estado a obrigação de pagamento pendente ou não de implemento de condição, conforme determina o art. 58 da Lei n. 4.320/64. Trata-se do primeiro estágio da despesa orçamentária. É a garantia de que existe o crédito necessário para a liquidação de um compromisso assumido, constituindo-se em reserva de dotação orçamentária para um fim específico.

As fases de execução de despesa são: prévio empenho, liquidação e pagamento. O empenho de despesa é registrado no momento da contratação do serviço, aquisição do material ou bem, obra e amortização da dívida. Ademais, poderá ser reforçado quando o valor empenhado for insuficiente para atender à despesa a ser realizada, e, caso o valor do empenho exceda o montante da despesa realizada, o empenho deverá ser anulado parcialmente. Ele será anulado totalmente quando o objeto do contrato não tiver sido cumprido, ou ainda, no caso de ter sido emitido incorretamente.

De acordo com o Pleno do STF, notas de empenho de despesa, quando desacompanhadas da comprovação de sua liquidação, não são documentos hábeis para demonstrar ter havido efetivo pagamento da dívida. O STJ possui jurisprudência no sentido de que a nota de empenho emitida por agente público é título executivo extrajudicial por ser dotada dos requisitos da liquidez, certeza e exigibilidade. De acordo com o Tribunal da Cidadania, o empenho cria para o Estado, obrigação de pagamento, máxime com a prova da realização da prestação empenhada, por isso que a sua exigibilidade opera-se através de processo de execução de cunho satisfativo. Raciocínio inverso implicaria impor ao credor do Estado por obrigação líquida e certa instaurar processo de conhecimento para definir direito já consagrado pelo próprio devedor através de ato da autoridade competente.

Existem três modalidades de empenho: ordinário, estimativo e global. O empenho ordinário é o tipo de empenho utilizado para as despesas de valor fixo e previamente determinado, cujo pagamento deva ocorrer de uma só vez (ex.: compra de cadeiras para a Câmara de Deputados). O empenho estimativo, por sua vez, é utilizado para as despesas cujo montante não se pode determinar previamente, tais como os serviços de fornecimento de água e energia elétrica. Por fim, o empenho global é utilizado para despesas contratuais ou outras de valor determinado, sujeitas a parcelamento, como, por exemplo, os compromissos decorrentes de aluguéis.

(FJG/PGM/Nova_Iguaçu/Procurador/2005) Determinado Município, apesar de prever Fundo de Custeio de Iluminação Pública, aplica o produto da arrecadação da Cosip no pagamento de pessoal do Poder Executivo. Tendo conhecimento deste fato, o contribuinte X pleiteia a repetição do que pagou a título de tal contribuição. Como Procurador deste Município, comente o(s) argumento(s) que pode(m) ser utilizado(s) para se obter a improcedência do pedido.

Autores: Helton Kramer Lustoza e Leonardo Zehuri Tovar

COLEÇÃO PREPARANDO PARA CONCURSOS

Direcionamento da resposta

Resumidamente deve ser abordada, à luz do artigo 149-A CF (acrescido pela Emenda Constitucional de n. 39/02), a constitucionalidade da COSIP, abordando, inclusive, a definição jurisprudencial sobre o tema.

É preciso, ainda, tecer considerações a respeito do conceito de referibilidade e da possibilidade de repetição de indébito na hipótese de descumprimento da aplicação dos recursos obtidos em relação à finalidade que justifica a instituição da exação.

Sugestão de resposta

Primeiramente destaca-se a constitucionalidade da COSIP. Isto é, os Municípios outrora custeavam seus serviços de iluminação pública por meio de taxa, o que fora rechaçado pela jurisprudência, tendo em vista a declaração de inconstitucionalidade pelo STF da instituição de taxa para remunerar um serviço *uti universi* e indivisível (v.g. AgRg-AI 595728), quando se sabe que o correto é que a taxa remunere serviço público específico e divisível, entendido este como aquele que possui usuários determinados, até porque não se pode cogitar de serviço remunerado por esta espécie tributária (taxa) se for ele voltado à coletividade como um todo. Já por divisível, deve-se entender aquele que é individualizado, de maneira a se avaliar, isoladamente, a parcela utilizada por um grupo ou por uma pessoa individualmente considerada.

Tal fato, inclusive, deu ensejo a Emenda Constitucional de n. 39 que acrescentou o artigo 149-A na CF, possibilitando a instituição pelos municípios e pelo Distrito Federal da COSIP. Ainda assim, no plano acadêmico, vislumbram-se críticas à exação, pois, (i) o serviço de iluminação pública não é prestado a um grupamento de contribuintes, mas à coletividade; (ii) os municípios simplesmente alteraram a nomenclatura do tributo, mantendo-se a inconstitucionalidade originária; (iii) como na grande maioria dos municípios a fatura da conta de luz detém em seu bojo a contribuição, estar-se-ia diante de uma forma obliqua de cobrança tributária, algo vedado, como bem se sabe.

O Supremo Tribunal Federal, entretanto, quando do julgamento do RE 573675 definiu pela constitucionalidade:

> "I. Lei que restringe os contribuintes da COSIP aos consumidores de energia elétrica do município não ofende o princípio da isonomia, ante a impossibilidade de se identificar e tributar todos os beneficiários do serviço de iluminação pública. II. A progressividade da alíquota, que resulta do rateio do custo da iluminação pública entre os consumidores de energia elétrica, não afronta o princípio da capacidade contributiva. III. Tributo de

caráter *sui generis*, que não se confunde com um imposto, porque sua receita se destina a finalidade específica, nem com uma taxa, por não exigir a contraprestação individualizada de um serviço ao contribuinte. IV. Exação que, ademais, se amolda aos princípios da razoabilidade e da proporcionalidade".

Superada a constitucionalidade, resta saber se há direito à repetição de indébito, no caso em comento, por força da eventual má-destinação do produto angariado. A referibilidade de alguns tributos é o que impõe ou pré-fixa o destino dos valores arrecadados, daí se falar em tributo de arrecadação vinculada. Existem aqueles que sustentam que a destinação legal do produto da arrecadação da contribuição em comento, é inerente à sua caracterização e, sobretudo, à sua constitucionalidade, de maneira que a inexistência de referibilidade conduziria à inconstitucionalidade[29].

Por outro ângulo, há os que compreendem que se houvesse desvio nos valores arrecadados, isso se deveria à inconstitucionalidade da lei orçamentária que desvinculou os recursos da contribuição, não à inconstitucionalidade da norma jurídica instituidora da exação, algo que poderia gerar penalidades de outra ordem, mas nunca a pecha da inconstitucionalidade do tributo em si. É o que, por exemplo, conclui Leandro Paulsen, ao tratar do desvio administrativo do produto da contribuição e de eventual responsabilização: *"Em havendo desvio de recursos não por força da legislação, mas da gestão orçamentária viciada, caberá a*

---

29. Uma posição doutrinária nesse sentido é colhida a partir de Roberto Wagner Lima Nogueira: "A aplicação do princípio do justo gasto do tributo afetado consiste na avaliação e na validação constitucional da aplicação da CIP, em especial, é entendimento que na pós-modernidade o destino dos recursos tributários não pode mais ficar à margem de um sério questionamento jurídico, seja ele tributário ou financeiro, a alcunha é o de menos, o importante é o instrumental a ser colocado à disposição da sociedade, por meio de seus operadores jurídicos. Tributo afetado e mal aplicado, é tributo injustamente arrecadado, portanto, tributo passível de devolução, bem como de punição dos responsáveis pela malversação dos recursos públicos oriundos da CIP". (Revista Tributária e de Finanças Públicas, Ano 11, n. 50, mai./jun. 2003, RT, p. 256). No mesmo sentido, Paulo Ayres Barreto: "Se já surdiram, no mundo fenomênico, os efeitos da desvinculação, não tendo sido carreados a órgão, fundo ou despesa os recursos recebidos, tem o contribuinte o direito subjetivo de repetir o indébito tributário. Não há competência para arrecadar contribuição para fins diversos daqueles que deram causa à sua instituição. Ademais disso, as autoridades administrativas, responsáveis pela inserção, no ordenamento jurídico, da prescrição descompassada com os ditames legais – da qual resultou o desvio do montante arrecadado, para fins diversos dos que deram causa a exigência – terão cometido crime de responsabilidade" (In: BARRETO, Paulo Ayres. Contribuições – regime jurídico, destinação e controle. São Paulo: Noeses, 2006, p. 181-182). Mais adiante: "Entendemos que, neste caso, os efeitos jurídicos serão os mesmos descritos no tópico precedente. Não cumprido o dever jurídico a que se submete o ente tributante, abre-se oportunidade para a repetição do indébito tributário. De outra parte, a autoridade administrativa responderá pelo crime de responsabilidade cometido". (In: BARRETO, Paulo Ayres. Contribuições: regime jurídico, destinação e controle. São Paulo: Noeses, 2006, p. 182-183).

responsabilização administrativa e criminal dos responsáveis. Mas o fato não tem repercussão tributária".[30]

Esta última posição vem, inclusive, prevalecendo e pode dar sustentáculo à defesa da municipalidade, como forma de impugnar o pedido de restituição.

10. REPARTIÇÃO DE RECEITAS TRIBUTÁRIAS

(PGE/RJ/Procurador/2012) A União reteve parcela do Fundo de Participação dos Estados, destinada ao Estado do Rio de Janeiro, para pagamento de créditos tributários objeto de execução fiscal ajuizada pela Fazenda Nacional em face do Estado do Rio de Janeiro. Como Procurador, indique os fundamentos jurídicos para a defesa do Estado contra a retenção.

Autor: Paulo Henrique Figueredo de Araújo

Direcionamento da resposta

A questão aborda temática objeto de Parecer de Luís Roberto Barroso (então Procurador do Estado do Rio de Janeiro) publicado na Revista de Direito da Procuradoria-Geral do Rio de Janeiro, n° 64, 2009 ("Sentido e alcance do parágrafo único do art. 160 da Constituição: parâmetros para retenção de receitas estaduais pela União"). Em Procuradorias como a PGE/RJ, organizadoras da própria prova de ingresso, revela-se exigência fundamental a leitura de livros, artigos e trabalhos publicados pelos membros de prestígio do órgão, pois seus entendimentos reiteradamente são cobrados nos certames.

A resposta do candidato deveria, após expor brevemente a sistemática de autoexecução do art. 160, parágrafo único, I, da CF/88, consignar a natureza de **norma de exceção** inerente a tal dispositivo, por relativizar a autonomia do ente estatal, inerente ao Princípio Federativo (art. 1°, CF/88), cláusula pétrea em nosso ordenamento constitucional (art. 60, § 4°, CF/88).

Deveria ser tratada na resposta: a) a **interpretação restritiva** inerente à regra de retenção; b) **Princípio da Intranscendência das Sanções;** c) a necessidade de **certeza, liquidez e exigibilidade** do crédito; d) a impossibilidade de retenção no caso **debate administrativo ou judicial** quando ao crédito; e) a utilização de **procedimento análogo ao pagamento pela sistemática de precatórios**, em

---

[30]. PAULSEN, Leandro. Direito Tributário: Constituição e Código Tributário à luz da doutrina e da jurisprudência. Porto Alegre, Livraria do Advogado: 2007, p. 126.

homenagem aos **Princípios da Anualidade Orçamentária**, da **Isonomia** e da **Impessoalidade**; f) por fim, a impossibilidade da retenção prejudicar as **despesas** categorizadas como **essenciais** pela Carta Magna.

Uma resposta apresentando tais elementos demonstraria o conhecimento do candidato no tocante não só à matéria questionada, mas quanto à produção institucional da PGE/RJ, rendendo pontuação preciosa para a aprovação.

Sugestão de resposta

O art. 160, parágrafo único, I, da Constituição Federal de 1988 (CF/88), ao estipular regra de exceção à impossibilidade de retenção ou qualquer restrição à entrega e ao emprego dos recursos atribuídos, aos Estados, ao Distrito Federal e aos Municípios, permite sua retenção como condicionante ao pagamento de créditos próprios, inclusive de suas autarquias. Dessa forma, erigiu verdadeira sistemática de autoexecução – modalidade *sui generis* de autotutela. Não obstante a prerrogativa estabelecida, a retenção retromencionada demanda interpretação restritiva, pois implica em relativização à autonomia do ente estatal, inerente ao Princípio Federativo (art. 1º), cláusula pétrea em nosso ordenamento constitucional (art. 60, § 4º).

Por esta razão, além de demandar uma interpretação restritiva, a prerrogativa não se revela possível de ser utilizada sem a observância de outras condicionantes, nos parágrafos vindouros expostos.

Em decorrência da interpretação restritiva do art. 160, parágrafo único, I, da CF/88, conclui-se pela possibilidade de retenção somente de créditos originários da União, Estados e suas autarquias. Isto é, não se admite o bloqueio para pagamento de valores devidos a sociedades de economia mista, empresas públicas ou fundações federais, mesmo no tocante a créditos cedidos à União e Estados. Também com base numa interpretação restritiva, reforçada pelo Princípio da Intranscendência das Sanções, somente os débitos devidos pelo Estado ou Município (Administração Direta), poderiam autorizar o bloqueio, afastando retenções derivadas de débitos decorrentes de entidades da Administração Indireta e funções autônomas. (Judiciário, Ministério Público etc.).

Noutra ótica, interessa consignar que a sistemática do art. 160, parágrafo único, I, CF/88, pressupõe a certeza, liquidez e exigibilidade do crédito, motivo pelo qual, havendo debate administrativo ou judicial quanto à existência, à quantificação ou ao vencimento do débito, não seria possível a retenção, em homenagem ao devido processo legal (art. 5º, LIV, CF/88), contraditório e ampla defesa (art. 5º, LV, CF/88). Significa dizer: no caso objeto de questionamento, somente quando exauridos todos os meios de defesa na Execução Fiscal restaria possível cogitar-se de retenção de repasses constitucionais.

Ademais, necessária a aplicação da principiologia do Direito Financeiro à hipótese. Portanto, imperiosa a adoção de procedimento análogo ao pagamento pela sistemática de precatórios (art. 100, CF/88), em homenagem aos Princípios da Anualidade Orçamentária, Isonomia e Impessoalidade. Portanto, no desiderato de promover a retenção prevista no art. 160, parágrafo único, I, da CF/88, v. g., a União deve informar ao Estado, até 1º de julho, a pretensão de reter a partir início do exercício seguinte, permitindo a contabilização de tais pagamentos na Lei Orçamentária Anual (LOA) e considerando a redução da expectativa de receita no seu planejamento orçamentário.

Por fim, além de satisfeitos todos os pressupostos retromencionados, retenção não pode prejudicar o atendimento às despesas essenciais do ente federado, consubstanciadas em pelo menos 6 (seis) materialidades, quais sejam: a) investimento mínimo em educação (art. 212, CF/88); b) investimento mínimo em saúde (art. 198, § 2º, II, CF/88); c) repasses obrigatórios aos demais Poderes (art. 168, CF/88); d) transferências obrigatórias aos Municípios (art. 128, III e IV, 159, II e III, CF/88); e) despesas com pessoal, nos limites da Lei de Responsabilidade Fiscal (art. 7º, 37, XV, e 39, § 3º, CF/88); f) despesas de custeio e precatórios com natureza alimentar (art. 100, § 1º-A, CF/88).

11. TRANSFERÊNCIA DE RECURSOS

(Cespe/AGU/Advogado/2015) Determinado estado da Federação, inscrito no Cadastro de Inadimplentes (CADIN) do governo federal em decorrência de atos praticados na vigência da atual gestão, pretende firmar convênio com o Fundo Nacional de Desenvolvimento da Educação (FNDE) – órgão vinculado ao Ministério da Educação – para, com as verbas federais repassadas, adquirir veículos escolares novos e padronizados e garantir a manutenção da frota e, com isso, proporcionar o transporte de crianças e adolescentes das zonas rurais para as escolas mais próximas dos locais onde residem. Considerando o disposto na Lei de Responsabilidade Fiscal, discorra sobre a possibilidade jurídica da realização do repasse pretendido. Em seu texto, aborde, (i) o tipo de transferência de recursos a ser realizado no caso do convênio pretendido, conceituando-o; (ii) a constitucionalidade da utilização do CADIN para o controle e a fiscalização de repasse de verbas e de cumprimento de obrigações referentes ao repasse; (iii) a consequência advinda da inscrição do estado no CADIN e as exceções à ocorrência dessa consequência.

Autores: **Frederico Rios Paula** e **Renato Cesar Guedes Grilo**

DIREITO FINANCEIRO

Direcionamento da resposta

Diferentemente de outros questionamentos dos concursos para a Advocacia Pública Federal, este é claramente mais abrangente e exige um exercício do poder de síntese do candidato, já que explora tema complexo e sob diversos aspectos, inclusive quanto à sua constitucionalidade.

Como já tive a oportunidade de escrever[31], **Cadastro Informativo de Créditos não Quitados do Setor Público Federal** (CADIN) é um banco de dados onde estão registradas as pessoas físicas e jurídicas em débito para com órgãos da Administração Direta e entidades federais da Administração Indireta da União, cuja regulamentação é feita pela Lei 10.522/2002.

As informações do cadastro permitem à Administração Pública Federal padronizar procedimentos relativos à concessão de crédito, garantias, incentivos fiscais e financeiros, à celebração de convênios, acordos, ajustes ou contratos de modo a favorecer a gestão seletiva dos recursos existentes.

Qualquer órgão da Administração Direta ou entidades da Administração Indireta podem inscrever devedores no CADIN, inclusive o podem realizar a inscrição o Poder Judiciário, o Legislativo e as Autarquias profissionais fiscalizadoras (CRM, CREA, v. g.).

No que diz respeito à atuação do Procurador da Fazenda Nacional atuante na Dívida Ativa, o contribuinte que tiver débitos inscritos terá seus dados incluídos no Cadastro Informativo de Créditos não Quitados do Setor Público Federal – CADIN, após setenta e cinco dias da comunicação do seu débito, nos termos do artigo 2º e parágrafos da Lei nº10.522, de 19 de julho de 2002.

O nome do devedor poderá ser suspenso do CADIN sempre que o crédito esteja com a exigibilidade suspensa, como, por exemplo, nos casos de oferecimento de garantia integral e idônea em processo judicial ou tenha aderido à parcelamento – na própria Lei 10.522/2002 há o chamado parcelamento ordinário, pelo prazo de sessenta meses.

A utilização do CADIN é de induvidosa constitucionalidade para o controle e fiscalização de repasse de verbas e para o cumprimento de obrigações legais e contratuais referentes ao repasse. Assim, em suma, a utilização do CADIN serve ao controle interno de repasse e é calcada em princípios maiores da Administração Pública, extraídos da CF (legalidade, moralidade, publicidade, eficiência) e da LRF.

---

31. GRILO. Renato Cesar Guedes. **Manual do Procurador da Fazenda Nacional.** Salvador: Juspodivm, 2014. p. 131.

Pois bem. Seguindo na análise da questão, entendo que o candidato deve asseverar que o repasse de verbas para a destinação pretendida deve ser realizado. A transferência do tipo voluntária – que não se confunde com as transferências obrigatórias previstas na Constituição Federal de 1988 –, de acordo com a LRF, se observa pela entrega de recursos correntes ou de capital a outro ente da Federação, sob o fundamento cooperativo (Federalismo de cooperação), não decorrente de determinação constitucional ou legal.

Para a hipótese de não haver o cumprimento das obrigações contratuais e legais e sejam, portanto, inscritos no CADIN, os entes ficam sujeitos a sanções, a exemplo do impedimento temporário de receber os repasses financeiros das transferências voluntárias. Contudo, a LRF, art. 25, § 3°, prevê exceções: para as ações de educação, saúde e assistência social, em virtude da altíssima relevância social da aplicação das verbas nessas áreas, não será aplicada a sanção do impedimento do repasse financeiro.

Em suma, segue abaixo um texto sugestivo para a resposta, abordando os conhecimentos básicos acima descritos, sendo relevante consignar que, na situação narrada, embora o Estado esteja no CADIN, a transferência voluntária não estará obstada diante da ação vinculada à educação, sendo exceção ao impedimento do repasse previsto na LRF.

Sugestão de resposta

O Cadastro Informativo de Créditos não Quitados do Setor Público Federal (CADIN) é um banco de dados onde estão registradas as pessoas físicas e jurídicas em débito para com órgãos da Administração Direta e entidades federais da Administração Indireta da União, cuja regulamentação é feita pela Lei 10.522/2002.

O nome do devedor poderá ser suspenso do CADIN sempre que o crédito esteja com a exigibilidade suspensa, como, por exemplo, nos casos de oferecimento de garantia integral e idônea em processo judicial ou tenha aderido à parcelamento – na própria Lei 10.522/2002 há o chamado parcelamento ordinário, pelo prazo de sessenta meses.

A utilização do CADIN é de induvidosa constitucionalidade para o controle e fiscalização de repasse de verbas e para o cumprimento de obrigações legais e contratuais referentes ao repasse. Assim, em suma, a utilização do CADIN serve ao controle interno de repasse e é calcada em princípios maiores da Administração Pública, extraídos da CF (legalidade, moralidade, publicidade, eficiência) e da LRF.

No caso descrito, cuida-se de Transferência Voluntária, regulada essencialmente no Art. 25 da LRF, que se verifica pela entrega de recursos correntes ou de capital a outro ente da Federação, a título de cooperação, auxílio ou assistência financeira, que não decorram de determinação constitucional ou legal nem sejam destinados ao Sistema Único de Saúde.

Na situação apresentada, embora o estado esteja inscrito no CADIN, a transferência voluntária será destinada para ação vinculada a aplicação na educação, na medida em que os veículos escolares possibilitam que jovens das zonas rurais tenham como chegar às escolas e, portanto, a ação é promotora de inclusão desse público-alvo na coletividade, sendo exceção ao impedimento do repasse previsto na LRF. É que o §3º do Art. 25 da LRF prevê as seguintes exceções a aplicação de sanções: recursos destinados para as ações de educação, saúde e assistência social, em virtude da altíssima relevância social da aplicação das verbas nessas áreas, não será aplicada a sanção do impedimento do repasse financeiro

Conclusivamente, as Transferências Voluntárias materializam o princípio cooperativo interfederativo, que permite aos entes Políticos se ajudarem mutuamente na execução finalística de bem realizarem serviços públicos, com destaque para aqueles relacionados à saúde, educação e assistência social.

(Cespe/AGU/Advogado/2012) Considere que a União, por intermédio de um de seus ministérios, pretenda transferir recursos de dotações consignadas no orçamento fiscal para determinada entidade privada sem fins lucrativos. Considere, ainda, que tal transferência vise à execução de programa de governo que envolve prestação de serviço de interesse recíproco, em regime de mútua cooperação. Com base nessa situação hipotética, faça o que se pede a seguir. Discorra sobre a questão, informando qual o instrumento jurídico-administrativo adequado para que a autoridade ministerial leve a efeito sua pretensão, bem como o procedimento. Analise a possibilidade de celebração direta do referido instrumento.

Autores: Frederico Rios Paula e Renato Cesar Guedes Grilo

Direcionamento da resposta

Nessa questão, o candidato deve indicar o convênio como sendo o instrumento jurídico-administrativo adequado para que a autoridade ministerial leve a feito sua pretensão e descrever o procedimento, na forma do Decreto n. 6.170/2007.

Por fim, explicitar que a celebração de convênio está condicionada, como regra, ao chamamento público, mas que a referida norma prevê três exceções.

> **Sugestão de resposta**

A União, por intermédio de um de seus ministérios, poderá transferir recursos de dotações consignados no orçamento fiscal para determinada entidade privada sem fins lucrativos, sendo o convênio o instrumento adequado para que a autoridade ministerial leve a efeito sua pretensão, conforme definido no art. 1º, § 1º, I, do Decreto n. 6.170/2007[32], que dispõe sobre as normas relativas às transferências de recursos da União mediante convênios e contratos de repasse, e prevê vedações objetivas, subjetivas e materiais à celebração de convênios com entidade sem fins lucrativos em determinadas espécies, bem como no art. 2º, VI, da Portaria Interministerial CGU/MF/MP n. 507/2011.

A mesma norma, no art. 4º, condiciona, como regra, a celebração de convênio com entidades privadas sem fins lucrativos ao prévio chamamento público, visando à seleção de projetos ou entidades que tornem o objeto do ajuste mais eficaz. Esse, segundo a doutrina, é uma modalidade específica de licitação. Excepcionalmente, o Ministro de Estado ou o dirigente máximo da entidade da Administração Pública Federal, cuja competência para tanto é indelegável, pode celebrar tal instrumento diretamente: i) nos casos de emergência ou calamidade pública; ii) para a realização de programas de proteção a pessoas ameaçadas ou em situação que possa comprometer sua segurança; ou iii) nos casos em que o projeto, atividade ou serviço já seja realizado adequadamente mediante parceria com a mesma entidade há pelo menos 5 anos com as respectivas prestações de contas aprovadas.

12. TRIBUNAL DE CONTAS

> *(UFG/ALE/GO/Procurador/2015) Na Constituição Federal de 1988 foi estabelecido um controle sistêmico dos atos da Administração Pública, sendo conferido ao Congresso Nacional e aos Tribunais de Contas importantes prerrogativas, entre as quais as de: comunicação, representação, sustação e solicitação. A Constituição do Estado de Goiás, de modo simétrico, dispõe também sobre tais prerrogativas ao tratar das competências do Tribunal de Contas do Estado.*

---

32. O art. 1º, § 1º, I, do Decreto n. 6.170/2007 considera convênio: "acordo, ajuste ou qualquer outro instrumento que discipline a transferência de recursos financeiros de dotações consignadas nos Orçamentos Fiscal e da Seguridade Social da União e tenha como partícipe, de um lado, órgão ou entidade da administração pública federal, direta ou indireta, e, de outro lado, órgão ou entidade da administração pública estadual, distrital ou municipal, direta ou indireta, ou ainda, entidades privadas sem fins lucrativos, visando a execução de programa de governo, envolvendo a realização de projeto, atividade, serviço, aquisição de bens ou evento de interesse recíproco, em regime de mútua cooperação".

DIREITO FINANCEIRO

Explique como se desempenham as prerrogativas constitucionais da Assembleia Legislativa em matéria de contratos administrativos, considerando a interface com os demais órgãos.

Autor: **Paulo Henrique Figueredo de Araújo**

Direcionamento da resposta

O candidato deveria discorrer sobre os sistemas de controle **interno** e **externo** da Administração Pública, incumbência de cada um dos Poderes e do Legislativo, com o auxílio do Tribunal de Contas, respectivamente. No tocante ao último, o **art. 71, CF/88,** elenca as competências do **Tribunal de Contas da União (TCU)**, sendo relevantes para a questão os **incisos IX e X**, pois conferem a prerrogativa de **sustação** de **atos** ilegais, após prazo para correção da irregularidade (inciso IX). O candidato deveria consignar a **natureza jurídica** do ato de sustação (**medida cautelar**), distinguindo a sistemática de **sustação de atos** (atribuição do TCU) da **sustação de contratos** (atribuição do Congresso). A descrição do **procedimento** de sustação de contratos poderia render pontos preciosos ao candidato.

Por fim, consignar que a CF/88 determina, em seu art. 75, a obrigatoriedade de **reprodução do modelo federal** de organização do TCU pelos Estados-membro (STF, ADI 3715-MC). Não obstante, nos concursos de Procurador, o candidato não deve limitar-se a invocar a legislação federal, aludindo ao arcabouço jurídico local. Por conseguinte, salutar atentar para as disposições do **art. 26, VIII e § 2º,** da **Constituição do Estado de Goiás,** o qual discrimina as **competências** do Tribunal de Contas e Assembleia Legislativa do Estado para a **fiscalização** dos **contratos administrativos**[33].

Sugestão de resposta

Os arts. 70 e 74 da Constituição Federal de 1988 (CF/88) institui duplo sistema de fiscalização das atividades da Administração Pública: o controle interno, realizado de forma individualizada, no âmbito de cada Poder; e o controle externo, exercido pelo Poder Legislativo, com auxílio do Tribunal de Contas (art. 71, CF/88).

No desenvolvimento do controle externo, interessa a prerrogativa inscrita nos incisos IX e X do art. 71, CF/88, autorizando o Tribunal de Contas da União

---

33. Sobre a temática, conferir: DI PIETRO, Maria Sylvia Zanella. O papel dos Tribunais de Contas no controle dos contratos administrativos. In: Interesse público, v. 15, n. 82, p. 15-49, nov./dez. 2013; CANOTILHO, J. J. Gomes et al. Comentários à Constituição do Brasil. São Paulo: Saraiva/Almedina, 2013.

(TCU) a sustar atos ilegais, após conferido prazo para correção, comunicando imediatamente o Congresso Nacional. Trata-se de medida de natureza cautelar, cujo desiderato consubstancia-se na suspensão dos direitos e deveres contratuais das partes até a decisão final. Na hipótese de contratos, a suspensão não pode ser adotada diretamente pela Corte de Contas, pois competência do Congresso Nacional, o qual, após efetivá-la, comunicará imediatamente o Poder Executivo (art. 71, § 1º, CF/88).

O procedimento de sustação de contratos observa, em síntese, o seguinte rito: a) cientificação dos interessados pelo TCU, a fim de ser garantido o direito de defesa; b) julgado o contrato ilegal, assinalação de prazo para a correção da ilegalidade pela autoridade administrativa, a qual pode, inclusive, invalidar a avença (arts. 49 e 59, Lei 8.666/93); c) não adotadas providências sanatórias, o Congresso Nacional é notificado para, entendendo conveniente, sustar o contrato, bem como solicitar ao Poder Executivo a tomada de medidas cabíveis; d) somente no caso de omissão do Congresso Nacional ou do Poder Executivo, o Tribunal de Contas decidirá a respeito.

O modelo retromencionado, não obstante previsto na Carta Magna como competência do Congresso Nacional e do TCU, aplica-se aos Estados, tendo em vista o art. 75, CF/88, impondo a observância obrigatória pela Constituições locais das normas conformadoras do modelo federal de organização do TCU. Dando concretude a tal comando, no Estado de Goiás, a dinâmica revela-se regulada pelo art. 26, VIII e § 2º, da Constituição do Estado, discriminantes das competências do Tribunal de Contas e Assembleia Legislativa para a fiscalização dos contratos administrativos.

(BioRio/Nuclep/Advogado/2014) *Pedro foi cientificado pelo banco onde possui conta-corrente que houve o recebimento de ofício determinando a prestação de informações ao Tribunal de Contas da União, originado de procedimento especial administrativo transitando perante aquele órgão. O correntista, após receber tal comunicação, procura o seu advogado para saber a origem da investigação perpetrada pela Corte de Contas. Após as diligências de praxe, o advogado verifica que existe um procedimento administrativo contra a sociedade empresária YYY e seus sócios, dentre os quais Pedro, por contratos administrativos considerados irregulares. Os sócios da empresa não receberam qualquer notificação quanto ao procedimento. Por outro lado, identifica-se que a decisão de quebra do sigilo bancário dos sócios partiu do Ministro-Relator do Tribunal de Contas da União. Diante dessas informações o advogado sugere a utilização do Poder Judiciário para resolver o problema. Comente os principais aspectos que o advogado pode explorar.*

Autor: Márcio Ladeira Ávila

DIREITO FINANCEIRO

Direcionamento da resposta

Os seguintes dispositivos constitucionais devem ser citados na resposta: art. 5º, incisos X e XII e art. 102, I, *d*. O candidato deve expor a jurisprudência do STF que exige autorização judicial para a quebra do sigilo fiscal por parte do TCU, mas excepciona essa exigência quando está diante de controle legislativo financeiro desse órgão.

Sugestão de resposta

O caso em análise indica a quebra de sigilo bancário sem a observância do devido processo legal. O sigilo bancário não está garantido pela CF/88. Existe entendimento que procura enquadrá-lo na preservação do sigilo de dados (CF/88, art. 5º, inc. XII), mas, majoritariamente, doutrina e jurisprudência o enquadram no direito à intimidade (CF/88, art. 5º, inc. XII).

O STF entende que o TCU não está autorizado a, *manu militari*, decretar a quebra de sigilo bancário e empresarial de terceiros, medida cautelar condicionada à prévia anuência do Poder Judiciário, ou, em situações pontuais, do Poder Legislativo. O TCU não pode determinar a quebra de sigilo bancário por não ser órgão jurisdicional, mas administrativo.

Por outro lado, não existe direito absoluto e, portanto, podem existir restrições ao sigilo bancário. Entende a Suprema Corte que o TCU deve ter livre acesso às operações financeiras realizadas por entidades de direito privado da Administração Indireta submetidas ao seu controle financeiro (hipótese de controle legislativo financeiro), mormente quando operacionalizadas mediante o emprego de recursos de origem pública. Afinal, o TCU é órgão constitucionalmente previsto e dotado de capacidade institucional para tanto. De acordo com a teoria germânica da restrição das restrições, a limitação a um direito fundamental, como o da preservação da intimidade, do sigilo bancário e empresarial, deve inserir-se no âmbito daquilo que seja proporcional.

Como na presente hipótese não se está diante de entidade de direito privado da Administração Indireta que esteja submetida ao controle do TCU, o remédio constitucional a ser manejado é o Mandado de Segurança, sendo relevantíssimo o pedido de medida liminar. A decisão de quebra do sigilo bancário dos sócios partiu do Ministro-Relator do Tribunal de Contas da União, razão pela é atraída a competência originária do STF (CF/88, art. 102, I, *d*).

(MPE/RJ/Promotor/2014) Esclareça se o parecer do procurador do Município, uma vez adotado como fundamento do subsequente ato administrativo lesivo ao Erário, pode ensejar a responsabilização daquele por ato de improbidade administrativa, e, se positiva a resposta, em quais circunstâncias. Neste caso, analise ainda a responsabilidade do ordenador de despesas que praticou o ato lesivo com base no aludido parecer. Tendo ocorrido eventual absolvição de ambos em processo administrativo disciplinar interno, que efeitos isto seria sobre a apuração das condutas em sede de tomada de contas especial pelo Tribunal de Contas ou ainda em sede de Inquérito Civil instaurado pelo Ministério Público para a apuração da responsabilidade dos envolvidos? Resposta fundamentada.

Autora: Vania Cirne

Sugestão de resposta

Os pareceres consubstanciam espécies de atos administrativos, por meio dos quais são emitidas opiniões de determinados agentes públicos acerca de matéria submetida à sua apreciação.

Os pareceres podem ser facultativos ou obrigatórios. Facultativos quando a Administração Pública não está obrigada a formalizar a elaboração do parecer para a prática de certo ato. Obrigatórios quando são emitidos como preliminar à emanação do ato que lhe é próprio, em virtude de solicitação de órgão ativo ou de controle. Nesse caso, o ato administrativo é integrado pelo parecer, devendo este conter, portanto, todos os elementos necessários à sua validade (competência, forma, finalidade, motivo e objeto). Ausente quaisquer dos preditos elementos, o ato será eivado de ilegalidade.

Via de regra, o parecer não é vinculante, ou seja, não está o administrador público a adotar as razões do parecer, quando emanar o ato administrativo.

Aprovado o parecer, o mesmo passa a integrar o ato, sendo utilizado como fundamento do mesmo. Cumpre ressaltar que o parecer e o ato que o aprova constituem atos administrativos distintos. Destarte, não podem ser emanados pelo mesmo agente.

Não cabe a responsabilização do parecerista pelo ato praticado pelo Administrador Público, calcado em seu parecer, salvo se este for emitido dolosamente, configurando ato de improbidade administrativa.

Nesse viés, o parecer do procurador do Município, adotado como fundamento de ato administrativo lesivo ao Erário, pode ensejar a responsabilização, caso aquele tenha atuado dolosamente, incorrendo em improbidade administrativa.

Vale ressaltar que o artigo 38 da Lei 8666/93 impõe a emissão de parecer jurídico para a aprovação ou ratificação de convênios ou contratos administrativos. Todavia, como para tais atos é necessária a concorrência de condutas de diversas outras pessoas, somente cabe a responsabilização do parecerista quando este agir dolosamente, repise-se.

Impende consignar que parte da doutrina concebe a existência de pareceres vinculantes, ou seja, aqueles exigidos por lei para a feitura de determinado ato administrativo, e que não permitem à autoridade decisória a adoção de conclusão diversa do contida no parecer.

Conforme outra corrente de pensamento, constituindo o parecer mera emissão de opinião, seria um contra senso considerá-lo como vinculante, eis que o parecerista seria transmudado em autoridade decisória.

Não obstante, agindo o parecerista de forma dolosa e emitindo parecer que leve a autoridade a praticar ato ímprobo, deverá aquele ser responsabilizado solidariamente com esta.

No tocante à possibilidade de responsabilização dos agentes públicos em sede de tomada de contas especial pelo Tribunal de Contas ou em Inquérito Civil, em que pese a absolvição na seara administrativa disciplinar, cabe ressaltar que a independência entre as instâncias autoriza a aludida responsabilização.

Como é cediço, o processo administrativo disciplinar constitui instrumento de apuração, pela Administração, de apurações praticadas por agentes públicos, em seu âmbito. A legislação aplicável ao referido processo deve emanar do próprio ente público, em razão da competência legislativa dos entes da Federação. Ocorre que, nem sempre o ato que enseja responsabilidade (civil ou na esfera do Tribunal de Contas) irá corresponder a uma infração disciplinar. Nesse diapasão, mesmo não sendo aplicada punição disciplinar, poderá haver a responsabilização em outras esferas.

Outrossim, as demais autoridades não estão adstritas à decisão prolatada em sede de processo administrativo disciplinar. O membro do Ministério Público, no uso de suas atribuições legais e constitucionais, pode instaurar inquérito civil, com vistas à apuração de ato de improbidade administrativa, para angariar elementos necessários à propositura de ação de improbidade, com fulcro na Lei 8.249/92 c/c artigo 8º, § 1º, da Lei 7.347/1985.

Da mesma forma, o Tribunal de Contas procederá à tomada de contas, exercendo o controle financeiro externo da Administração Pública, no uso de sua atribuição constitucional (artigo 71 da CF), independentemente do resultado do processo administrativo disciplinar. Impende observar que as decisões do Tribunal que resultem em imputação de débito ou multa terão eficácia de título executivo judicial, nos termos do artigo 73, § 3°, da CF.

Cabe asseverar que, consoante a doutrina, o Tribunal de Contas, no uso de sua competência para sustar atos administrativos, deve observar os princípios constitucionais inarredáveis do contraditório e da ampla defesa, quando de tais decisões puder decorrer a anulação ou a revogação de ato que beneficie o interessado. Nesse diapasão, foi editada a Súmula Vinculante n° 03 ("Nos processos perante o Tribunal de Contas da União asseguram-se o contraditório e a ampla defesa quando da decisão puder resultar anulação ou revogação do ato administrativo que beneficie o interessado, excetuada a apreciação de legalidade do ato de concessão de aposentadoria, reforma e pensão").

(MPE/RJ/Promotor/2014) No início de 2014, por ocasião de auditoria interna determinada pelo Chefe do Executivo, são localizados nos arquivos de determinado município fluminense inúmeros processos administrativos com decisão concessiva de aposentadoria e de fixação de proventos de ex-servidores em valores elevados. Como desdobramento dos trabalhos de auditoria, e não obstante contivessem decisões concessivas emanadas de agentes que integraram administração anterior, finda no ano de 2008, tais processos são remetidos ao TCE. Ao tomar conhecimento dos referidos atos, a Corte de Contas glosa o valor dos proventos por verificar que foram fixados "contra legem", em patamar manifestamente superior ao devido e, em paralelo, dá ciência de sua decisão ao Ministério Público, onde é instaurado Inquérito Civil. Em sede judicial, os beneficiários dos atos concessivos de aposentadoria questionam a decisão do TCE sob os argumentos de violação ao contraditório, por não terem sido notificados a apresentar defesa, e decurso do prazo decadencial de 5 (cinco) anos para revisão e anulação dos atos administrativos. Já nos autos do Inquérito Civil, os agentes públicos responsáveis à época pela prática dos atos impugnados alegam a prescrição da eventual pretensão condenatória por ato de improbidade e pleiteiam o arquivamento do procedimento. Isto posto, analise objetiva e sucintamente, apontando a norma legal aplicável: a) a pretensão judicialmente apresentada contra a decisão do TCE; b) os argumentos aduzidos nos autos do Inquérito Civil, indicando se e qual providência poderia adotar o Promotor de Justiça em face dos agentes públicos que praticaram os atos.

Autor: *Bruno Rinaldi*

DIREITO FINANCEIRO

Sugestão de resposta

a) A pretensão em questão não merece prosperar, pois o ato de aposentação é complexo, exigindo em sua gênese dois atos: a concessão e a chancela pelo Tribunal de Contas, conforme art. 71, III, da Constituição da República. Logo, no exemplo apresentado, como não ocorrera a apreciação pelo TCE, ainda não havia se dado o termo inicial do prazo decadencial, mostrando-se possível a glosa. Além disso, conforme Súmula Vinculante nº 03, não se pode falar em violação ao contraditório.

b) Considerando o teor do art. 23, I, da Lei nº 8.429/92, de fato as penas relativas aos atos de improbidade já prescreveram. Contudo, em atenção ao art. 37, § 5º, da Constituição da República, é possível ainda perquirir o ressarcimento ao erário pelos pagamentos indevidos, podendo ser ajuizada ação civil pública.

Comentário

Na questão em tela, são dois os aspectos a serem considerados. Inicialmente, nota-se a exigência de conhecimento atualizado da jurisprudência dos Tribunais Superiores, veiculada nos boletins informativos de jurisprudência. Além disso, é essencial que o candidato seja sucinto e direto em sua resposta, abordando sem delongas os questionamentos propostos. Foi nesse sentido que se propôs a resposta.

(Vunesp/MPE/ES/Promotor/2013) Todo prefeito municipal tem o dever de prestar contas. Pergunta-se: (i) No que consiste tecnicamente essa prestação de contas do prefeito municipal e quem tem a prerrogativa constitucional de analisá-las e julgá-las? (ii) No caso de essas contas não serem prestadas, quais as consequências jurídicas podem advir ao prefeito?

Autor: Alexandre Schneider

Direcionamento da resposta

A questão exige que o candidato demonstre conhecer os preceitos constitucionais e legais afetos ao tema da responsabilidade político-administrativa e penal dos prefeitos municipais, especificamente com relação ao dever de prestar contas da administração financeira do Município, previstos na Constituição Federal, na Lei nº 4.320/64, no Decreto-lei nº 201/67 e na LC nº 101/00.

O primeiro questionamento (i) deve abordar o conceito doutrinário-legal de **prestação de contas** e a quem ela se dirige para fins de análise e julgamento, em nível de controle externo da Administração Pública. A segunda parte (ii) deve cuidar das consequências (sanções legais) a que estará sujeito o prefeito municipal que deixar de prestar contas, tanto na seara da responsabilidade criminal como na esteira da responsabilização político-administrativa (crimes de responsabilidade e improbidade administrativa).

Sugestão de resposta

Na dicção do jurista gaúcho Ruy Cirne Lima (in Sistema de Direito Administrativo Brasileiro – Introdução), "administrar não é atividade de quem é senhor de coisa própria, mas gestor de coisa alheia". O gestor da coisa pública (*res publica*) administra aquilo que é público, de domínio do titular do poder soberano (povo). A Declaração dos Direitos do Homem e do Cidadão, de 1789, marco da Revolução Francesa, asseverava que "todos os cidadãos têm direito de verificar, por si ou pelos seus representantes, da necessidade da contribuição pública, de consenti-la livremente, de observar o seu emprego e de lhe fixar a repartição, a coleta, a cobrança e a duração". Mais: "a sociedade tem o direito de pedir contas a todo agente público pela sua administração". Cuida-se de obrigação do administrador público, ligada ao conceito de governança ou *accountability*, ou seja, na obrigação de dirigentes de um órgão administrativo ou representativo de prestar contas a instâncias controladoras e/ou a seus representados.

Por essa razão, a prestação de contas foi erigida a princípio constitucional no art. 34, VII, *d*, CF, que, no art. 70, em linhas gerais, traz os contornos do instituto: "A fiscalização contábil, financeira, orçamentária, operacional e patrimonial da União e das entidades da administração direta e indireta, quanto à legalidade, legitimidade, economicidade, aplicação das subvenções e renúncia de receitas, será exercida pelo Congresso Nacional, mediante controle externo, e pelo sistema de controle interno de cada Poder". A despeito da menção expressa à União, afigura-se óbvio que os aspectos gerais sobre os quais a prestação de contas deverá atentar são aplicáveis aos prefeitos municipais, por força do princípio federativo. Ainda, segundo o art. 58 da Lei de Responsabilidade Fiscal, a prestação de contas constitui instrumento de transparência da gestão fiscal, já que tem por finalidade propiciar o controle de legalidade e probidade tanto da administração financeira desempenhada pelo prefeito municipal como também relativamente à aplicação de rendas e recursos obtidos pelo Município. Com base na prestação de contas, o povo (senhor do poder e dos dinheiros públicos) terá condições de fiscalizar quem gastou o que e em que, quanto, quando, onde, como e a que título – o gestor público demonstra os resultados específicos decorrentes dos atos administrativos da gestão orçamentária, financeira, patrimonial e operacional (art. 58 da LC nº 101/00).

O dever do alcaide de prestar contas e o respectivo direito ao controle social, interno e externo, compõem o pilar moderno do princípio republicano, o qual embasa o princípio da moralidade pública no Estado de Direito, oportunizando aos cidadãos a verificação sobre onde e como estão sendo aplicados os valores e bens públicos.

Conforme as regras constitucionais e legais (art. 82, *caput*, e § 1º, da Lei nº 4.320/64), a prestação de contas será apreciada pelo Tribunal de Contas, que emitirá parecer prévio, para, posteriormente, serem as contas julgadas pelo Poder Legislativo Municipal – o Tribunal de Contas é órgão auxiliar do poder legislativo. Além disso, nos termos do art. 49 da LC nº 101/00, as contas apresentadas pelo Chefe do Poder Executivo ficarão disponíveis, durante todo o exercício, no respectivo Poder Legislativo e no órgão técnico responsável pela sua elaboração, para consulta e apreciação pelos cidadãos e instituições da sociedade. O Tribunal de Contas apenas apura fatos, não realiza julgamento das contas; seus atos, assim, são conclusões administrativas, de índole contábil-administrativa, que poderá considerar ilegal determinada despesa, mas não julgará o administrador que a determinou – remeterá a situação constatada ao crivo da Câmara Municipal ou ao Judiciário.

A omissão do prefeito municipal de prestar contas implicará na prática do crime de responsabilidade previsto no art. 1º, VI e VII, do Decreto-lei nº 201/67, sujeito ao julgamento do Poder Judiciário, independente da apreciação das contas pela Câmara de Vereadores. Além disso, para além da responsabilidade criminal, o prefeito municipal responderá pela prática de ato de improbidade administrativa, nos termos do art. 11, inciso VI, da Lei nº 8.429/92, que o sujeitará a sanções de ordem político-administrativa. Na seara da improbidade administrativa, além do pagamento de multas, perda de bens, ressarcimento do Erário, etc., cabe apontar a sanção de inelegibilidade do prefeito faltoso e a inabilitação para o exercício de cargo em comissão ou função gratificada (art. 12, inciso III, da Lei nº 8.429/92).

(Cespe/Bacen/Procurador/2013) O Bacen, no exercício da sua competência de supervisionar e fiscalizar o Sistema Financeiro Nacional, investigava a procedência de informações recebidas acerca do envio clandestino por pessoa física ao exterior de valores objeto de operações de câmbio não autorizadas ou registradas, com indícios do ilícito denominado lavagem de dinheiro. A conduta consistia na importação de veículos, que perfazia um total de US$ 40

milhões, ao passo que, no sistema de informações do Bacen, constava apenas valor declarado de US$ 20 milhões. Havia informações, também, de que a pessoa física investigada estaria utilizando dinheiro oriundo da atividade delituosa para pagamento de despesas pessoais incompatíveis com a renda declarada e demonstrando, ainda, outros sinais exteriores de riqueza, tais como bens móveis e imóveis suntuosos. O fato foi noticiado na imprensa e o Ministério Público federal, o Tribunal de Contas da União e uma comissão parlamentar de inquérito instaurada na Câmara dos Deputados solicitaram do Bacen o envio das informações relativas à indigitada pessoa física constantes do SISBacen. A Procuradoria-Geral do Bacen foi consultada acerca da viabilidade do atendimento da solicitação de cada órgão, em especial, por força do disposto no art. 11 da Lei Complementar n. 105/2001, a seguir transcrito: "Art. 11. O servidor público que utilizar ou viabilizar a utilização de qualquer informação obtida em decorrência da quebra de sigilo de que trata esta Lei Complementar responde pessoal e diretamente pelos danos decorrentes, sem prejuízo da responsabilidade objetiva da entidade pública, quando comprovado que o servidor agiu de acordo com orientação oficial." Nessa situação hipotética, que orientação jurídica deve ser dada em resposta a cada um dos órgãos com relação à solicitação feita? Fundamente sua resposta.

Autores: Rodolfo Soares Ribeiro Lopes, João Paulo Lawall Valle e Renato Cesar Guedes Grilo

Direcionamento da resposta

O candidato deverá distinguir as três situações e afirmar que: no que se refere ao Ministério Público Federal, o repasse das informações somente poderá ser realizado com autorização judicial, à exceção da hipótese do art. 9°, da LC n° 105/2001; quanto ao Tribunal de Contas da União, uma vez que não está incluído no rol dos que podem ordenar a quebra de sigilo bancário, também não será possível; por fim, a Comissão Parlamentar de Inquérito poderá ter acesso, desde que respeitado o disposto no art. 4°, §§ 1° e 2°, da LC n° 105/2001.

Sugestão de resposta

Tendo em vista a solicitação do Ministério Público Federal (MPF), do Tribunal de Contas da União (TCU) e da Comissão Parlamentar de Inquérito (CPI), é necessário destacar que tais órgãos merecem tratamento distinto no que se refere ao acesso de informações obtidas pelo Banco Central (Bacen) no exercício da sua competência de supervisionar e fiscalizar o Sistema Financeiro Nacional.

Em relação ao MPF, em regra, vale destacar que, no uso de suas prerrogativas institucionais, não está autorizado a requisitar documentos fiscais e bancários sigilosos diretamente ao Fisco e às instituições financeiras, sob pena de violar os direitos fundamentais ao sigilo de dados e à privacidade e intimidade (art. 5º, XII, da CF/88). Portanto, segundo entendimento do STF, somente poderá ocorrer o repasse de informações com autorização judicial. Contudo, uma vez verificados indícios da ocorrência de crimes de ação penal pública, como no caso concreto, o Bacen deverá repassar tais informações ao MPF, tal qual prevê o art. 9º, da LC nº 105/2001.

O TCU, por sua vez, não tem prerrogativa de quebra de sigilo sem autorização judicial, por ausência de previsão legal. Sendo assim, por mais relevantes que sejam suas funções institucionais, não está incluído no rol dos órgãos que podem ordenar a quebra de sigilo bancário (vide, STF: MS 22934).

Por fim, no que se refere à CPI, poderá ter acesso às informações obtidas pelo Bacen, desde que haja requerimento aprovado pela maioria absoluta da Comissão ou do Plenário da respectiva Casa, conforme disposto no art. 4º, §§ 1º e 2º, da LC nº 105/2001.

(Cespe/TCU/Auditor/2013) *"O Ministério da Integração Nacional determinou o cancelamento de concorrência para a compra de 187,5 mil cisternas de plástico, ao custo estimado de quase R$ 600 milhões. A licitação havia sido suspensa por uma decisão liminar do Tribunal de Contas da União (TCU). O Ministério tomou a decisão após consultar o TCU." (O Globo, 4/9/2013, p. 7, com adaptações). Considerando que o fragmento de texto acima tem caráter unicamente motivador, redija um texto dissertativo acerca do zelo pelos recursos públicos como condição inerente ao ideal republicano. Ao elaborar seu texto, aborde, necessariamente, os seguintes aspectos: (i) o patrimonialismo e a propriedade dos recursos públicos; (ii) o controle dos gastos públicos; (iii) os órgãos de controle como expressão da sociedade.*

Autor: Leonardo Rodrigues Albernaz

Direcionamento da resposta

Ao enunciar aspectos centrais necessários à abordagem, a banca identifica os três pontos fundamentais da análise a ser apresentada, especialmente porque o texto motivador é meramente exemplificativo da atuação do controle da administração pública.

Assim, inicialmente é necessário tecer uma descrição do paradigma patrimonialista, com uma breve contextualização histórica e **ênfase na relação de propriedade entre o governante e os bens do Estado**. Pode-se utilizar os modelos burocrático e gerencial em contraposição, ajudando a distinguir o patrimonialismo do ideal republicano.

Em seguida, deve-se introduzir a questão do controle dos gastos públicos, como condição para assegurar a prevalência de princípios como a legalidade, a impessoalidade, a racionalidade e a nítida separação entre as propriedades pública e privada. Pode-se abrir as **vertentes da atuação do controle**, em função dos trabalhos de fiscalização e seus objetivos, destacando a transparência e a integridade dos números apresentados ao público; a conformidade com as leis e normas em geral; o desempenho da gestão pública, notadamente a partir da expressão da eficiência como princípio constitucional. Vale lembrar, ainda, do que dispõe a Constituição sobre o controle externo e o sistema de controle interno, caracterizando seus âmbitos de atuação, objetivos e complementariedade.

Finalmente, para abordar os órgãos de controle como expressão da sociedade, pode-se recorrer ao conceito e aos tipos de "accountability". Nesse caso, deve-se notar que o cidadão nem sempre tem pleno acesso e condições técnicas para conhecer com precisão as decisões governamentais, a forma de emprego dos recursos públicos e suas consequências; ainda mais, deve-se notar a limitação da responsabilização a cargo dos cidadãos, cuja natureza é democrática e política, mas raramente direta e imediata. Assim, deve-se tratar dos **órgãos de controle como representantes do cidadão** para assegurar a devida prestação de contas e, conforme o caso, a aplicação de sanções, tendo em vista a necessária responsividade dos órgãos e agentes públicos aos desígnios da sociedade.

Sugestão de resposta

O paradigma patrimonialista de administração pública fundamenta-se na ausência de distinção entre as propriedades pública e privada; ou seja, baseia-se na concepção, historicamente associada às monarquias absolutistas, de que os recursos do Estado podem ser apropriados pelos governantes ou agentes públicos. Na sua versão original, o patrimonialismo associa-se à inexistência de direitos fundamentais da cidadania, como os civis e os políticos, não admitindo o conceito de propriedade particular e democracia, mas, ao contrário, submetendo os súditos e os recursos deles recolhidos ao arbítrio do monarca – os cargos públicos são considerados prebendas, os agentes públicos integram a nobreza real e o nepotismo e a corrupção são inerentes a esse modelo.

Com a evolução do papel do Estado e de suas relações com a sociedade, tornou-se premente o surgimento de um novo paradigma, designado como burocracia weberiana. Em contraposição ao modelo anterior, a burocracia pressupõe uma nítida separação entre as propriedades pública e privada, propugnando o império da lei e do conceito de racionalidade instrumental. Emergem princípios como impessoalidade, meritocracia e controle rígido de processos. Posteriormente, com os modelos gerenciais, passou-se a focalizar os resultados, a eficiência e a qualidade, mas preservando boa parte dos valores burocráticos, notadamente a separação entre as formas pública e privada de propriedade, assim como o primado de princípios da administração pública que hoje são positivados na Constituição brasileira.

Tornam-se necessários, portanto, controles diversos sobre os gastos públicos: para assegurar a conformidade com o arcabouço legal; para garantir transparência na gestão estatal; e para verificar a boa aplicação dos recursos na entrega de bens e serviços públicos com economicidade e eficiência. Trata-se de um contexto em que as práticas patrimonialistas tornam-se cada vez mais repudiadas, não obstante permaneçam resquícios que se expressam ainda hoje, sob a forma do clientelismo, do fisiologismo e das várias expressões de desvio de recursos públicos para atender a interesses privados.

Assim, na forma da Constituição, a partir da separação das funções do Estado foram definidos mecanismos complementares de controle, que englobam: o controle administrativo a cargo dos órgãos e os sistemas de controle interno de cada Poder; o controle externo, a cargo do Poder Legislativo e dos Tribunais de Contas; a atuação do Ministério Público e do Judiciário, esse último mediante provocação, em relação à legalidade dos atos; e o controle social, exercido pelos cidadãos, conforme o conceito de "accountability" vertical.

Notadamente, em que pese sua importância, o controle social enfrenta limitações intrínsecas à sua natureza, de forma que a defesa dos interesses legítimos da sociedade requer órgãos de "accountability" horizontal: os Tribunais de Contas, com poder para assegurar a devida prestação de contas pelos gestores, a transparência, a defesa da economicidade e da eficiência e, ainda, a aplicação de sanções e medidas corretivas em casos de irregularidades. Em boa medida, propósitos semelhantes orientam a atuação dos órgãos de controle interno, criando instâncias de fiscalização que se somam em nome da defesa do interesse público.

Conclui-se, portanto, que os órgãos de controle são braços da sociedade, instrumentalizando a fiscalização da cidadania sobre o uso dos recursos públicos e defendendo a aplicação dos princípios e normas constitucionais, legais e regulamentares que expressam sempre, entre outros valores, a necessidade de proteção do patrimônio público e a sua destinação à promoção do bem comum.

(MPF/Procurador_da_República/2012) *Constatada ilegalidade no curso de realização de despesas por órgão da União, de que forma pode e deve atuar o Tribunal de Contas para sanar o ato ilegal.*

Autor: Paulo Roberto Sampaio Santiago

Direcionamento da resposta

O candidato precisa de conhecimento acerca do papel do TCU no âmbito da Constituição Federal.

Sugestão de resposta

Ao TCU compete julgar as contas de qualquer administrador ou responsável por recursos federais (à exceção das contas anuais do Presidente da República, em que lhe compete emitir parecer prévio), de modo que, constatada a irregularidade em regular processo de prestação ou tomada de contas, cabe-lhe aplicar as sanções previstas na Lei 8.443/1992, bem como representar ao poder respectivo para a adoção de providências administrativas e ao MPF para a adoção de providências nas searas criminal e de improbidade administrativa.

Além disso, identificando a ilegalidade de ato ou contrato, o TCU assinará prazo para sua adequação. Se não atendido, no caso de ato administrativo, sustará sua execução, comunicando às casas legislativas e aplicando as sanções respectivas.

No caso de contrato, apenas comunicará o fato ao Congresso Nacional, a quem compete a sustação, e solicitar ao Executivo a adoção das medidas cabíveis; decorridos noventa dias, caso não adotada qualquer medida pelo Legislativo ou Executivo, o TCU decidirá sobre a sustação do contrato. Ademais, em casos de fraude comprovada em licitação, o TCU poderá declarar a inidoneidade do licitante para participar de certames na Administração Federal, por até cinco anos

(Cespe/AGU/Advogado/2012) *Um servidor público federal teve sua aposentadoria por invalidez concedida por determinado órgão público federal e remetida para apreciação do TCU. Após o ato de registro no TCU, a respectiva aposentadoria ganhou eficácia. No entanto, foi constatado, posteriormente, por uma junta médica oficial, que os motivos da aposentadoria eram insubsistentes. Tendo em vista essa constatação, o órgão público a que o funcionário fora vinculado determinou seu imediato retorno ao serviço público, sem antes comunicar o TCU. Considerando essa situação hipotética e a jurisprudência do STF e STJ acerca do* *tema, atenda, de forma justificada, ao que se pede a seguir.* Com relação à conjugação de vontades para a formação do ato administrativo que concede aposentadoria, informe qual é o entendimento do STF e do STJ quanto à natureza jurídica desse ato. Discorra sobre a revogação do ato que concedeu a aposentadoria e avalie a maneira como o órgão público revogou a aposentadoria na situação hipotética supramencionada.

Autores: Frederico Rios Paula e Renato Cesar Guedes Grilo

Direcionamento da resposta

Apesar de se referir ao Tribunal de Contas da União (TCU), a questão abrange conceitos ligados quase que exclusivamente do Direito Administrativo, não exigindo grande domínio do Direito Financeiro.

Sugestão de resposta

Conforme jurisprudência do Supremo Tribunal Federal, atribui-se natureza *complexa* – e não *composta* – aos atos administrativos concessivos de aposentadorias, reformas e pensões, ou seja, o ato *só se forma com a conjugação de vontades de órgãos diversos, ao passo em que o ato composto é formado pela vontade única de um órgão, sendo apenas ratificado por outra autoridade* (STF, MS 3881).

O posicionamento do Superior Tribunal de Justiça, apesar de inicialmente oscilante, também vai ao encontro do entendimento sufragado pelo STF, mormente após a edição da Súmula Vinculante n. 03.

No caso concreto, porém, o procedimento adotado se mostra equivocado do ponto de vista jurídico. De fato, quando o Tribunal de Contas aprecia a legalidade de um ato concessivo de pensão, aposentadoria ou reforma, ele não precisa ouvir a parte diretamente interessada, porque a relação jurídica travada, nesse momento, é entre o Tribunal de Contas e a Administração Pública. Num segundo momento, porém, concedida a aposentadoria ou reconhecido o direito à pensão ou à reforma, já existe um ato jurídico que, a priori, até que se prove o contrário, chama-se ato jurídico perfeito, porque se perfez reunindo os elementos formadores que a lei exigia para tal. E, nesse caso, a aposentadoria, ainda que concedida equivocadamente, ganha tônus de juridicidade.

Assim, constatada por junta médica oficial que os motivos ensejadores da aposentadoria são insubsistentes, cabe ao órgão público a que o servidor fora vinculado a imediata comunicação ao TCU, que, no âmbito de suas atribuições, deverá oportunizar o contraditório a ampla defesa ao interessado. Note-se, ainda, que não se trata de "revogação" – que é motivada por critérios de conveniência e oportunidade –, mas sim de anulação, visto que baseada em suposta ilegalidade.

(AOCP/TCE/PA/MPC/Procurador/2012) Discorra sobre o tema: "controle de constitucionalidade brasileiro" manifestando-se sobre o exercício do controle de constitucionalidade pelo Tribunal de Contas.

Autor: Daniel Falcão e Diego Prandino

Direcionamento da resposta

Espera-se que o candidato, em sua resposta, destaque que a constitucionalidade de leis ou atos normativos vigentes é controlada pelo Poder Judiciário (sistema jurisdicional de controle), podendo tal controle ser difuso e concentrado.

No que tange aos tribunais de contas, o candidato deveria discorrer sobre a competência para apreciar a constitucionalidade de leis ou atos normativos do Poder Público, inclusive com amparo na Súmula nº 347 do Supremo Tribunal Federal. É pertinente desenvolver argumentação sobre se ordem constitucional inaugurada com a Constituição de 1988 admite que o Tribunal de Contas exerça o controle pela via difusa, afastando a aplicação de uma lei sob fundamento de inconstitucionalidade.

Por fim, o candidato deveria mencionar a preocupação dos Ministros do STF, em especial o posicionamento do Ministro Gilmar Ferreira Mendes, acerca da necessidade de se reapreciar a subsistência da Súmula nº 347 em face da ordem constitucional estabelecida pela Constituição de 1988.

Sugestão de resposta

A atual ordem constitucional atribui ao Supremo Tribunal Federal a competência para o exercício do controle concentrado e abstrato de constitucionalidade de leis e atos normativos, mediante a apreciação e julgamento das ações diretas de inconstitucionalidade (ADIn), das ações declaratórias de constitucionalidade (ADC) e das arguições de descumprimento de preceito fundamental (ADPF) – essas últimas voltadas para o controle de leis e atos normativos pré-constitucionais, bem como de leis e atos normativos municipais.

Contudo, no exercício da jurisdição, qualquer juiz ou tribunal poderá afastar a aplicação, no caso concreto, de uma lei ou ano normativo considerado inconstitucional – trata-se do controle difuso de constitucionalidade. Nessa hipótese, deverá ser observada a cláusula de reserva de plenário insculpida no art. 97 da Constituição Federal de 1998 (CF/88) e na Súmula Vinculante n° 10 (SV 10).

Embora a CF/88, em seu arts. 71 e 75, não elenque como competência dos tribunais de contas o exercício do controle de constitucionalidade, a Súmula 347 do STF assegura às cortes de contas tal competência. Ademais, os que defendem tal possibilidade recorrem à Teoria dos Poderes Implícitos, postulando que os tribunais de contas têm o poder de adotar as medidas necessárias ao fiel cumprimento de suas funções institucionais e ao pleno exercício das competências que lhe foram outorgadas pela Constituição.

Importante ressaltar que o controle de constitucionalidade exercido pelas cortes de contas somente se dá no caso concreto, ou seja, os tribunais de contas não declaram a inconstitucionalidade da norma com eficácia contra todos e efeito vinculante, mas apenas afasta a aplicabilidade da norma tida como inconstitucional no caso específico em apreciação. Vale dizer que a norma continua no ordenamento jurídico, não sendo, contudo, aplicada no caso concreto em análise.

Não obstante o enunciado da Súmula 347 do STF, há posicionamentos a ele contrários, como o do Ministro Gilmar Mendes. Os críticos à Súmula postulam que sua edição ocorreu em 1963, ou seja, ainda sob a égide da Constituição de 1946. Naqueles tempos, o Procurador Geral da República era o único legitimado para questionar a validade de uma norma diretamente ao STF, o que justificava uma importância maior do controle difuso, exercido no caso concreto por qualquer juiz ou tribunal. Contudo, hoje, a CF/88 ampliou significativamente os legitimados para propor a ADIn, de modo que o modelo abstrato e concentrado passou a ter mais destaque, em detrimento do modelo difuso e concreto. Assim, estando mais ampliado o acesso ao STF para o exercício do controle concentrado, não subsistiriam motivos para prolongar a validade da Súmula 347.

Divergências à parte, é fato que a Súmula continua válida, sendo, por ora, legítimo o controle de constitucionalidade difuso exercido pelas cortes de contas.

(TJ/RJ/Juiz/2012) Parecer do Tribunal de Contas do Estado, no sentido da rejeição das contas de prefeito municipal, gera a inelegibilidade prevista no art. 1º, I, "g", da Lei Complementar n. 64, de 18.5.1990? E decisão do Tribunal de Contas da União, também rejeitando contas de prefeito municipal? Lei complementar n. 64, de 18 de maio de 1990, com a redação dada pela Lei Complementar n. 135, de 4 de junho de 2010: "Art. 1º São inelegíveis: I – para qualquer cargo:... g) os que

tiverem suas contas relativas ao exercício de cargos ou funções públicas rejeitadas por irregularidade insanável que configure ato doloso de improbidade administrativa, e por decisão irrecorrível do órgão competente, salvo se esta houver sido suspensa ou anulada pelo Poder Judiciário, para as eleições que se realizarem nos 8 (oito) anos seguintes, contados a partir da data da decisão, aplicando-se o disposto no inciso II do art. 71 da Constituição Federal, a todos os ordenadores de despesa, sem exclusão de mandatários que houverem agido nessa condição".

Autora: Carla Themis Lagrotta Germano

Direcionamento da resposta

Necessário transcorrer sobre a competência constitucional para o julgamento das contas de Prefeito. Enfatizar sobre a rejeição de contas prestadas durante o exercício como ordenador de despesas, ressaltando a competência do TCU, com relação a sua competência para o julgamento das contas de Prefeitos relativas aos convênios, repasses ou outro instituto decorrente de verba federal

Sugestão de resposta

Em princípio, a competência para o julgamento de contas de Prefeito é da Câmara Municipal, nos termos do art. 31 da Constituição Federal (TSE: AgR-REspe 17106/13, AgR-REspe 9375/13, AgR-REspe 15085/13 etc.), de sorte que o parecer do Tribunal de Contas (Estadual ou Municipal, conforme o caso), é considerado meramente opinativo. E sendo assim, não implica, por si só, inelegibilidade. A propósito: "Compete à Câmara Municipal o julgamento das contas de prefeito, consistindo o parecer prévio do Tribunal de Contas do Estado em parecer de caráter meramente opinativo" (TSE, REspe 18772, Rel. Min. Fernando Neves).

No entanto, a partir das alterações promovidas na Lei Complementar nº 64/90, pela Lei Complementar nº 135/2010, o Tribunal Superior Eleitoral passou a entender que, cuidando-se de contas prestadas na função de ordenador de despesas, sua desaprovação em parecer do Tribunal de Contas já é causa suficiente para o reconhecimento da inelegibilidade contida no art. 1º, I, g, da LC 64/90, desde que atendidos os demais requisitos, tendo em vista a ressalva constante da parte final do dispositivo. Veja-se: "Conforme decidido no julgamento do Recurso Ordinário nº 401-35, referente a registro de candidatura para o pleito de 2014, a inelegibilidade prevista na alínea g do inciso I do art. 1º da LC nº 64/90 pode ser examinada a partir de decisão irrecorrível dos tribunais de contas que rejeitam as contas do prefeito que age como ordenador de despesas, diante da ressalva final da alínea g do inciso I do art. 1º da LC nº 64/90" (TSE, AgR-RO 87945, j. em 18.9.2014, Rel. Min. Henrique Neves).

Já no tocante ao Tribunal de Contas da União, que, por força do art. 71, II, da Constituição Federal, tem a atribuição de julgar (e não apenas emitir parecer) contas de Prefeito nos casos de convênios, repasses ou outro instituto que envolva verbas federais, a rejeição das contas, de per si, pode gerar a inelegibilidade, desde que atendidos os demais pressupostos (configurar irregularidade insanável a ato dolos de improbidade, em decisão irrecorrível etc.).

Em desfecho, vale frisar que o Tribunal Superior Eleitoral passou a entender que, em se tratando de contas prestadas pelo Prefeito na condição de ordenador de despesas, a decisão do Tribunal de Contas, de qualquer esfera, pode levar à inelegibilidade, já que as Cortes de Contas são os órgãos competentes para julgá-las. Veja-se: "o Tribunal Superior Eleitoral, no julgamento do RO 401-37/CE em 26.8.2014, modificou sua jurisprudência e assentou que a competência para o julgamento das contas prestadas por prefeito, quando atuante na qualidade de ordenador de despesas (contas de gestão), é dos tribunais de contas, a teor do art. 71, II, da CF/88" (AgR-RO 413-51, j. em 25.9.2014, Rel. Min. João Otávio de Noronha).

(Cespe/TCE/ES/Auditor_Substituto/2012) Durante a apreciação das contas de determinado município do estado do Espírito Santo, o TCE/ES constatou ilegalidade em determinado contrato de prestação continuada, razão por que assinalou prazo para que a entidade adotasse as providências necessárias ao exato cumprimento da lei. Decorrido o prazo estabelecido pelo tribunal, a prática ilegal persistia. Com base na situação hipotética acima, redija um texto dissertativo respondendo, necessariamente, de forma objetiva e justificada, aos seguintes questionamentos. (i) O TCE/ES poderá sustar diretamente a execução do contrato eivado de vício? (ii) O TCE/ES poderá aplicar sanções diretamente aos agentes públicos envolvidos?

Autor: Erick dos Santos Alves

Direcionamento da resposta

A questão trata das competências do TCE, mas é importante que você se lembre de que estas são, **por simetria, derivadas das competências do TCU**, previstas no texto da CF/88.

Na situação hipotética do enunciado, o TCE, ao apreciar as contas de um Município do estado do Espírito Santo, **constatou irregularidade em um contrato** de prestação continuada. Após constatar tal irregularidade, o TCE fixou prazo para que a entidade adotasse as providências necessárias ao exato cumprimento da lei. Transcorrido o prazo fixado pelo TCE, a ilegalidade persistia.

Nesse cenário, temos as duas perguntas do enunciado:

a) o TCE pode sustar diretamente a execução do contrato eivado de vício?

b) o TCE pode aplicar sanções diretamente aos agentes públicos envolvidos?

Para responder a primeira pergunta, é importante conhecer o **art. 71, incisos IX e X, CF/88**, que dispõe o seguinte:

> Art. 71. O controle externo, a cargo do Congresso Nacional, será exercido com o auxílio do Tribunal de Contas da União, ao qual compete: (...)
>
> IX – assinar prazo para que o órgão ou entidade adote as providências necessárias ao exato cumprimento da lei, se verificada ilegalidade;
>
> X – sustar, se não atendido, a execução do ato impugnado, comunicando a decisão à Câmara dos Deputados e ao Senado Federal.

De início, podemos já afirmar que a ação do TCE, ao *fixar prazo para que a entidade adote providências necessárias ao cumprimento da lei*, encontra amparo no texto constitucional (art. 71, IX). Caberia, então, ao Município adotar as providências dentro do prazo fixado pelo TCE.

Com base no art. 71, X, *o TCU pode sustar ato administrativo*, comunicando a decisão à Câmara dos Deputados e ao Senado Federal. Porém, no caso trazido pelo enunciado, estamos falando de um **contrato administrativo** (e não apenas de um ato administrativo!).

Nesse sentido, o art. 71, § 1º, determina que *"no caso de contrato, o ato de sustação será adotado diretamente pelo Congresso Nacional, que solicitará, de imediato, ao Poder Executivo as medidas cabíveis"*. Por simetria, a **sustação de contrato administrativo deverá ser feita diretamente pela Assembleia Legislativa** (e não pelo TCE).

Cabe destacar que, segundo entendimento do STF, embora o TCE não possa anular ou sustar contratos administrativos, tem *competência para determinar à autoridade administrativa que promova a anulação do contrato*.

Vamos, agora, para a segunda pergunta...

O TCE poderá, sim, determinar a **aplicação de sanções** diretamente aos agentes públicos envolvidos, com base no art. 71, VIII:

> Art. 71. O controle externo, a cargo do Congresso Nacional, será exercido com o auxílio do Tribunal de Contas da União, ao qual compete: (...)
>
> VIII – aplicar aos responsáveis, em caso de ilegalidade de despesa ou irregularidade de contas, as sanções previstas em lei, que estabelecerá, entre outras cominações, multa proporcional ao dano causado ao erário;

DIREITO FINANCEIRO

Sugestão de resposta

Na situação apresentada, o TCE/ES constatou ilegalidade em contrato de prestação continuada, assinalando prazo para que o Município adotasse as providências necessárias ao fiel cumprimento da lei. Após o decurso do prazo, a prática ilegal persistia, motivo pelo qual se pergunta se o TCE poderá sustar o contrato administrativo e aplicar sanções aos responsáveis pelas irregularidades. Por simetria, as competências do TCE/ES derivam da Constituição Federal, que elenca, em seu art. 71, as competências do Tribunal de Contas da União no exercício do controle externo.

Diante da situação, o TCE/ES não poderá determinar diretamente a sustação do contrato administrativo. Por se tratar de um contrato, a sustação caberá à Assembleia Legislativa. A competência do TCE/ES para a sustação de contratos administrativos é apenas residual, isto é, se a Assembleia Legislativa não o fizer dentro de 90 dias, o Tribunal decidirá a respeito. Destaque-se que, embora não possa determinar diretamente a sustação de contrato administrativo, o TCE/ES tem competência para determinar à autoridade administrativa que promova sua anulação.

Por fim, o TCE/ES tem competência para aplicar diretamente sanções aos agentes públicos envolvidos. Essa prerrogativa tem como base o art. 71, VIII, CF/88, que confere ao TCU competência para aplicar aos responsáveis, em caso de ilegalidade de despesa ou irregularidade de contas, as sanções previstas em lei. Ressalte-se que, ao aplicar sanções, o TCE/ES deverá respeitar os princípios da ampla defesa e do contraditório.

(Cespe/TCU/Auditor/2011) "As fundações públicas, como as demais entidades da administração pública indireta, estão sujeitas aos controles a elas aplicáveis, devendo prestar contas dos recursos que lhes são destinados. E, se incluídas nos orçamentos fiscal ou da seguridade social, todas as suas receitas se submeterão à programação governamental." Considerando que o texto acima tem caráter unicamente motivador, identifique os vários tipos de controles internos e externos a que estão sujeitas as fundações públicas, discorra acerca de cada um deles e sobre como eles se articulam com os sistemas convencionais da administração pública. Em seu texto, aborde, necessariamente, os seguintes aspectos: (i) diferenças entre os controles internos e externos; (ii) principais tipos de controles internos e externos, sua configuração e respectivas subordinações e vinculações; (iii) articulações entre os diversos tipos de controle e estruturas administrativas.

Autor: Erick dos Santos Alves

Direcionamento da resposta

Questãozinha complicada! É muita informação para caber em 20 linhas! Portanto, concisão e objetividade são essenciais!

Vamos ver possíveis formas de abordar os aspectos listados pela banca:

I) Diferenças entre controles internos e externos

Quando o controle é exercido por um ente não que integra a mesma estrutura organizacional do órgão fiscalizado é dito **controle externo**.

Por exemplo: quando o Congresso Nacional julga as contas prestadas pelo Presidente da República, ou quando um juiz anula um ato do Poder Executivo, temos exemplos de controle externo, pois, nestes casos, um Poder exerce controle sobre os atos de outro Poder. No primeiro caso, o Legislativo e, no segundo caso, o Judiciário exercem controle sobre o Executivo.

Todavia, na terminologia adotada pela Constituição, apenas o controle exercido sobre a Administração Pública pelo Legislativo, com o auxílio do Tribunal de Contas, recebe a denominação de *controle externo* (CF, art. 70 a 75).

Por outro lado, quando o controle é exercido por órgão especializado, porém pertencente à mesma estrutura da unidade controlada, é dito **controle interno**. Geralmente, a unidade de controle interno subordina-se diretamente à autoridade administrativa máxima do ente, a qual dispõe, dessa forma, de um mecanismo de avaliação para as ações desempenhadas fora da esfera de suas atribuições privativas.

A Controladoria-Geral da União (CGU), por exemplo, é um órgão que exerce controle interno, pois se vincula diretamente ao Presidente da República (o titular da CGU é um Ministro de Estado), e possui atribuições específicas de controle dos órgãos e entidades administrativas pertencentes ao Poder Executivo.

A Constituição Federal dispõe que os Poderes Legislativo, Executivo e Judiciário manterão um sistema de controle interno (CF, art. 74), de **forma integrada**, cujas principais atribuições podem ser assim resumidas:

- **apoiar o controle externo**, criando condições indispensáveis à sua eficácia; e

- **servir como órgão de assessoramento da autoridade administrativa**, visando assegurar a legalidade, a eficiência e a eficácia da gestão.

II) Principais tipos de controles externos e internos, sua configuração e respectivas subordinações e vinculações

Controles externos

- **Controle parlamentar direto ou controle político**: exercido diretamente pelo Poder Legislativo, mediante a atuação do Congresso Nacional, suas Casas e respectivas comissões.

- **Controle parlamentar indireto ou controle técnico**: exercido pelo Tribunal de Contas da União, órgão independente, não subordinado ao Congresso Nacional ou a qualquer outro órgão ou Poder, possuidor de competências próprias e privativas.

- **Controle judicial**: exercido pelos órgãos do Poder Judiciário sobre os *atos administrativos* do Poder Executivo, do Legislativo e do próprio Judiciário, quando realiza atividades administrativas.

- **Controle social**: exercido pelo cidadão diretamente ou pela sociedade civil organizada.

Controles internos

- **Controle administrativo:** exercido pela própria Administração sobre seus atos, decorrente do poder de autotutela. Compreende o controle exercido pelos próprios administradores mediante o estabelecimento de mecanismos específicos, como segregação de funções, decisões colegiadas e limites de alçada, quanto o promovido por órgão especializado que integra a mesma estrutura do fiscalizado.

- **Supervisão ministerial:** exercido pelo Ministro de Estado sobre os dos órgãos da Administração Federal, **direta** e **indireta**, enquadrados em sua área de competência.

Especial atenção deve ser dada às peculiaridades da supervisão exercida pela Administração Direta, por intermédio dos Ministros de Estado, sobre as entidades da Administração Indireta. Tal supervisão, também conhecida como **tutela** – e *não autotutela* – **não significa subordinação hierárquica**, mas tão somente **vinculação** para fins de controle. Essa vinculação geralmente se dá com relação ao Ministério cujas atividades se relacionam com a da pessoa jurídica da Administração Indireta.

III) Articulações entre os diversos tipos de controle e estruturas administrativas

A legislação busca delimitar as atribuições e os limites de atuação de cada instituição de controle. Assim, por exemplo, a competência para julgar as contas dos administradores federais é exclusiva do TCU; já o julgamento das contas do Presidente da República é atribuição exclusiva do Congresso Nacional; a CGU é responsável pelo controle interno do Poder Executivo, mas não tem jurisdição sobre os demais Poderes; o Poder Judiciário só age quando provocado, e assim por diante.

Não obstante, os diversos tipos de controle, em certa medida, se complementam e interagem para assegurar a correta gestão da coisa pública.

Uma das formas mais claras de articulação entre os diversos tipos de controle pode ser observada entre os sistemas de controle externo e interno previstos na Constituição. Com efeito, o sistema de controle interno possui a missão constitucional de **apoiar o controle externo**, criando condições indispensáveis à sua eficácia.

O apoio ao controle externo ocorre de forma mais contundente no julgamento das contas dos responsáveis por bens e valores públicos, quando o controle interno realiza auditorias e emite relatório, certificado de auditoria e parecer para subsidiar o exame e julgamento a cargo do TCU. Além disso, os órgãos integrantes do sistema de controle interno deverão alertar formalmente a autoridade administrativa competente para que instaure tomada de contas especial, sempre que tiverem conhecimento de qualquer das ocorrências que demandem esse procedimento.

Os responsáveis pelo controle interno também têm o dever de comunicar ao TCU qualquer irregularidade ou ilegalidade de que tenham conhecimento, sob pena de responsabilidade solidária.

Todavia, deve ficar claro que, embora o controle interno tenha o dever estabelecido constitucionalmente de apoiar o controle externo, **não há relação de hierarquia** entre eles, há **complementaridade**.

Na mesma linha, TCU e Congresso Nacional exercem em conjunto algumas atividades no âmbito do controle externo. Como exemplo, pode-se relacionar a sustação de despesas não autorizadas (CF, art. 72), a sustação de contratos (CF, art. 71, X e §§ 1º e 2º) e a fiscalização de obras públicas com indícios de irregularidades graves (LDO). Ademais, o TCU executa algumas atividades de controle externo em auxílio ao Legislativo, como a emissão de parecer prévio sobre as contas do Presidente da República (CF, art. 71, I) e a realização de auditorias e inspeções por solicitação do Congresso, suas Casas ou Comissões (CF, art. 71, IV).

Por fim, como exemplo de articulação e parcerias entre órgãos de fiscalização, vale mencionar a **Rede de Controle da Gestão Pública**, que consiste num acordo firmado entre diversas instituições, como TCU, CGU, CNJ, BACEN, com o objetivo de *"desenvolver ações direcionadas à fiscalização da gestão pública, ao diagnóstico e combate à corrupção, ao incentivo e fortalecimento do controle social, ao* *compartilhamento de informações e documentos, ao intercâmbio de experiências e à capacitação dos seus quadros".* A ideia é fortalecer a integração entre essas entidades, facilitando a troca de experiências e informações com vistas a ampliar e aprimorar a efetividade da função de controle do Estado sobre a gestão pública.

Sugestão de resposta

As fundações públicas, como as demais entidades da administração indireta, estão sujeitas aos sistemas de controle interno e externo.

O controle externo é aquele exercido por órgão independente, não integrante da estrutura organizacional do fiscalizado. Como exemplo, cita-se o controle judicial e o controle social. As fundações também se submetem ao controle externo de caráter contábil, financeiro, operacional e patrimonial exercido pelo Congresso Nacional com o auxílio do Tribunal de Contas da União (TCU).

O controle interno, por sua vez, é aquele exercido pela própria unidade controlada, por meio de órgão especializado integrante da sua estrutura ou pela definição de procedimentos de controle nos seus processos de trabalho. Dentre suas finalidades, destaca-se a de assessorar a autoridade administrativa. As fundações públicas também se submetem à supervisão ministerial, espécie de controle que não caracteriza subordinação hierárquica, mas apenas vinculação.

Como se vê, controle externo e interno se complementam. A fim de garantir a articulação entre eles, a Constituição estabelece, por exemplo, que o sistema de controle interno deve apoiar o controle externo, devendo, para tanto, comunicar ao TCU qualquer irregularidade de que tenha conhecimento.

(Cespe/TCE/TO/Analista/2011) *"2. O Tribunal De Contas Da União como órgão não integrante do Congresso Nacional 2.1. Feita a ressalva, começo por dizer que o Tribunal de Contas da União não é órgão do Congresso Nacional, não é órgão do Poder Legislativo. Quem assim me autoriza a falar é a Constituição Federal, com todas as letras do seu art. 44, litteris: "O Poder Legislativo é exercido pelo Congresso Nacional, que se compõe da Câmara dos Deputados e do Senado Federal". Logo, o parlamento brasileiro não se compõe do Tribunal de Contas da União. Da sua estrutura orgânica ou formal deixa de fazer parte a Corte Federal de Contas e o mesmo é de se dizer para a dualidade Poder Legislativo/ Tribunal de Contas, no âmbito das demais pessoas estatais de base territorial e natureza federada." (Carlos Ayres Britto. O regime constitucional dos tribunais de contas. In: Diálogo Jurídico. Salvador, CAJ – Centro de Atualização Jurídica, v. I, nº 9, dez./2001. Internet: www.direitopublico.com.br, com adaptações).*

Tendo como referência o texto acima, faça o que se pede a seguir: a) aponte a(s) atribuição(ões) do Tribunal de Contas da União (TCU) que não denota(m) subordinação alguma ou auxílio ao Congresso Nacional; b) aponte a(s) atribuição(ões) do TCU que denota(m) auxílio ao Poder Legislativo.

Autor: **Erick dos Santos Alves**

Direcionamento da resposta

O texto motivador demonstra o posicionamento da banca em relação a uma eventual vinculação hierárquica da Corte de Contas com o Congresso Nacional: **tal vinculação não existe**.

Mas vale relembrar um pouco da discussão que envolve o assunto.

I) Relação entre o TCU e o Poder Legislativo

O TCU, apesar de ser um "Tribunal", não pertence ao Poder Judiciário. Tampouco pertence ao Poder Legislativo, apesar de auxiliar o Congresso Nacional no controle externo da Administração Pública. De fato, o TCU **não está subordinado hierarquicamente** a nenhum dos três Poderes: o Presidente do TCU não deve obediência ao Presidente do Congresso Nacional, titular do controle externo, e muito menos ao Presidente do STF ou ao Presidente da República.

Por outro lado, da mesma forma que o Ministério Público, o TCU também não é, por si só, um Poder. Diz-se que a tripartição clássica dos Poderes do Estado – Executivo, Legislativo e Judiciário – não é suficiente para abarcar o perfil institucional do TCU, órgão de previsão constitucional que possui competências próprias e privativas, relacionadas ao controle externo da administração pública.

Com efeito, a Constituição Federal, ao atribuir competências exclusivas ao Tribunal, assegura sua independência, uma vez que o **Congresso não poderá executar qualquer das tarefas atribuídas ao TCU**, embora seja o titular do controle externo. Ademais, o rol de competências do TCU é tão amplo que torna o exercício do controle externo mais ligado ao Tribunal que ao próprio Congresso.

Vejamos algumas competências **próprias e privativas** do TCU (CF, art. 71):

- Julgar as contas dos responsáveis por recursos públicos e dos causadores de prejuízo ao erário;
- Apreciar, para fins de registro, a legalidade de atos admissão de pessoal e de concessão de aposentadorias, reformas e pensões;

DIREITO FINANCEIRO

- Realizar, por iniciativa própria, inspeções e auditorias de natureza contábil, financeira, orçamentária, operacional e patrimonial nas unidades administrativas dos três Poderes;
- Fiscalizar a aplicação de recursos repassados da União a Estado, ao Distrito Federal ou a Município;
- Aplicar sanções em caso de irregularidade das contas ou de ilegalidade da despesa;
- Sustar, se não atendido, a execução do ato impugnado.

Não obstante, algumas competências do TCU são exercidas em **auxílio** ao Congresso Nacional, sem que isso denote uma eventual relação de subordinação, como por exemplo:

- Apreciar as contas anuais prestadas pelo Presidente da República, mediante parecer prévio.
- Realizar, por solicitação do Congresso Nacional, inspeções e auditorias de natureza contábil, financeira, orçamentária, operacional e patrimonial nas unidades administrativas dos três Poderes;
- Prestar informações solicitadas pelo Congresso Nacional;
- Encaminhar relatório de atividades ao Congresso Nacional, trimestral e anualmente;
- Emitir pronunciamento conclusivo sobre despesa irregular.

A título de conhecimento, registre-se que há na doutrina aqueles que consideram o TCU como órgão do Poder Legislativo. Isso porque, nas leis orçamentárias e nos limites de gastos com pessoal previstos na LRF, o TCU está associado ao Congresso Nacional. Além disso, o Tribunal está inserido no capítulo da Constituição que trata do Poder Legislativo.

Não obstante, percebe-se que prevalece o entendimento de que o TCU é órgão administrativo autônomo e independente, sem subordinação hierárquica ao Poder Legislativo ou a qualquer outro órgão ou Poder.

Sugestão de resposta

O controle externo parlamentar ou legislativo da Administração Pública Federal foi atribuído constitucionalmente ao Congresso Nacional, que o exerce com o auxílio do Tribunal de Contas da União (TCU), órgão com competências próprias, independentes da atuação do Parlamento, e que por este não podem ser revistas.

Dentre as competências próprias e privativas do TCU, merece destaque o julgamento das contas dos administradores e demais responsáveis por bens, dinheiros e valores públicos, assim como a realização de auditorias de natureza contábil, financeira, orçamentária, operacional e patrimonial nas unidades administrativas dos três Poderes.

Por outro lado, o Tribunal exerce auxílio ao Parlamento ao elaborar o parecer prévio sobre as contas gerais de governo, cujo julgamento está a cargo do Congresso Nacional. Além disso, o Tribunal presta informações ao Congresso sobre fiscalizações realizadas e realiza auditorias e inspeções sob solicitação do Parlamento.

(PGM/Rio_de_Janeiro/Procurador/2011) O Plenário do Tribunal de Contas do Município do Rio de Janeiro recusa o registro do ato de aposentadoria de servidor municipal por entender inconstitucional lei daquele Município que concedia determinado benefício na fixação dos proventos. Na mesma sessão, delibera por oficiar ao Poder Executivo, determinando que se abstenha de aplicar referida lei. Pode o Tribunal de Contas do Município adotar essa última medida?

Autor: *Felipe Cesar Michna*

Direcionamento da resposta

O tema dessa questão encontra posicionamentos divergentes na doutrina e na jurisprudência das Cortes de Contas e do STF. Deste modo, o candidato, para responder adequadamente a questão, deve demonstrar que conhece os diferentes posicionamentos e, também, que o STF ainda não consolidou o seu entendimento, enfrentando, necessariamente, os seguintes temas: a) Diferença entre ato administrativo complexo e composto; b) possibilidade do tribunal de contas deixar de aplicar lei e/ou declarar lei inconstitucional. c) possibilidade do tribunal de contas determinar ao poder executivo que deixe de aplicar a lei; d) ponderar a aplicabilidade da Súmula 347/STF com a jurisprudência contemporânea.

Assim, o candidato deveria ressaltar que, apesar da divergência doutrinária e jurisprudencial, a regra é o que o Tribunal de Contas não pode determinar que o Poder Executivo deixe de aplicar lei que ainda está formalmente vigente, ou seja, ainda não sofreu o processo de inconstitucionalidade, tendo em vista o princípio da separação dos poderes e da presunção de constitucionalidade das leis.

DIREITO FINANCEIRO

Sugestão de resposta

Inicialmente, ressalta-se que a aposentadoria é ato administrativo complexo. Neste sentido, o ato complexo é o que necessita, para a sua formação, da manifestação de vontade de dois ou mais diferentes órgãos, ou seja, integram-se as vontades de vários órgãos para a obtenção de um mesmo ato (aposentação). Difere, portanto, do *ato composto,* que resulta da vontade única de um órgão, mas, para produzir seus efeitos, ou seja, para se tornar exequível, depende da manifestação de vontade de mais de uma autoridade administrativa sendo que a segunda ratifica ou homologa o ato emanado pela autoridade administrativa hierarquicamente inferior.

Isso significa que a aposentadoria só se aperfeiçoa com a manifestação de outro órgão, que não aquele ao qual o servidor está subordinado, no caso, o Tribunal de Contas. Sendo, portanto, considerada como um ato complexo (vide STF, RE 195861).

No que tange à declaração de inconstitucionalidade pelo Tribunal de Contas, frisa-se que, sob a égide da Constituição de 1946, foi editada a Súmula 347 do STF.

Com fulcro nesses argumentos, o Tribunal de Contas da União no Acórdão 831/05, registrou:

> "37. Tais processos apresentam, por conseguinte, verdadeira eficácia erga omnes, pelo menos no que pertine à administração pública sujeita à matéria objeto da consulta. Ora, se o processo versa a respeito da aplicação de determinada norma legal e se a conclusão alcançada alude à sua inconstitucionalidade, estará, na verdade, o Tribunal exercendo competência constitucional que não detém, qual seja, o controle abstrato de normas, ainda que de efeitos restritos. 38. Se a decisão da consulta afirmar a inconstitucionalidade da norma, seu caráter normativo acarretará a obrigatoriedade de os órgãos sujeitos à jurisdição do Tribunal não a aplicarem. O efeito prático será a suspensão da eficácia da norma objeto da consulta, o que não pode ser realizado pelo TCU. Reconheça-se que pode esta Corte examinar a constitucionalidade de leis, no exercício de sua missão institucional, porém apenas para decidir o caso concreto. Nunca quando o objeto de processo, cuja decisão possua efeito normativo, for a própria constitucionalidade da norma. 39. Consoante estabelecido pelo constituinte originário, no ordenamento jurídico nacional apenas o Poder Judiciário (Supremo Tribunal Federal em relação à Constituição Federal e Tribunais de Justiça em referência às Constituições Estaduais e à Lei Orgânica do DF) pode exercer o controle abstrato e concentrado de normas. 40. Legítimo seria o exame da constitucionalidade de norma por parte do Tribunal, em sede de consulta, caso não fosse este o objeto principal do feito. Perfeita a atuação

da Corte, nas situações em que, para fundamentar a decisão final, deixa de aplicar determinada norma por considerá-la inconstitucional".

No que toca ao questionamento quanto a possibilidade de o Tribunal de Contas oficiar o Poder Executivo para que se abstenha de aplicá-la, tal como já exposto, a tendência atual do STF é pela impossibilidade da Corte de Contas promover o controle de constitucionalidade, em que pese a existência da Súmula 347.

Calcado nesse entendimento de que ao Tribunal de Contas é vedado realizar o controle de constitucionalidade de normas, por razão lógica, não teria a prerrogativa de oficiar o Chefe do Poder Executivo ordenando que se abstenha de aplicar determinada norma que goza da presunção de constitucionalidade até que venha a ser declarada inválida pelo órgão jurisdicional competente para o exame. Tal determinação ensejaria usurpação de competência.

Convém ressaltar, contudo, que o STF, na ADI 221, conferiu ao Chefe do Poder Executivo, por ato próprio, a prerrogativa de determinar aos seus órgãos subordinados que deixem de aplicar uma lei ou ato normativo que entenda ser inconstitucional, admitindo excepcionalmente a negativa de cumprimento de lei considerada como inconstitucional. A inaplicabilidade de lei pelo Chefe do Poder Executivo seria mais uma forma, ao lado do veto jurídico, de o Poder Executivo controlar a constitucionalidade de normas, primando pela supremacia da Constituição.

(FMP/TCE/RS/Auditor/2011) O artigo 70 da Constituição do Estado do Rio Grande do Sul dispõe que, mediante controle externo e por sistema de controle interno, o Estado, órgãos e entidades da administração direta e indireta, serão objeto de fiscalização contábil, financeira, orçamentária, operacional e patrimonial, quanto à legalidade, legitimidade, moralidade, publicidade, eficiência, eficácia, economicidade. O candidato deve: (i) identificar o(s) órgão(s) responsável(eis) pela execução do controle externo e a forma de constituição do controle interno; (ii) citar no mínimo duas competências fundamentais do controle externo, e dois pontos de abrangência de sua jurisdição; (iii) e, considerando que, no mês de maio de 2011, foi divulgada na imprensa, solicitação feita pelo órgão responsável pela execução do controle externo no Estado, que buscando implementar novas abordagens de fiscalização requereu à outro órgão da Administração Pública Estadual dados sobre a receita estadual, o candidato deve indicar dois procedimentos técnicos básicos a serem considerados na aplicação de testes de observância e substantivos na auditoria, quando deste tópico.

Autor: Marcelo Chaves Aragão

Direcionamento da resposta

A questão exige que o candidato aborde vários assuntos relativos aos controles interno e externo da gestão pública.

No item "i", deve-se indicar que o controle externo é executado pela Assembleia Legislativa, com o auxílio do Tribunal de Contas do Estado. Quanto ao controle interno, deve indicar que o mesmo será constituído dentro da própria estrutura do órgão ou Poder controlado, por meio de procedimentos e atividades intersetoriais (de colaboração), de forma sistêmica e integrada, com vistas à realização eficiente do sistema e correta gestão da coisa pública.

Quanto ao item "ii", deve abordar duas das competências do Tribunal de Contas do Estado do Rio Grande do Sul previstas em sua Lei Orgânica (LOTCE/RS, Lei 11.424/2000), como, por exemplo, emitir parecer prévio sobre as contas que o Governador do Estado deve prestar anualmente e julgar as contas dos administradores e demais responsáveis por dinheiros, bens e valores públicos da administração direta e indireta. Ainda quanto ao item "ii", deve descrever duas pessoas que estão sujeitas à jurisdição do Tribunal de Contas, conforme o art. 34 da LOTCE/RS.

No que se refere ao item "iii", os procedimentos básicos a serem considerados na aplicação de testes de observância e substantivos na auditoria são a inspeção, a observação, a confirmação externa, a indagação, o cálculo e a revisão analítica. Logo, o candidato deve indicar dois desses procedimentos.

Sugestão de resposta

A Constituição do Estado do Rio Grande do Sul estabelece dois sistemas de controle no âmbito da gestão pública, o externo, exercido pela Assembleia Legislativa do Estado com o auxílio do Tribunal de Contas e o interno, no âmbito de cada Poder.

O controle interno será constituído dentro da própria estrutura do órgão ou Poder controlado, por meio de procedimentos e atividades intersetoriais, de forma sistêmica e integrada, com vistas à realização eficiente do sistema e correta gestão da coisa pública. Segundo a Constituição do Estado, o sistema de controle interno terá, no Estado, organização una e integrada, compondo órgão de contabilidade e auditoria-geral do Estado, com delegações junto às unidades administrativas dos três Poderes.

O Tribunal de Contas, como órgão de controle externo, possui várias competências constitucionais e legais, entre as quais, emitir parecer prévio sobre as contas que o Governador do Estado deve prestar anualmente e julgar as contas dos administradores e demais responsáveis por dinheiros, bens e valores públicos da administração direta e indireta. A jurisdição do TCE abrange todos os responsáveis, pessoas físicas ou jurídicas, públicas ou privadas, que utilizem, arrecadem, guardem, gerenciem ou administrem dinheiro, bens e valores públicos e aqueles que derem causa a perda, extravio ou outra irregularidade de que resulte dano ao erário.

O Tribunal pode, na aplicação de testes de observância e substantivos em uma auditoria, adotar os seguintes procedimentos básicos: a inspeção e a observação. A inspeção consiste no exame de registros, documentos e de ativos tangíveis e a observação é o acompanhamento de processo ou procedimento quando de sua execução.

(FCC/TCE/SP/MPC/Procurador/2011, adaptada) Disserte sobre ação de fiscalização exercida pelos órgãos legislativos conjuntamente com os Tribunais de Contas, abordando os aspectos a seguir apontados e destacando, sempre que cabível, a estruturação para tanto existente no âmbito da Administração Pública Federal e o papel do Ministério Público junto ao Tribunal de Contas da União nesse contexto: (i) a inserção da função no sistema constitucional de separação de poderes; (ii) natureza da fiscalização e critérios adotados para exercício do controle daí decorrente; (iii) objetos e sujeitos que se submetem ao controle; (iv) a aplicação de sanções pelo Tribunais de Contas da União. Para elaboração da dissertação, considere a disciplina da matéria na Constituição da República, na Lei Orgânica e no Regimento Interno do Tribunal de Contas da União.

Autor: Erick dos Santos Alves

Direcionamento da resposta

O roteiro da dissertação já foi dado pela banca. Os quatro aspectos requeridos devem ser abordados à luz da Constituição Federal, da LO/TCU e do RI/TCU. O candidato deve apenas tomar o cuidado de mencionar o papel do Ministério Público junto ao TCU (MPTCU) nos tópicos pedidos, **sempre que cabível**.

Vamos então revisar os conceitos necessários para resolver a questão:

I) Separação de poderes e controle externo

O art. 2º da Constituição Federal estabelece que "são Poderes da União, independentes e harmônicos entre si, o Legislativo, o Executivo e o Judiciário". Essa harmonia e independência somente podem ser alcançadas se os Poderes estiverem em equilíbrio, não podendo haver precedência de um sobre outro. A tripartição clássica dos Poderes do Estado estabelece atribuições específicas a cada Poder, formando um sistema de freios e contrapesos, com atuação recíproca de cada um sobre os demais, na contenção de possíveis excessos.

Nesse sistema, a Constituição atribui ao Congresso Nacional a função de fiscalizar, mediante controle externo, a administração da coisa pública. No exercício do controle externo, o Poder Legislativo conta com o auxílio técnico indispensável do Tribunal de Contas da União, órgão autônomo e independente, não subordinado ao Parlamento, e possuidor de competências próprias e privativas.

II) Formas de fiscalização e critérios de controle

O já conhecido art. 70 da Constituição Federal informa que o Congresso Nacional, com o auxílio do TCU, exerce fiscalização de natureza **contábil, orçamentária, financeira, operacional e patrimonial**.

Os critérios adotados para o exercício do controle são igualmente informados no art. 70 da Constituição: **legalidade, legitimidade e economicidade**.

III) Objetos e sujeitos que se submetem ao controle

Os **objetos** do controle externo são os **atos administrativos** que envolvam **receitas** e **despesas** públicas, como compra de bens, admissão de pessoal, arrecadação de impostos etc. Ao controle externo compete examinar se tais atos foram praticados em conformidade com a lei e com os princípios da administração pública, ou, ainda, se atenderam aos objetivos dos planos e programas de governo.

Dessa forma, o controle externo está mais voltado para o Poder Executivo, cujas funções típicas são as funções administrativas. Mas o controle externo também alcança o Poder Legislativo e o Poder Judiciário, bem como o Ministério Público. Vale observar, contudo, que o controle externo não alcança as funções típicas dos demais Poderes (Legislativo – legislar; Judiciário – julgar), mas sim suas **funções administrativas**.

Nos termos do art. 70, *caput* e parágrafo único da Constituição, os **sujeitos passivos** do controle externo são todos que, de alguma maneira, administrem recursos públicos. Assim, submetem-se a controle os órgãos da Administração direta e indireta, bem como qualquer pessoa **física** ou **jurídica**, **pública** ou **privada**, que **utilize, arrecade, guarde, gerencie ou administre** dinheiro, bens e recursos públicos ou pelos quais a União responda, ou que, em nome desta, assuma obrigações de natureza pecuniária.

IV) Aplicação de sanções pelo TCU

A competência para o TCU aplicar sanções aos seus jurisdicionados em caso de ilegalidade de despesa ou irregularidade de contas está expressa no art. 71, VIII da Constituição Federal.

As sanções impostas pelo TCU devem estar **previstas em Lei**, em sentido estrito – *princípio da "reserva legal"*. Assim, não pode o RI/TCU criar alguma sanção que não esteja prevista em Lei. Pode ser em qualquer Lei, não apenas na Lei Orgânica. Nesta última, contudo, estão previstas várias situações que ensejam a aplicação de **multa** pelo TCU (LO/TCU, art. 57 e 58), quais sejam:

- Débito imputado em processo de contas;
- Contas julgadas irregulares de que não resulte débito;
- Ato praticado com grave infração à norma legal ou regulamentar de natureza contábil, financeira, orçamentária, operacional e patrimonial;
- Ato de gestão ilegítimo ou antieconômico de que resulte injustificado dano ao erário;
- Não atendimento, no prazo fixado, sem causa justificada, a diligência do Relator ou a decisão do Tribunal;
- Obstrução ao livre exercício das inspeções e auditorias determinadas;
- Sonegação de processo, documento ou informação, em inspeções ou auditorias realizadas pelo Tribunal;
- Reincidência no descumprimento de determinação do Tribunal.

Antes de aplicar sanção, o Tribunal deve ser assegurar o **contraditório** e a **ampla defesa** aos responsáveis.

Sempre que as decisões do Tribunal acarretarem reconhecimento de débito ou imposição de multa, a Constituição lhes confere eficácia de **título executivo extrajudicial** (CF, art. 71, § 3º). Nesse caso, compete ao **MPTCU** promover junto à Advocacia-Geral da União ou, conforme o caso, perante os dirigentes das entidades jurisdicionadas do Tribunal, as medidas relativas à cobrança judicial da dívida (LO/TCU, art. 81, III).

O Plenário do Tribunal poderá também, por intermédio do MPTCU, solicitar à Advocacia-Geral da União ou, conforme o caso, aos dirigentes das entidades que lhe sejam jurisdicionadas, as medidas necessárias ao **arresto dos bens** dos responsáveis julgados em débito, devendo ser ouvido quanto à liberação dos bens arrestados e sua restituição (LO/TCU, art. 61).

V) Ministério Público junto ao TCU

O MPTCU é um órgão independente que atua junto ao Tribunal. A ele se aplicam os princípios institucionais da **unidade**, da **indivisibilidade** e da **independência funcional**. O art. 130 da Constituição estabelece que as disposições referentes a **direitos**, **vedações** e **forma de investidura** aplicáveis aos membros do Ministério Público da União também valem para seus membros.

DIREITO FINANCEIRO

Todavia, não se confunde com o Ministério Público da União e suas subdivisões. Vale dizer: **não faz parte do Ministério Público da União**. Além disso, não está vinculado ou subordinado ao Procurador-Geral da República. E tem seu próprio Procurador-Geral.

Possui **sete membros**, sendo três subprocuradores-gerais e quatro procuradores, nomeados pelo Presidente da República, entre brasileiros, bacharéis em Direito (LO/TCU, art. 80). O Procurador-Geral é escolhido dentre os respectivos integrantes da carreira.

Sua principal função é fiscalizar o cumprimento da lei, zelando para que as decisões da Corte de Contas respeitem as normas. Para tanto, seus membros podem se manifestar em todos os processos que tramitam no Tribunal. Todavia, existem aqueles em que a sua **manifestação é obrigatória** (RI/TCU, art. 62, III):

a) Processos de tomada ou prestação de contas;

b) Processos relativos aos atos sujeitos a registro;

c) Incidentes de uniformização de jurisprudência; e

d) Recursos, exceto embargos de declaração e pedido de reexame em processo de fiscalização de atos e contratos.

Nos demais processos, seus membros **poderão** se manifestar, por **requisição do Relator** ou, ainda, por meio de **solicitação própria** (pedido de vista de determinado processo).

Sugestão de resposta

A Constituição Federal consagra o sistema de freios e contrapesos decorrente da tripartição clássica de poderes. Nesse sistema, cabe ao Poder Legislativo, representado pelo Congresso Nacional no âmbito federal, a função de fiscalizar, mediante controle externo, a gestão da coisa pública.

No exercício do controle externo, o Parlamento conta com o auxílio técnico indispensável do Tribunal de Contas da União (TCU), órgão autônomo e independente detentor de competências próprias, dentre as quais a aplicação das sanções previstas em lei. Nesse contexto, o Ministério Público junto ao TCU (MPTCU), que é o fiscal da lei do âmbito do Tribunal, possui a atribuição de promover junto aos órgãos executores as medidas relativas à cobrança judicial e ao arresto de bens dos responsáveis julgados em débito.

O controle externo recai sobre os atos administrativos que envolvam receitas e despesas públicas, possuindo natureza contábil, financeira orçamentária, operacional ou patrimonial, e sendo balizado pelos critérios de legalidade, legitimidade e economicidade. Submetem-se ao controle todos que, de alguma maneira, administrem recursos públicos, não importa se pessoa física ou jurídica, pública ou privada.

Assim, pode-se considerar que a estrutura de controle da administração pública delineada em nosso ordenamento jurídico é uma das garantias do equilíbrio entre os poderes constituídos.

(Cespe/TCU/Auditor/2010) "A sujeição de todos os atos praticados ou de todas as atividades desenvolvidas pela administração pública a controle constitui garantia básica dos cidadãos, além de ser consequência direta e necessária da adoção da teoria da separação dos poderes. Além dessas duas vertentes, o controle da atividade administrativa deve ser igualmente considerado instrumento para a melhoria dos serviços prestados pelo Estado. A sujeição de todos os agentes públicos a diferentes mecanismos de controle contribui para a melhoria das tarefas por eles desenvolvidas." (Lucas Rocha Furtado. Curso de direito administrativo. Belo Horizonte: Forum, 2007, p. 1052, com adaptações). Considerando que o fragmento de texto acima tem caráter unicamente motivador, redija um texto dissertativo acerca dos sistemas de controle na administração pública, em conformidade com a Constituição Federal de 1988. Ao elaborar seu texto, discorra sobre os mecanismos de controle inseridos no ordenamento constitucional, abordando, necessariamente, a classificação doutrinária quanto aos seguintes aspectos: (i) momento em que se realiza; (ii) órgãos responsáveis pelo seu exercício; (iii) natureza ou tipo de controle.

Autor: Herbert Almeida

Direcionamento da resposta

Essa também é uma questão sobre controle da Administração Pública, porém com um tema mais objetivo que a resolvida anteriormente.

Inicialmente, pode-se identificar que o avaliador deseja saber sobre os **sistemas de controle na administração pública, nos termos da Constituição Federal de 1988**. Ao longo da resposta, deve-se discorrer sobre os **mecanismos de controle inseridos no ordenamento constitucional**, sendo que, obrigatoriamente, deverão ser abordadas as classificações em relação aos seguintes pontos:

a) momento em que se realiza;

b) órgãos responsáveis pelo seu exercício;

c) natureza ou tipo de controle.

DIREITO FINANCEIRO

Ademais, a banca disponibilizou, de acordo com o edital do concurso do TCU de 2010, 20 linhas para a resposta. O espaço é muito curto para todo o conteúdo. Por isso, a resposta deverá ser objetiva e concisa, com foco estritamente no que se está pedindo. Assim, segue a revisão.

I) Sistemas de controle na administração pública, segundo a CF/88, e órgãos que exercem o controle

As principais regras sobre o controle da Administração Pública, na Constituição da República, constam nos artigos 70 a 75. Com efeito, o art. 70, cuja redação é fundamental para responder ao tema, estabelece o seguinte:

> Art. 70. A fiscalização contábil, financeira, orçamentária, operacional e patrimonial da União e das entidades da administração direta e indireta, quanto à legalidade, legitimidade, economicidade, aplicação das subvenções e renúncia de receitas, será exercida pelo Congresso Nacional, mediante controle externo, e pelo sistema de controle interno de cada Poder.

Portanto, existem dois sistemas de controle da Administração Pública: (i) sistema de controle externo; (ii) sistema de controle interno.

O **sistema de controle externo** é desempenhado pelo Congresso Nacional, com o auxílio do Tribunal de Contas da União – TCU. Conforme já abordado acima, não há relação de hierarquia entre o Congresso e o TCU. Na verdade, em relação ao controle externo, a Constituição Federal outorga competências que são desenvolvidas pelo Congresso Nacional, outras desempenhadas pelo TCU e, por fim, algumas que são exercidas em conjunto entre os dois órgãos, mas cada um com sua atribuição própria.

Seguem alguns exemplos:

- **atividades de controle externo desempenhadas pelo Congresso Nacional**: (a) julgar anualmente as contas prestadas pelo Presidente da República e apreciar os relatórios sobre a execução dos planos de governo (CF, art. 49, IX); (b) instauração de comissões parlamentares de inquérito para apuração de fato determinado (CF, art. 58, § 3º);

- **atividades de controle externo desempenhadas pelo TCU:** (a) apreciar as contas prestadas anualmente pelo Presidente da República, emitindo parecer prévio (CF, art. 71, I) – nesse caso, o TCU apenas aprecia as contas, emitindo um parecer prévio; por outro lado, o julgamento é realizado pelo Congresso, conforme apontado acima; (b) julgar as contas dos administradores públicos (CF, art. 71, II) – em relação aos administradores em geral, o TCU efetivamente julgar as contas, situação que se diferencia das contas do Presidente da República, pelas quais o Tribunal apenas emite parecer prévio; (c) aplicação de sanções, no caso de ilegalidade de despesas ou irregularidade de contas; (d) sustação de atos administrativos ilegais (CF, art. 71, X);

– **atividade de controle externo desempenhada em conjunto pelo TCU e pelo CN**: análise de despesas não autorizadas (CF, art. 72) – diante de indícios de despesas não autorizadas, a Comissão Mista de Orçamento (CMO) poderá solicitar à autoridade governamental responsável que, no prazo de cinco dias, preste os esclarecimentos necessários; se os esclarecimentos não forem prestados, ou forem considerados insuficientes, a Comissão solicitará ao TCU pronunciamento conclusivo sobre a matéria, no prazo de trinta dias; se o Tribunal entender irregular a despesa, a CMO, se julgar que o gasto possa causar dano irreparável ou grave lesão à economia pública, proporá ao Congresso Nacional sua sustação.

Esses são apenas exemplos, mas o que se quer destacar é que o controle externo é desempenhado pelo Congresso, que possui a titularidade, e pelo Tribunal de Contas da União, cada um possuindo as suas próprias atribuições.

Além disso, a Constituição Federal também dispõe sobre o **sistema de controle interno**, que deverá ser mantido por cada Poder. Assim, cada Poder deverá possuir uma estrutura encarregada de exercer o controle interno de suas atividades. Por exemplo, no Poder Executivo federal, a Controladoria-Geral da União é o principal órgão de controle interno; da mesma forma, cada Casa do Congresso Nacional mantém unidades próprias de controle interno; no Poder Judiciário, cada Tribunal deve dispor de uma unidade ou núcleo de controle interno. O sistema de controle interno basicamente: (a) presta o assessoramento para que as autoridades administrativas possam alcançar os objetivos previstos para os seus órgãos, por meio de avaliação de metas e resultados e análise da legalidade dos atos (CF, art. 74, I a III) e (b) apoia o controle externo no exercício de sua missão institucional (CF, art. 74, IV).

II) Momento em que o controle se realiza

Quanto ao momento em que se realiza, o controle pode ser prévio, concomitante e posterior.

O **controle prévio** (*a priori*) é realizado antes da efetivação da conduta administrativa, possuindo um caráter preventivo, orientador, direcionando-se a evitar que as irregularidades ou dano venham a ocorrer.

O **controle concomitante** (*pari passu*), por sua vez, ocorre à medida que a conduta administrativa é desenvolvida. Também é adotado como medida preventiva, pois tem como objetivo evitar a concretização de danos ou irregularidades. Um exemplo seria a fiscalização de uma obra enquanto ela é realizada.

Por fim, o **controle posterior** (*a posteriori*) é realizado após a conclusão da conduta administrativa. O seu caráter é corretivo, uma vez que os eventuais erros já teriam ocorrido; além disso, eventualmente, o controle posterior terá fins sancionatórios, como ocorreria na aplicação de multa em virtude da realização de uma obra superfaturada. Esse tipo de controle é o mais comum de ser adotado nas atividades de controle externo.

III) Natureza ou tipo de controle

Não é uma definição precisa sobre o que seria a natureza ou o tipo de controle. Todavia, como a questão foca no aspecto constitucional, pode-se recorrer novamente ao art. 70 da Constituição Federal, que considera os seguintes tipos (ou natureza) do controle:

a) **contábil**: análise de lançamentos e escrituração contábil;

b) **financeiro**: arrecadação de receitas e execução de despesas;

c) **orçamentário**: elaboração e execução dos orçamentos;

d) **operacional**: eficiência, eficácia e efetividade dos programas de governo;

e) **patrimonial**: guarda e administração de bens.

Nesse caso, a própria Constituição determina os aspectos que devem ser avaliados quando da realização dessas fiscalizações:

a) **legalidade**: analisa a conformidade das condutas administrativas com a legislação (Constituição, leis, atos normativos, etc.);

b) **legitimidade**: analisa se as condutas administrativa atendem ao interesse público e à moralidade;

c) **economicidade**: verifica se as despesas públicas foram realizadas ao menor custo possível, desde que não ocorra comprometimento da qualidade;

d) **aplicação de subvenções e renúncia de receitas**: são formas de incentivos realizadas por meio de transferências de recursos ou isenções concedidas. A análise das subvenções e das renúncias de receitas nada mais é do que a verificação da legalidade, legitimidade e economicidade desses incentivos.

Ainda sobre a natureza e tipo de controle, pode-se mencionar que, ao lado dos controles administrativos, implementados por meio do controle interno, tem-se o **controle judicial** e o **controle social**. Aquele é exercido pelo Poder Judiciário, com base no princípio da inafastabilidade da tutela jurisdicional (CF, art. 5º, XXXV); este, por sua vez, é realizado por qualquer cidadão, por meio do acompanhamento das informações disponibilizadas ou solicitadas. Assim, cada cidadão poderá propor denúncias ou representações aos órgãos de controle (CF, art. 74, § 2º) ou ainda apresentar as ações populares com o objetivo anular ato lesivo ao patrimônio público, à moralidade administrativa, ao meio ambiente e ao patrimônio histórico e cultural (CF, art. 5º, LXXIII).

Diante do que já foi apresentado, pode-se elaborar uma proposta de solução, mas sem perder de vista o curto espaço de vinte linhas. Não se deve tentar uma resposta "completa" ou "perfeita", pois o espaço será muito curto para isso.

Sugestão de resposta

Segundo a Constituição Federal de 1988, o controle da Administração Pública deverá ocorrer por meio dos seguintes sistemas: (a) sistema de controle externo, a cargo do Congresso Nacional, que o exerce com o auxílio do Tribunal de Contas da União – TCU; (b) sistema de controle interno, exercido por cada Poder.

Com efeito, o controle realizado por esses órgãos pode se classificar, quanto ao momento em que se realiza, em controle prévio – realizado antes da conclusão da conduta fiscalizada, com fins preventivos –; concomitante – realizado à medida que a conduta é desenvolvida, também com fins preventivos –; e posterior – exercido após a prática das condutas fiscalizadas, com fins corretivos ou sancionatórios.

Além disso, o controle da Administração é desempenhado por diversos órgãos. Conforme já mencionado, o controle externo é realizado pelo Congresso Nacional, com o auxílio do TCU; o controle interno é exercido por órgãos de cada Poder, a exemplo da Controladoria-Geral da União no Poder Executivo federal. Além disso, é possível mencionar as atividades do Ministério Público, como fiscal da lei, e do Poder Judiciário, no âmbito do controle jurisdicional. O controle também pode ser realizado pelos próprios cidadãos, por meio do controle social.

Por fim, quanto à natureza, o controle pode ser contábil, financeiro, orçamentário, operacional e patrimonial, devendo ser realizado quanto aos aspectos da legalidade, legitimidade, economicidade, aplicação das subvenções e renúncia de receitas.

(Cespe/Bacen/Procurador/2009) Considerando as suas competências constitucionais e legais e os direitos fundamentais à intimidade e à vida privada, o Tribunal de Contas da União tem poderes para determinar a quebra do sigilo bancário de dados constantes do Banco Central do Brasil? Justifique a sua resposta.

Autores: *Frederico Rios Paula e Renato Cesar Guedes Grilo*

DIREITO FINANCEIRO

Direcionamento da resposta

Nessa questão, o candidato deve indicar que o Tribunal de Contas da União não tem poderes para determinar a quebra de sigilo bancário de dados constantes do Banco Central do Brasil, conforme o entendimento do STF, explicando os fundamentos desse posicionamento sobre o tema.

Sugestão de resposta

O STF já se manifestou no sentido de que o Tribunal de Contas da União, a despeito da relevância das suas funções, não tem legitimidade para requisitar informações que importem a quebra de sigilo bancário, por não figurar dentre aqueles a quem o legislador conferiu essa possibilidade na Lei Complementar 105/2001. Para o Pretório Excelso, não há como admitir-se interpretação extensiva, por tal implicar restrição a direito fundamental positivado no art. 5°, X, da Constituição Federal[34-35].

(Cespe/TCE/RN/Auditor/2009, adaptada) A assembleia legislativa de determinado estado da Federação aprovou e promulgou emenda à constituição estadual ampliando a esfera de competência da assembleia legislativa e das câmaras municipais, investindo-as de poderes para julgar as próprias contas. De acordo com a emenda aprovada, cabe, ainda, à assembleia legislativa julgar as

---

34. "(...) O Tribunal de Contas da União, a despeito da relevância das suas funções, não está autorizado a requisitar informações que importem a quebra de sigilo bancário, por não figurar dentre aqueles a quem o legislador conferiu essa possibilidade, nos termos do art. 38 da Lei 4.595/1964, revogado pela Lei Complementar 105/2001. Não há como admitir-se interpretação extensiva, por tal implicar restrição a direito fundamental positivado no art. 5°, X, da Constituição. (...)". (STF, MS 22934, DJe 9.5.2012).
35. "Mandado de Segurança. Tribunal de Contas da União. Banco Central do Brasil. Operações financeiras. Sigilo. 1. A Lei Complementar n° 105, de 10/1/01, não conferiu ao Tribunal de Contas da União poderes para determinar a quebra do sigilo bancário de dados constantes do Banco Central do Brasil. O legislador conferiu esses poderes ao Poder Judiciário (art. 3°), ao Poder Legislativo Federal (art. 4°), bem como às Comissões Parlamentares de Inquérito, após prévia aprovação do pedido pelo Plenário da Câmara dos Deputados, do Senado Federal ou do plenário de suas respectivas comissões parlamentares de inquérito (§§ 1° e 2° do art. 4°). 2. Embora as atividades do TCU, por sua natureza, verificação de contas e até mesmo o julgamento das contas das pessoas enumeradas no artigo 71, II, da Constituição Federal, justifiquem a eventual quebra de sigilo, não houve essa determinação na lei específica que tratou do tema, não cabendo a interpretação extensiva, mormente porque há princípio constitucional que protege a intimidade e a vida privada, art. 5°, X, da Constituição Federal, no qual está inserida a garantia ao sigilo bancário. 3. Ordem concedida para afastar as determinações do Acórdão n° 72/96/TCU/2ª Câmara, bem como as penalidades impostas ao impetrante no Acórdão n° 54/97/TCU/Plenário. (STF, MS 22801, DJe 14.3.2008).

contas do tribunal de justiça estadual. No mesmo sentido, a emenda conferiu ao Tribunal de Contas do Estado (TCE) atuação meramente opinativa em relação às contas prestadas pelas mesas da assembleia legislativa e das câmaras municipais. O procurador-geral da República ajuizou ação direta de inconstitucionalidade, junto ao Supremo Tribunal Federal, visando suspender a eficácia da emenda aprovada. Com referência a essa situação hipotética, redija um relatório que esclareça como se dá o controle das contas dos Poderes Executivo e Legislativo (nas esferas estadual e municipal) e do Poder Judiciário estadual e qual deve ser o papel do TCE nesse controle. Ao elaborar seu texto, responda, necessariamente e de forma fundamentada, aos seguintes questionamentos, acerca da situação hipotética em questão: a) Foi correta a iniciativa dos deputados estaduais de ampliar as competências da assembleia legislativa e das câmaras municipais para julgamento das próprias contas e das contas do tribunal de justiça local? b) Foi correta a iniciativa de conferir ao TCE competência meramente opinativa em relação às contas prestadas pelas mesas da assembleia legislativa e das câmaras municipais? c) Disposições da constituição estadual poderão ser objeto da ação direta de inconstitucionalidade perante o STF? d) O procurador-geral da República tem legitimidade para ajuizar ação direta de inconstitucionalidade questionando a referida emenda à constituição estadual?

Autor: Erick dos Santos Alves

Direcionamento da resposta

Essa questão trata de um estudo de caso sobre a **competência dos Tribunais de Contas** no que diz respeito à apreciação e julgamento das contas dos administradores públicos.

Vejamos o que diz a CF/88 a respeito:

> Art. 71. O controle externo, a cargo do Congresso Nacional, será exercido com o auxílio do Tribunal de Contas da União, ao qual compete:
>
> I – apreciar as contas prestadas anualmente pelo Presidente da República, mediante parecer prévio que deverá ser elaborado em sessenta dias a contar de seu recebimento;
>
> II – julgar as contas dos administradores e demais responsáveis por dinheiros, bens e valores públicos da administração direta e indireta, incluídas as fundações e sociedades instituídas e mantidas pelo Poder Público federal, e as contas daqueles que derem causa a perda, extravio ou outra irregularidade de que resulte prejuízo ao erário público;

No art. 71, I, fica claro que o Tribunal de Contas da União (TCU) tem competência apenas para **apreciar** (e não para julgar!) as **contas do Presidente da República**. A apreciação das contas do Presidente é feita mediante **parecer prévio**, que deverá ser elaborado em 60 dias a contar de seu recebimento. O **julgamento** das contas do Presidente da República é competência do **Congresso Nacional**.

Por simetria, os **Tribunais de Contas dos Estados** (TCE) têm competência para **apreciar** as contas dos Governadores e dos Prefeitos. O **julgamento** das contas dos Governadores e dos Prefeitos caberá, respectivamente, à **Assembleia Legislativa e às Câmaras Municipais**.

Para aprofundar um pouco mais, cabe destacar, ainda, o seguinte:

a) No Brasil, existem dois Tribunais de Contas de **natureza municipal** (o TCM-SP e o TCM-RJ). Então, nos municípios de São Paulo e Rio de Janeiro, a apreciação das contas dos Prefeitos caberá, respectivamente, ao TCM-SP e ao TCM-RJ. Recorde-se que o art. 31, § 4º, CF/88, **veda** a criação de Tribunais, Conselhos ou órgãos de Contas Municipais. O TCM-SP e o TCM-RJ apenas existem enquanto órgãos municipais porque eles foram criados antes da CF/88.

b) Existem alguns estados brasileiros que instituíram Cortes de Contas dotadas de competência para **alcançar todos os seus municípios.** Trata-se de órgãos de **natureza estadual**. Como exemplo, temos o TCM-GO e o TCM-CE. Esses órgãos serão responsáveis por apreciar as contas dos Prefeitos dos respectivos Estados.

No art. 71, II, está previsto que o **TCU julga as contas dos demais administradores e responsáveis** por dinheiros, bens e valores públicos. Essa competência **inclui** as contas dos Presidentes do Poder Legislativo e do Poder Judiciário, bem como as contas do Chefe do Ministério Público.

Assim, aplicando-se o princípio da simetria, os **Tribunais de Contas dos Estados** (TCEs) é que terão competência para **julgar as contas da Assembleia Legislativa e das Câmaras Municipais**. Já decidiu o STF, inclusive, que a Constituição Estadual não pode conceder à Assembleia Legislativa competência para o julgamento de suas próprias contas, muito menos das contas do Poder Judiciário Estadual.

Pronto! Já comentamos o cerne dessa questão. Para finalizar, basta responder as últimas duas perguntas. Sobre elas, comentamos que **norma de Constituição Estadual poderá ser objeto de controle de constitucionalidade** perante o STF por meio de ADI. Ademais, o **Procurador-Geral da República poderá ajuizar ADI**, pois trata-se de legitimado universal para propor tal ação.

Sugestão de resposta

Trata-se de parecer com vistas a esclarecer, no exame do caso concreto, como se dá o controle das contas dos Poderes Executivo e Legislativo (nas esferas estadual e municipal) e do Poder Judiciário estadual e qual deve ser o papel do Tribunal de Contas do Estado (TCE) nesse controle.

Na situação apresentada, foi promulgada emenda à Constituição Estadual conferindo à Assembleia Legislativa e às Câmaras Municipais competência para julgar suas próprias contas. Além disso, atribuiu à Assembleia Legislativa competência para julgar as contas do Tribunal de Justiça Estadual. Pela redação da emenda, o Tribunal de Contas do Estado teria atuação meramente opinativa quanto às contas apresentadas pela Assembleia Legislativa e Câmaras Municipais.

No mérito, verifica-se que foi incorreta a iniciativa dos deputados estaduais de ampliar as competências da Assembleia Legislativa e das Câmaras Municipais para julgamento das próprias contas e das contas do Tribunal de Justiça local. Com efeito, tal deliberação se mostra incompatível com o texto constitucional e com o entendimento dominante na jurisprudência do STF, segundo o qual, por simetria com o disposto na Constituição Federal, o Tribunal de Contas do Estado é que detém a competência para julgar as contas dos Presidentes dos órgãos dos Poderes Legislativo e Judiciário e do Chefe do Ministério Público.

Também não foi correta a iniciativa de conferir ao TCE competência meramente opinativa em relação às contas prestadas pelas mesas da Assembleia Legislativa e das Câmaras Municipais. Isso porque, segundo a ordem constitucional vigente, o TCE terá competência meramente opinativa apenas no que diz respeito às contas do Governador e dos Prefeitos, que serão julgadas, respectivamente, pela Assembleia Legislativa e pelas Câmaras Municipais. Em relação às contas apresentadas pelas mesas da Assembleia Legislativa e das Câmaras Municipais, conforme afirmado anteriormente, caberá julgamento pelo TCE.

Detalhe é que, em relação aos municípios que são abrangidos pela jurisdição de um Tribunal de Contas dos Municípios (órgão estadual) ou de um Tribunal de Contas Municipal (órgão municipal), a competência para julgar as contas dos órgãos municipais e para emitir parecer prévio em relação às contas dos Prefeitos não é do TCE, e sim do Tribunal de Contas responsável pelo controle externo do município.

Levando-se em consideração essas premissas, a emenda à Constituição Estadual poderá, sim, ser questionada em sede de Ação Direta de Inconstitucionalidade (ADI) ajuizada perante o STF. De fato, é pacífico o entendimento de que norma de Constituição Estadual pode ser objeto de controle abstrato de constitucionalidade perante o STF.

Por fim, cumpre ressaltar que o Procurador-Geral da República (PGR) tem legitimidade para ajuizar ADI questionando a referida emenda à Constituição Estadual, uma vez que o PGR é considerado um legitimado universal, ou seja, poderá propor ADI sobre qualquer matéria, não havendo que se comprovar a existência de pertinência temática.

Do exposto, submete-se o presente parecer à consideração superior, propondo a adoção dos seguintes entendimentos: a) foi incorreta a iniciativa dos deputados estaduais de ampliar as competências da assembleia legislativa e das câmaras municipais para julgamento das próprias contas e das contas do tribunal de justiça local, uma vez que tal competência pertence ao Tribunal de Contas; b) foi incorreta a iniciativa de conferir ao TCE competência meramente opinativa em relação às contas prestadas pelas mesas da assembleia legislativa e das câmaras municipais, pois a competência opinativa do TCE se restringe às contas do Governador e dos Prefeitos; c) as disposições da constituição estadual poderão ser objeto da ação direta de inconstitucionalidade perante o STF; d) o procurador-geral da República possui legitimidade para ajuizar ação direta de inconstitucionalidade questionando a referida emenda à constituição estadual, pois é um legitimado universal.

(FGV/TCM/PA/Auditor/2008) Explique as regras constitucionais quanto à fiscalização do Controle Externo.

Autor: Erick dos Santos Alves

Direcionamento da resposta

Questão totalmente aberta! A banca não disponibilizou um roteiro a ser seguido, ou seja, não informou os tópicos do assunto principal que necessariamente deveriam ser abordados. Nesse caso, o candidato deve criar seu próprio roteiro, fazendo um planejamento prévio da resposta.

Principalmente nesse tipo de questão, o planejamento prévio é essencial, pois ajuda o candidato a não se perder na resposta. O tempo despendido no planejamento é tempo economizado no final.

Vamos então analisar o enunciado para planejarmos nossa resposta.

A banca pede que o candidato explique as **regras constitucionais** quanto à fiscalização do **controle externo**. Assim, é necessário lembrar que controle externo, em sentido amplo, é toda fiscalização exercida por um ente que não integra a estrutura na qual o fiscalizado está inserido. Porém, a Constituição Federal restringiu essa definição no âmbito do controle da gestão pública, atribuindo a **titularidade** do controle externo ao **Poder Legislativo**, representado pelo Congresso Nacional na esfera federal. E para possibilitar o exercício do controle externo, a Carta Magna conferiu ao **Tribunal de Contas da União** a missão de auxiliar o Poder Legislativo, mediante a definição de competências exclusivas para a Corte de Contas.

Portanto, **somente** o controle exercido pelo Poder Legislativo com o auxílio do Tribunal de Contas recebe a denominação de controle externo, segundo a Constituição. É o que se depreende do *caput* do art. 70 e do art. 71 da CF:

> Art. 70. A fiscalização contábil, financeira, orçamentária, operacional e patrimonial da União e das entidades da administração direta e indireta, quanto à legalidade, legitimidade, economicidade, aplicação das subvenções e renúncia de receitas, será exercida pelo Congresso Nacional, mediante controle externo, e pelo sistema de controle interno de cada Poder. (...).
>
> Art. 71. O controle externo, a cargo do Congresso Nacional, será exercido com o auxílio do Tribunal de Contas da União, ao qual compete (...).

Dessa forma, a atuação do Poder Judiciário sobre os atos dos demais Poderes **não** se enquadra na definição de controle externo presente na nossa Constituição. Muito menos é controle externo a fiscalização exercida pela administração direta sobre as entidades da administração indireta.

No exercício do controle externo, a Constituição reservou ao Parlamento atividades de cunho **político**, o chamado **controle parlamentar direto**. Ao TCU, por sua vez, a Constituição delegou as atividades de cunho **técnico-financeiras**, o chamado **controle parlamentar indireto**. Já vimos anteriormente alguns mecanismos de fiscalização da gestão pública próprios do Congresso e do TCU.

O controle parlamentar direto ou político decorre da estrutura de divisão de poderes, ou **sistema de freios e contrapesos**, para restringir e limitar o poder dos governantes. Assim, o Legislativo é o responsável por aprovar as políticas públicas, bem como as regras para a arrecadação de receitas e a programação orçamentária da execução das despesas, as quais devem ser seguidas e executadas majoritariamente pelo Poder Executivo, mas também pelos responsáveis pelas unidades administrativas dos demais Poderes, obedecendo aos princípios da legalidade, legitimidade e economicidade. E, buscando o equilíbrio entre os Poderes, a Constituição definiu que a prestação de contas deve ser feita ao mesmo Poder que definiu as regras, o Legislativo, que é o titular de controle externo.

Mas, para que o controle da gestão pública seja efetivo, a Constituição estabeleceu que o Parlamento deve contar com o **auxílio técnico indispensável** do Tribunal de Contas, que, mediante sua ação fiscalizadora, de caráter contábil-financeiro, busca garantir que a administração pública arrecade, gaste e administre os recursos públicos dentro dos limites da lei e do interesse geral.

Façamos agora o planejamento da dissertação, lembrando que a banca estipulou o máximo de 15 linhas. Os parágrafos podem ser assim distribuídos:

DIREITO FINANCEIRO

1º Parágrafo (introdução) – exposição do art. 70 da CF, esclarecendo que o titular do controle externo é o Poder Legislativo, que conta com o auxílio dos Tribunais de Contas.

2º Parágrafo (desenvolvimento – controle político) – o candidato apresentará exemplos de controle político feito pelo Congresso Nacional ou por comissões parlamentares, esclarecendo que o fundamento é o sistema de freios e contrapesos.

3º Parágrafo (desenvolvimento – controle financeiro) – nesse tópico, podem ser feitas observações gerais quanto às principais funções do TCU.

4º Parágrafo (conclusão) – o candidato pode finalizar com breves comentários acerca da importância do papel do controle externo na fiscalização dos atos da Administração Pública.

Sugestão de resposta

Nos termos da Constituição Federal, o controle externo da gestão pública será exercido pelo Poder Legislativo, com o auxílio dos Tribunais de Contas, sob os aspectos contábil, financeiro, orçamentário, operacional e patrimonial quanto à legalidade, legitimidade, economicidade, aplicação das subvenções e renúncia de receitas.

O controle exercido diretamente pelo Legislativo é político e alicerçado no sistema de freios e contrapesos. Como exemplo, cite-se a competência do Congresso Nacional para julgar as contas prestadas pelo Presidente da República, e a competência das comissões de inquérito para a quebra do sigilo bancário, fiscal e de dados.

Por sua vez, o controle realizado pelos Tribunais de Contas possui natureza técnico-financeira, a exemplo do julgamento as contas dos administradores, da sustação da execução de atos, da realização de auditorias e inspeções e, ainda, da aplicação de sanções.

Assim, o controle externo a cargo do Legislativo, com auxílio dos Tribunais de Contas, conta com mecanismos técnicos e políticos para assegurar a boa e regular gestão dos recursos públicos.

(Cespe/TCU/Analista/2008) Maria, servidora pública federal, requereu a concessão do benefício de aposentadoria pelo regime próprio, o qual lhe foi concedido por força da Portaria X, de 5 de março de 2003, pela autoridade competente do órgão no qual estava lotada. Remetido o processo administrativo para o Tribunal de Contas da União, este, sem intimar Maria a se manifestar, entendeu que ela não preenchia os requisitos para aposentar-se, pelo que negou o registro

e determinou ao órgão, em 6 de maio de 2008, o retorno de Maria ao serviço. Com base nessa situação hipotética, responda, de forma fundamentada, às indagações a seguir: (i) Houve nulidade na decisão proferida pelo TCU diante da inexistência de intimação para se promover a defesa de Maria? (ii) Qual seria o órgão judicial competente para julgar eventual mandado de segurança a ser impetrado por Maria? (iii) Há prazo decadencial para que a administração anule o ato contido na Portaria X?

Autor: Erick dos Santos Alves

Direcionamento da resposta

O Supremo Tribunal Federal tem entendido que os atos sujeitos a registro, nos termos do art. 71, inc. III, da CF, só se aperfeiçoam com a atuação do Tribunal de Contas, ou seja, são **atos complexos**. Assim, o ato não se submete ao prazo decadencial de cinco anos *antes da decisão por parte do TCU*.

Em se cuidando de ato inicial de concessão de aposentadoria, a intimação do interessado não é necessária, em razão do que estabelece a **Súmula Vinculante nº 3 do STF**:

> Nos processos perante o Tribunal de Contas da União asseguram-se o contraditório e a ampla defesa quando da decisão puder resultar anulação ou revogação de ato administrativo que beneficie o interessado, excetuada a apreciação da legalidade do ato de concessão inicial de aposentadoria, reforma e pensão.

Assim, os princípios do contraditório e da ampla defesa não são de observância compulsória na apreciação de **concessões iniciais** de aposentadorias, reformas e pensões, porque, nesse caso, o registro a cargo do TCU constitui manifestação tendente apenas a contribuir para a formação do ato administrativo complexo. Esse entendimento também se aplica às melhorias posteriores **que alterem** o fundamento legal do ato concessório, pois se equivalem às concessões iniciais.

Todavia, o próprio STF tem atenuado sua posição com relação à desnecessidade de intimação do interessado, no que se refere ao ato inicial de registro. Na visão da Suprema Corte, quando entre a concessão da aposentadoria e apreciação, para efeitos de registro, houve um lapso de tempo considerável, o próprio TCU deve possibilitar o contraditório, em atendimento aos princípios da segurança jurídica, da boa-fé e da lealdade, vez que a atuação do Tribunal de Contas deve se compatibilizar com o princípio da razoabilidade. O "lapso considerável" é de **cinco anos**, aplicando-se, subsidiariamente, a Lei 9.784/1999 ao processo no Tribunal.

Ademais, o STF pacificou entendimento de que o prazo decadencial de cinco anos da Lei 9.784/1999 para anulação de atos sujeitos a registro pela Administração tem início **a partir da publicação do registro no Tribunal de Contas**.

Dessa forma, tem-se que o Tribunal, ao apreciar o registro da concessão inicial de aposentadoria, reforma ou pensão, não precisa assegurar o contraditório e a ampla defesa, **salvo** se transcorridos cinco anos desde a prática do ato, caso em que não se opera a decadência, mas impõe-se a necessidade de intimar os interessados para garantir-lhes o direito de defesa.

Por fim, quanto ao mandado de segurança, a instituição competente para apreciação é o STF, conforme o previsto no art. 102, inc. I, alínea *d*, da Constituição Federal.

Sugestão de resposta

De acordo com a Constituição Federal, compete ao Tribunal de Contas da União (TCU) apreciar a legalidade, para fins de registro, da concessão de aposentadoria de servidores públicos federais.

Na situação examinada, a princípio, não haveria nulidade diante da ausência de intimação da servidora, haja vista que, segundo o entendimento do Supremo Tribunal Federal, o ato de aposentação é de natureza complexa, somente se aperfeiçoando com o registro no TCU. Nesse sentido, a teor da Súmula Vinculante 3 do STF, o ato inicial de aposentação dispensa o contraditório e a ampla defesa.

Ocorre que, também conforme entendido pelo STF, o prazo decadencial para que a Administração anule ato sujeito a registro é de cinco anos, contados a partir da manifestação inicial do TCU sobre a legalidade do ato. Nesse sentido, a Suprema Corte considera que, decorridos mais de cinco anos entre a concessão da aposentadoria e o ato de registro no TCU, há necessidade de contraditório no próprio TCU.

Assim, no presente caso, em que a concessão do benefício deu-se há mais de cinco anos, embora não tenha sido operada a decadência para anulação do ato contido na Portaria X, a decisão do Tribunal é nula, devido à inexistência de intimação da Senhora Maria. Se a aposentada desejar, poderá intentar mandado de segurança contra a decisão do TCU, sendo o STF o órgão judicial competente para julgamento do feito.

(FMP/TCE/MT/MPC/Procurador/2008) Conjugando os conhecimentos pertinentes de Direito Constitucional e Direito Administrativo, discorra sobre o chamado "controle parlamentar" dos atos e contratos administrativos, abordando em especial os seguintes aspectos: (i) diferença conceitual entre ato e contrato administrativo; (ii) o que é em si o "controle parlamentar"; (iii) em que se

diferem os procedimentos desse controle com relação aos atos e aos contratos; (iv) que tipos de impugnações podem resultar da fiscalização financeira e orçamentária de um contrato; (v) considerações gerais sobre esse tema.

Autor: **Erick dos Santos Alves**

Direcionamento da resposta

Essa é uma questão em que se exigiu o conhecimento multidisciplinar. No enunciado, o candidato pode perceber, claramente, que os conhecimentos de Direito Constitucional e de Direito Administrativo devem ser conjugados.

A dissertação pode ter a seguinte estruturação:

1º Parágrafo (introdução – o que é controle parlamentar?) – exposição do conceito de controle parlamentar, com o detalhamento do controle direto (Legislativo) e indireto (auxílio pelos Tribunais de Contas). Preocupação de criar um **link** (palavra ou trecho de frase de interligação) para o parágrafo subsequente.

2º Parágrafo (desenvolvimento – distinção entre atos e contratos) – esclarecimentos de que o controle parlamentar ou legislativo (direto e indireto) incidem sobre os atos e os contratos da Administração, especificando que os atos são declarações unilaterais do Estado ou de quem lhe faça as vezes, marcados pela unilateralidade; enquanto que os contratos são celebrados pelo Estado e particulares, tendo a marca da bilateralidade, do consentimento, distintamente do que ocorre com os atos que detêm, de regra, o atributo da imperatividade.

3º Parágrafo (desenvolvimento – procedimento de controle de atos e de contratos) – demonstração de que os atos podem ser sustados tanto pelo Poder Legislativo como pelos Tribunais, mas que os contratos só podem ser sustados pelo Poder Legislativo, a não ser que ultrapassado o prazo de 90 dias sem a adoção das providências cabíveis.

4º Parágrafo (desenvolvimento – tipos de impugnações) – comentários objetivos de que o Tribunal de Contas detém, por exemplo, poder geral de cautela.

5º Parágrafo (conclusão – considerações gerais) – conclusão, fazendo-se resgate das ideias centrais da dissertação, utilizando-se, em todo caso, de frase de impacto.

Sugestão de resposta

O controle parlamentar ou legislativo, no Brasil, de natureza externa, é exercido de forma direta ou indireta, nos termos da Constituição. O controle parlamentar direto ou político é desempenhado pelos órgãos legislativos e respectivas comissões, sob os aspectos de legalidade e de conveniência. Por sua vez, o controle parlamentar indireto ou contábil-financeiro é efetuado pelos Tribunais de Contas, sob o aspecto de legalidade, legitimidade e economicidade.

A fiscalização e o controle do Legislativo são significativamente amplos, não se limitando aos atos administrativos, estes entendidos como manifestações unilaterais do Estado ou de quem lhe faça as vezes. Incidirão também sobre os contratos da Administração, os quais se diferem dos atos administrativos em razão da bilateralidade e da consensualidade.

Essa distinção entre ato e contrato apresenta importantes consequências para o controle externo. De acordo com a Constituição, aos Tribunais de Contas cabe, tão somente, fixar prazos para atendimento de suas determinações, e se não atendido, sustar a execução dos respectivos atos, comunicando tal providência ao Legislativo. Por outro lado, relativamente aos contratos, o ato de sustação será adotado diretamente pelo Legislativo. No entanto, caso o Parlamento e o Executivo permaneçam inertes, no prazo de 90 dias, faculta-se aos Tribunais a sustação do contrato.

É importante mencionar que, apesar de não poder sustar primariamente contratos, o Tribunal de Contas pode determinar ao órgão ou entidade que adote as providências para a anulação de contrato, segundo entendimento do Supremo Tribunal Federal. Ademais, o STF reconheceu o Poder Geral de Cautela do Tribunal de Contas, que lhe permite suspender procedimentos licitatórios ou reter pagamentos decorrentes de contratos com irregularidades.

Pelo exposto, não há dúvida de que o controle externo exercido pelo Legislativo ou pelos Tribunais de Contas é sistema indispensável para assegurar a probidade da Administração Pública.

(FGV/TCM/RJ/Procurador/2008) No Brasil, há duas correntes quanto à natureza das decisões proferidas pelos Tribunais de Contas. Discorra sobre a argumentação doutrinária de cada uma delas.

Autor: Erick dos Santos Alves

Direcionamento da resposta

O enunciado é direto e de fácil interpretação, até porque o candidato dispõe de apenas 20 linhas para dissertar sobre a *natureza das decisões proferidas pelos Tribunais de Contas*.

Todavia, o tema, embora simples, é rico em detalhes, o que exige a excelência na etapa de planejamento. Vamos direto à sugestão de distribuição de parágrafos:

1º Parágrafo (introdução) – o candidato pode esclarecer que os Tribunais de Contas são órgãos independentes e de auxílio ao Poder Legislativo, encarregados do controle externo parlamentar indireto da Administração Pública.

2º Parágrafo (desenvolvimento) – nesse tópico, é suficiente a simples apresentação da existência de controvérsias doutrinárias, com o apontamento das duas principais correntes: a) os que defendem a natureza jurídica das decisões dos Tribunais de Contas e b) os que defendem a natureza administrativa (maioria).

3º Parágrafo (desenvolvimento) – depois de listadas as duas principais correntes, o candidato expõe a tese do exercício da função jurisdicional, que fundamentaria a natureza jurídica das decisões, indicando como principal argumento o fato de a própria Constituição, ao estabelecer o termo técnico "julgar", ter conferido parcela jurisdicional às Cortes de Contas.

4º Parágrafo (desenvolvimento-conclusão) – como não teremos espaço suficiente para um tópico autônomo de conclusão, o candidato pode demonstrar ao examinador que esse parágrafo é o último. Para tanto, é recomendável, por exemplo, o uso da expressão *"por fim"*, seguida da apresentação da tese de que, apesar de o Tribunal de Contas julgar as contas dos administradores, e, portanto, exercer função judicante, não é órgão integrante do Poder Judiciário, carecendo, pois, suas decisões de definitividade, daí o cunho meramente administrativo que encerram. No Brasil vigora o sistema de jurisdição una (art. 5º, inciso XXXV, da CF/1988), não existindo o chamado contencioso administrativo, sendo então possível às partes recorrerem ao Poder Judiciário após o julgamento dos Tribunais de Contas.

Sugestão de resposta

Os Tribunais de Contas (TC) são instituições encarregadas de realizar, em auxílio ao Poder Legislativo, o controle externo de natureza contábil, financeira, orçamentária, operacional e patrimonial da Administração Pública.

No Brasil, parte da doutrina considera que as decisões dos TC possuem natureza jurídica, enquanto outra parte afirma que possuem natureza administrativa.

O principal argumento da corrente que defende a natureza jurídica das decisões é o de que a própria Constituição, ao estabelecer o termo "julgar", conferiu parcela jurisdicional aos TC. Assim, apesar de não comporem o Poder

Judiciário, as Cortes de Contas foram investidas parcialmente na função judicante, sendo as decisões que julgam as contas dos responsáveis por dinheiros e bens públicos dotadas de definitividade.

Por fim, a segunda corrente, que é a majoritária, defende a natureza administrativa das decisões dos TC, sob o argumento de que, no Brasil, vigora o sistema de jurisdição una e não o contencioso administrativo. Logo, os TC são órgãos técnicos, não jurisdicionais. Assim, suas decisões não são dotadas de definitividade, sendo, portanto, sujeitas ao controle jurisdicional.

(FMP/TCE/MT/MPC/Procurador/2008) *É sempre necessária a observância ao princípio constitucional do contraditório e da ampla defesa em favor de interessado em processo administrativo no âmbito de Tribunal de Contas da União? Por quê?*

Autor: Herbert Almeida

Direcionamento da resposta

A resposta dessa questão depende dos conhecimentos da Súmula Vinculante 3 do STF, que estabelece o seguinte:

> Súmula Vinculante 3. Nos processos perante o Tribunal de Contas da União asseguram-se o contraditório e a ampla defesa quando da decisão puder resultar anulação ou revogação de ato administrativo que beneficie o interessado, excetuada a apreciação da legalidade do ato de concessão inicial de aposentadoria, reforma e pensão.

Portanto, pode-se notar que deve existir contraditório e ampla defesa nos processos perante as Cortes de Contas quando a decisão possa resultar na anulação ou revogação de ato administrativo que beneficie o interessado.

Todavia, tratando-se da apreciação da legalidade do ato de concessão inicial de aposentadoria, reforma e pensão, não há, como regra, o contraditório e a ampla defesa.

Tal competência dos Tribunais de Contas está prevista no art. 71, III, da Constituição Federa, nos seguintes termos:

> Art. 71. O controle externo, a cargo do Congresso Nacional, será exercido com o auxílio do Tribunal de Contas da União, ao qual compete: (...)
>
> III – apreciar, para fins de registro, a legalidade dos atos de admissão de pessoal, a qualquer título, na administração direta e indireta, incluídas as fundações instituídas e mantidas pelo Poder Público, excetuadas as

nomeações para cargo de provimento em comissão, bem como a das concessões de aposentadorias, reformas e pensões, ressalvadas as melhorias posteriores que não alterem o fundamento legal do ato concessório;

Esse é o famoso registro das aposentadorias, reformas e pensões. De acordo com o STF, a concessão de aposentadoria, reforma e pensão é ato administrativo complexo, ou seja, somente se aperfeiçoa com o registro perante o Tribunal de Contas (MS 24.997). Por conseguinte, enquanto não formulado o registro, o ato não está "pronto". Exatamente por isso que não há contraditório e ampla defesa em relação aos atos de registro das concessões de aposentadorias, reformas e pensões.

Para complementar o assunto, é preciso detalhar um pouco mais a consequência de se considerar o ato de concessão de aposentadoria, reforma ou pensão como complexo.

O prazo decadencial para a Administração eventualmente anular um ato de concessão de aposentadoria, reforma ou pensão passa a correr apenas depois do registro no Tribunal de Contas.

Por conseguinte, o prazo decadencial de cinco anos para a Administração anular os atos administrativos de que decorram efeitos favoráveis para os destinatários, previsto para a esfera federal por meio do art. 54 da Lei 9.784/1999, passa a correr somente após efetuado o registro do ato de concessão inicial do benefício. Por exemplo, se a Administração conceder a aposentadoria para um servidor no dia 20 de março de 2009, mas o TCU, sem ter realizado o registro, determinar que se proceda a anulação do ato no dia 20 de março de 2016, não há que se falar em decadência do direito de anular, uma vez que, até o momento, o ato não se aperfeiçoou.

No entanto, alguns processos de registro tramitam por anos nos tribunais de contas. Assim, corria-se o risco de a Administração conceder a aposentadoria, mas vários anos depois o Tribunal de Contas competente determinar a realização da anulação do ato, fazendo com que o destinatário retornasse ao serviço após mais de dez anos da concessão de sua aposentadoria, sem nem ter o direito de se defender no processo.

Por esse motivo, o STF passou a reconhecer que será necessário conceder o contraditório e a ampla defesa quando decorrido o prazo de mais de cinco anos de ingresso do processo no Tribunal de Contas ou de dez anos da concessão do benefício (Rcl 15405)

Portanto, se a aposentadoria for concedida em 20 de março de 2009, mas o processo de registro dar entrada no Tribunal de Contas no dia 20 de março de 2010, terá que existir o contraditório a partir do dia 20 de março de 2015 (cinco anos de ingresso do processo). Por outro lado, se o processo ficar parado no órgão administrativo por seis anos, dando entrada no Tribunal de Contas no dia 20 de março de 2015, o contraditório terá que ser oportunizado a partir de 20 de março de 2019 (dez anos da concessão do benefício).

Em resumo, a regra é conceder o contraditório e a ampla defesa nos processos perante o Tribunal de Contas, ressalvando-se a apreciação da legalidade do ato de concessão inicial de aposentadoria, reforma e pensão. No entanto, decorridos mais de cinco anos de ingresso do processo de registro no Tribunal de Contas, ou mais de dez anos da concessão do benefício, também será necessário o contraditório na apreciação da legalidade da concessão de aposentadoria, reforma e pensão.

Veja que foram abordados alguns assuntos desnecessários para a resposta, pois fogem um pouco do conteúdo, mas auxiliam na compreensão do tema. O quanto disso que deve-se aprofundar na resposta, vai depender da quantidade de linhas disponíveis pelo avaliador. Se houver muito espaço, compensa desenvolver bem o tema; por outro lado, se a resposta for em poucas linhas, é preciso ser objetivo, respondendo diretamente ao questionamento do avaliador.

Por fim, deve-se esclarecer que o Tribunal de Contas possui natureza administrativa, uma vez que não compõe o Poder Judiciário. Dessa forma, os processos que tramitam nas Cortes de Contas são processos administrativos.

Dito isso, apresenta-se uma proposta de solução.

Sugestão de resposta

A Constituição Federal assegura aos litigantes e aos acusados o direito ao contraditório e à ampla defesa, tanto nos processos administrativos quanto nos judiciais.

Dessa forma, o Supremo Tribunal Federal – STF passou a reconhecer, por meio de súmula vinculante, que é necessário a concessão do contraditório e da ampla defesa nos processos perante o Tribunal de Contas da União – TCU, sempre que a decisão puder resultar em anulação ou revogação de ato administrativo que beneficie o interessado, com exceção da apreciação da legalidade do ato de concessão inicial de aposentadoria, reforma e pensão.

Portanto, uma vez que há o risco de desconstituir o ato que beneficia o interessado, será obrigatória a concessão do contraditório e da ampla defesa.

Porém, não há esse direito na apreciação da legalidade do ato de concessão inicial de aposentadoria, reforma e pensão, uma vez que, segundo o STF, trata-se de ato complexo, que somente se aperfeiçoa com o registro perante o Tribunal de Contas da União. No entanto, se decorrer mais de cinco anos do ingresso do processo no Tribunal de Contas ou de dez anos da concessão do benefício, também será necessário conceder o contraditório se a decisão tiver o risco de desconstituir ato que beneficie o interessado.

Com efeito, os processos que tramitam no TCU possuem natureza administrativa, uma vez que o Tribunal de Contas não compõe o Poder Judiciário.

Dessa forma, nem sempre será obrigatória a observância ao princípio constitucional do contraditório e da ampla defesa nos processos administrativos no âmbito do Tribunal de Contas da União, uma vez que o STF reconhece a desnecessidade da defesa nos processos de apreciação da legalidade do ato de concessão inicial de aposentadoria, reforma e pensão, exceto se a apreciação demorar a ocorrer.

(Cespe/TCU/Auditor/2007) Atualmente, não há mais controvérsias acerca da prerrogativa dos tribunais de contas para apreciarem a constitucionalidade de leis e atos normativos, quando do exercício de suas atribuições constitucionais. Tanto a doutrina quanto a jurisprudência têm sido uniformes no sentido de que as cortes de contas podem e devem pronunciar-se quanto à constitucionalidade de leis e atos normativos, em matérias de sua competência. Com relação a esse assunto, redija um texto dissertativo sobre o exercício, pelo TCU, do controle de constitucionalidade de leis e atos normativos, abordando, necessariamente, os seguintes aspectos: (i) espécies de controle de constitucionalidade repressivo adotadas no direito brasileiro; (ii) espécie de controle de constitucionalidade exercido pelo TCU; (iii) fundamentos jurídicos para o exercício do controle de constitucionalidade pelo TCU; (iv) órgão(s) competente(s), dentro do TCU, para o exercício do controle de constitucionalidade; requisitos e procedimentos adotados pelo TCU para o controle de constitucionalidade; (v) efeitos e alcance de uma eventual deliberação do TCU no sentido da inconstitucionalidade de determinada lei ou ato normativo.

Autor: Erick dos Santos Alves

Direcionamento da resposta

A partir da leitura do enunciado, verificamos tratar-se de dissertação sobre o exercício, pelo TCU, do **controle de constitucionalidade de leis e atos normativos**, seguindo o roteiro definido pela organizadora.

Para tanto, precisamos gastar um pouquinho do nosso Direito Constitucional, além do Controle Externo, é claro.

I) Espécies de controle de constitucionalidade

O controle de constitucionalidade das leis recebe inúmeras classificações, entre elas:

- Quanto ao órgão competente: **político, judicial** ou **misto**.
- Quanto aos efeitos: **abstrato** ou lei em tese, via de ação, e **concreto** ou via de defesa ou exceção, incidental.
- Quanto ao momento: **prévio** ou **posterior/repressivo**.

Relativamente ao momento, o controle prévio é aquele dirigido a impedir que determinada norma jurídica inaugure no ordenamento jurídico, que produza os seus efeitos jurídicos, como: o veto jurídico do Poder Executivo, o exame pela Comissão de Constituição e Justiça das Casas Legislativas e o mandado de segurança de parlamentares. Por sua vez, o controle posterior ou repressivo visa eliminar a norma editada produzida em desconformidade com os dispositivos constitucionais, competindo, de regra, ao Poder Judiciário, e, excepcionalmente, aos demais Poderes, exemplo do afastamento, *in concreto*, da lei pelo Chefe do Executivo, e sustação dos atos regulamentares pelo Congresso Nacional, e aos Tribunais de Contas.

No Brasil, quanto ao momento repressivo, temos que o controle abstrato das normas jurídicas é de competência concentrada do Supremo Tribunal Federal, quando o parâmetro de controle é a CF, ou dos Tribunais de Justiça (TJ), ao se adotar como bloco de controle as constituições estaduais. De outro lado, o controle concreto pode ser exercido difusamente pelos órgãos do Poder Judiciário, sendo a constitucionalidade, no entanto, mera questão prejudicial ou incidental e não objeto principal da lide.

II) Controle de constitucionalidade exercido pelo TCU

A) Espécie de controle

O controle efetuado pelo Tribunal de Contas da União (TCU) é da espécie **difusa, concreta,** *"inter partes"* e **repressiva**.

Assim, o controle concreto pelo Tribunal de Contas não se confunde com o controle em tese realizado pelo STF e pelos TJ. Apesar de o controle pela Corte de Contas ser decorrência lógica do exercício de suas atribuições constitucionais, na visão do STF (Súmula 347), *"o Tribunal de Contas, no exercício de suas atribuições, pode apreciar a constitucionalidade das leis e dos atos do poder público"*; enfim, compete-lhe apenas **afastar a aplicação das normas no caso concreto** e não declarar a inconstitucionalidade das normas.

B) Fundamentos jurídicos

Entre os fundamentos jurídicos que autorizam o controle pelo TCU, pode-se mencionar a própria essência do controle externo, que é fiscalizar a legalidade dos atos administrativos, conforme art. 70 da CF. O controle de legalidade exercido pelo TCU deve se fundar na Lei Maior, afastando a incidência da norma inconstitucional no caso concreto.

Além disso, pode ser destacado o art. 73 da CF, o qual garante aos membros do TCU, no que couber, as atribuições previstas para o Poder Judiciário.

C) Órgão competente

Nos termos do art. 15, inciso I, alínea "e", do Regimento Interno do TCU (RI/TCU), compete privativamente ao **Plenário** da Corte de Contas deliberar originariamente sobre conflito de lei ou ato normativo do poder público com a Constituição Federal, em matéria da competência do Tribunal. E, nesse caso, competirá ao Presidente do Tribunal votar, conforme previsto no inciso X do art. 28 do RI/TCU.

D) Requisitos e procedimentos

A apreciação de inconstitucionalidade deve ser sempre realizada pelo Plenário do Tribunal. Assim, surgindo o incidente de constitucionalidade no âmbito de uma das Câmaras e entendendo o Colegiado que a norma é inconstitucional, caberá ao Presidente da Câmara encaminhar a questão ao Presidente do Tribunal, para que a submeta ao Plenário, conforme reza o art. 33, inciso VI, do RI/TCU. Resolvido o incidente, a questão principal retornará ao conhecimento da Câmara para deliberação.

E) Efeitos e alcance da deliberação do TCU

As decisões de inconstitucionalidade pelo TCU geram efeitos *"ex tunc"* ou retroativos. Contudo, como se trata de controle difuso, não há, propriamente, declaração de inconstitucionalidade, o que acarreta a permanência da norma jurídica no mundo jurídico, sendo, tão somente, afastada no caso concreto, válida *"inter partes"*.

Sugestão de resposta

No direito brasileiro, o controle de constitucionalidade repressivo pode ser abstrato ou concreto. No primeiro caso, o controle é em tese; a norma declarada inconstitucional deixa de produzir efeitos no mundo jurídico. No segundo, o controle é difuso, com efeitos somente entre as partes. O controle de constitucionalidade exercido pelo Tribunal de Contas da União (TCU) enquadra-se no segundo caso.

Os fundamentos jurídicos que autorizam o controle pelo TCU são as próprias disposições da Constituição Federal (CF), as quais atribuem ao Tribunal de Contas a competência para fiscalizar a legalidade da gestão pública, garantindo aos seus membros, no que couber, as atribuições previstas para o Poder Judiciário.

A apreciação de inconstitucionalidade deve ser sempre realizada pelo Plenário do TCU, sendo essa uma das ocasiões excepcionais nas quais o Presidente do Tribunal vota. Surgindo o incidente de constitucionalidade no âmbito de uma das Câmaras e entendendo o colegiado que a norma é inconstitucional, caberá ao Presidente da Câmara encaminhar a questão ao Presidente do Tribunal, para que a submeta ao Plenário. Resolvido o incidente, a questão principal retornará ao conhecimento da Câmara para deliberação.

Por fim, registre-se que as decisões de inconstitucionalidade pelo TCU geram efeitos retroativos. Contudo, como se trata de controle difuso, não há, propriamente, declaração de inconstitucionalidade, ou seja, a norma permanece no mundo jurídico, sendo, tão somente, afastada no caso concreto, com efeitos entre as partes.

(Cespe/PGM/Aracaju/Procurador/2007) O Tribunal de Contas do Estado de Sergipe (TCE-SE) julgou irregulares as contas do prefeito do município X, José da Silva, e, por consequência, aplicou-lhe multa de R$ 10.000,00. O valor não foi pago, razão por que o TCE-SE encaminhou cópia do processo à Procuradoria Municipal para adoção de providências pertinentes. A propósito da situação hipotética acima descrita, na qualidade de procurador municipal, proponha a medida judicial que entender cabível para obrigar José da Silva a pagar a referida multa. Em seu texto, aborde todos os aspectos de direito material e processual pertinentes, observando que a petição contenha todos os requisitos legais, ou, se não for cabível ação alguma, justifique fundamentadamente.

Autor: Leonardo Zehuri Tovar

Direcionamento da resposta

Resumidamente devem ser abordados temas afetos à utilização dos adequados mecanismos de cobrança de multa imposta pelo tribunal de contas, abordando, em especial, se esta penalidade pode ser objeto de inscrição em dívida ativa e, portanto, satisfeita através de execução fiscal ou não.

Melhor delineando: a certidão oriunda de decisão do Tribunal de Contas do Estado tem eficácia de título executivo extrajudicial (art. 71, § 3º, da CF) e é, desta sorte, título hábil tanto para a execução pelo rito do Novo Código de Processo Civil (art. 784, IX) como para a execução pelo rito da Lei das Execuções Fiscais (Lei 6.830/80).

Ocorre que, considerando a eficácia executiva conferida pelo ordenamento jurídico pátrio às decisões das Cortes de Contas, afigura-se despicienda a inscrição do débito em Dívida Ativa, bem como a adoção do processo executivo instituído pela Lei 6.830/80. Predomina, por tal razão, o entendimento de que as decisões do Tribunal de Contas constituem título executivo extrajudicial, por expresso comando constitucional, e a quantia devida pode estar regularmente inscrita em Dívida Ativa ou não, para fins de cobrança, mostrando-se pertinente destacar que a inscrição é importante pelo rito privilegiado da execução fiscal.

Então, na hipótese de a ação de execução se lastrear na própria decisão do TCU, o processo seguirá o rito disciplinado pelo Novo Código de Processo Civil (art. 829 e seguintes). Quando vier acompanhada da respectiva Certidão de Dívida Ativa (CDA), tramitará de acordo com o procedimento especial regulado pela Lei de Execução Fiscal (Lei 6.830/80), o que se afigura mais interessante à fazenda.

É preciso salientar ainda que a multa aplicada pelo Tribunal de Contas a prefeito ou a qualquer outra autoridade municipal, não tem qualquer relação com o Estado, pouco importando, neste caso, que a Corte de Contas seja mantida por este último. Em outros dizeres: quem detém legitimidade para propor ação de execução é o ente público beneficiário de multa imposta pelo Tribunal de Contas aos seus agentes.

Sabe-se, todavia, que paira controvérsia sobre o tema. Há forte corrente jurisprudencial no sentido de que a legitimidade para ajuizar a ação de cobrança relativa ao crédito originado de multa aplicada a gestor municipal por Tribunal de Contas é do ente público que mantém a referida Corte, ou seja, o Estado (STJ, AgRg-REsp 1415296).

Em que pese tal celeuma, sabe-se que é dominante no Supremo Tribunal Federal o entendimento acerca da titularidade do crédito decorrente de multa aplicada pelo Tribunal de Contas ao gestor municipal, sendo legítimo o próprio ente público prejudicado, isto é, beneficiário da condenação, de maneira que, induvidosamente, não detém legitimidade o Estado para propor a execução (AgRg-RE-AG 720742).

Sugestão de resposta

Como visto, subsistem duas possibilidades, porquanto não há nulidade no manejo de execução de título extrajudicial ou de execução fiscal.

Caso a opção seja pelo ajuizamento de execução de título extrajudicial é importante que a peça seja estruturada à luz das regras processuais pertinentes. A competência, como é curial, pertence à Vara dos Feitos da Fazenda Pública respectiva, salvo, claro, a ausência desta, o que deve ser averiguado na lei de organização judiciária. Portanto, o cabeçalho/endereçamento da peça deve ser assim redigido, exemplificativamente: "Excelentíssimo Senhor Doutor Juiz da (__) Vara de Fazenda Pública (__) (estadual, municipal, etc) da Comarca de (nome da cidade)".

Logo adiante, passa-se à qualificação, de modo que o candidato deverá apresentar a pessoa jurídica autora. Por exemplo, em sendo o beneficiário da condenação uma entidade pública municipal, o candidato passa a qualifica-la: "Município de (__), pessoa jurídica de direito público interno, com sede na (__), inscrito no CNPJ/MF sob o n. (__), por seu procurador *in fine* assinado, mandato *ex lege*, vem à presença de V. Exa, com fulcro no art. 784, IX, do NCPC, ajuizar a presente **ação de execução de título executivo extrajudicial**",

Diante disso, passa-se ao executado, com a respectiva qualificação, demonstrada também de maneira exemplificativa: "em face de (nome do executado), brasileiro, solteiro, carteira de identidade (número da carteira de identidade), CPF (número do CPF), residente e domiciliado na rua (nome do endereço) com os seguintes fundamentos fáticos e jurídicos a serem deduzidos a seguir:".

Após, segue-se com breve escorço fático-jurídico, delineando, *v.g.*, o título executivo e a data de sua respectiva exigibilidade. Para ao final, ser redigido requerimento de citação para que o executado, em três dias, efetue o pagamento, sob pena de, não o fazendo, ter de imediato tantos bens penhorados quanto bastem para a garantia da dívida (art. 829, NCPC). É possível postular, ainda, que não sendo encontrados bens penhoráveis, seja o executada intimado para oferecer bens passíveis de constrição. E, por derradeiro, é importante que conste da peça, a necessidade de o magistrado, nos termos do art. 827, do NCPC, fixar de plano os honorários do advogado a serem pagos pelo executado, além da valoração da causa.

Por outro lado, caso a opção seja firmada pelo ajuizamento de demanda executiva-fiscal, a sistemática é similar. Se existente vara privativa é para ela que deverá ser endereçada a ação, informação que pode ser encontrada na lei de organização judiciária, como dito anteriormente. Portanto, nesse pormenor, o endereçamento da peça pode ser exemplificado assim: "Exmo. Senhor Doutor Juiz de Direito da .... Vara da Fazenda Pública da Comarca de (__), Estado do (__)".

Segue-se, de igual modo, com a qualificação da entidade pública. Tome-se como exemplo que o beneficiário da penalidade seja um município: "Município de (__), pessoa jurídica de direito público interno, com sede na (__), inscrito no CNPJ/MF sob o n. (__), por seu procurador *in fine* assinado, mandato *ex lege*, vem à presença de V. Exa, com fulcro na Lei 6.830, de 22 de setembro de 1980, bem como nas disposições do artigo 778 e seguintes do Novo Código de Processo Civil, no que forem aplicáveis e demais legislações correlatas, propor **ação de execução fiscal**".

No mesmo trilho da peça anterior, passa-se à qualificação do executado, como segue, *v.g:* "em face de (nome do executado), brasileiro, solteiro, carteira de identidade (número da carteira de identidade), CPF n. (__), residente e domiciliado na rua (nome do endereço).

Após, o candidato deverá narrar ser credor de importância líquida, certa e exigível de R$ (__) representada pela inclusa Certidão de Dívida Ativa nºs (__) decorrente de multa imposta pelo Tribunal de Contas, para, logo em seguida, requerer a citação do executado dantes qualificado, para pagar em cinco dias a importância de R$ (__) acrescidas de juros de mora, correção monetária, encargos indicados na inclusão Certidão de Dívida Ativa, custas processuais, honorários advocatícios sobre o valor da condenação e demais cominações legais e de estilo, ou para que este assegure a execução conforme artigo 9º e incisos da Lei 6.830 e, após, querendo, ajuíze embargos do devedor, no prazo legal, conforme artigo 16, da Lei de Execução Fiscal, sob pena de aplicação do artigo 19, da mesma lei.

É importante que se postule, para que conste do mandado de citação as determinações previstas no artigo 250 do Novo Código de Processo Civil, bem como o deferimento, pelo magistrado, dos benefícios dos artigos 212, § 2º, 214 e 829,, todos do Novo Código de Processo Civil, segundo o qual, não sendo encontrado o devedor, pode o Oficial de Justiça promover o arresto de tantos bens quantos forem suficientes para fazer frente a execução, de conformidade com o artigo 7º, inciso III, da Lei de Execução Fiscal.

Deve constar, ainda, pedido que diz respeito à hipótese de o executado, citado, não providenciar o pagamento, nem garantir a execução. Em situação tal, é comum que se faça a seguinte postulação: "seja-lhe penhorados tantos bens quanto bastem para garantia da execução e caso a penhora ou arresto recaia sobre bens imóveis, seja feita a intimação do executado e do cônjuge, contudo, caso recaia sobre bens móveis, sejam os mesmo entregues em mãos do depositário público e seja realizado o registro da penhora ou arresto, independentemente do pagamento de custas ou outras despesas, devendo ser observado o disposto no artigo 833 do Novo Código de Processo Civil".

Por fim, é interessante que conste da peça o pleito alusivo à necessidade de que, todas as intimações direcionadas ao representante judicial da Fazenda Pública sejam feitas pessoalmente, e que sejam fixados os honorários do procurador, além da valoração da causa.

DIREITO FINANCEIRO

(Cespe/TCE/GO/Auditor/2007) Considerando a natureza jurídica das decisões dos Tribunais de Contas, a revisibilidade de suas decisões pelo Judiciário, o princípio da segurança das relações jurídicas e o poder de autotutela da Administração Pública, analise e elabore um texto dissertativo, fundamentado no material de uso permitido nas provas discursivas, com indicação literal do respectivo fundamento, resolvendo a questão em que o Executivo altera ato aprovado pelo TCE-GO, no exercício de sua competência em apreciar, para fins de registro, a concessão de aposentadoria.

Autor: **Erick dos Santos Alves**

Direcionamento da resposta

A organizadora solicita-nos a elaboração de um texto dissertativo sobre a alteração pelo Executivo de ato aprovado pelo TCE-GO, no exercício de sua competência em apreciar, para fins de registro, a concessão de aposentadoria, devendo considerar, para tanto, a natureza jurídica das decisões dos Tribunais, a revisibilidade das decisões pelo Judiciário, o poder de autotutela da Administração *versus* o princípio da segurança jurídica.

A seguir, vamos ver um resumo das orientações necessárias à resolução da questão:

- as decisões dos Tribunais de Contas possuem natureza administrativa;
- as decisões dos Tribunais de Contas podem ser submetidas à apreciação do Poder Judiciário, o qual pode anulá-las por irregularidade formal grave ou manifesta ilegalidade, mas jamais reformá-las por questões de mérito;
- o poder de autotutela confere à Administração capacidade para anular seus próprios atos que afrontam a ordem jurídica ou revogar os atos inconvenientes ou inoportunos;
- se a Administração anular ou revogar ato já registrado, deve submetê-lo novamente à apreciação do Tribunal de Contas, a fim de que a alteração produza efeitos. No caso, a anulação do ato se sujeita ao prazo decadencial de 5 anos, contados a partir da publicação do registro pela Corte de Contas.

Sugestão de resposta

As decisões dos Tribunais de Contas possuem a mesma natureza dos órgãos que as proferem, ou seja, administrativa. E, em razão do sistema de jurisdição una adotado pelo Brasil, qualquer conflito, inclusive o administrativo, pode ser dirimido pelo Poder Judiciário em caráter definitivo, quando provocado.

Por sua vez, a Administração possui o poder-dever de anular seus atos que afrontam a ordem jurídica, bem como revogar os atos inconvenientes ou inoportunos. Tal atuação de ofício decorre do poder de autotutela a ela inerente.

Caso o Poder Executivo altere ato de aposentadoria já registrado pelo TCE-GO, deverá submetê-lo novamente à apreciação da Corte de Contas. Isso porque, segundo entendimento do Supremo Tribunal Federal, os atos de aposentadoria são atos complexos. Assim, a revogação ou anulação, pelo Poder Executivo, de aposentadoria aprovada pelo TCE-GO, não produz efeitos antes de apreciada por aquele Tribunal.

Por fim, saliente-se que, em homenagem ao princípio da segurança jurídica, a anulação de atos de aposentadoria deve observar o prazo decadencial de cinco anos, contados a partir do registro no Tribunal de Contas, resguardando assim os efeitos produzidos pelo ato.

(Cespe/TCU/Técnico/2007) Entre os atos da administração pública relativos à despesa, estão aqueles relacionados com a investidura em cargo ou emprego público, sobre o que a Constituição atribuiu competência específica ao Tribunal de Contas da União (TCU). Disserte, de forma sucinta, acerca dessa competência do TCU definida pela Constituição quanto aos atos de admissão de pessoal, enfocando, necessariamente, os seguintes questionamentos: i) que atos estão subordinados à função fiscalizatória do TCU relativamente à admissão de pessoal? ii) qual a abrangência da atuação do TCU, no que tange aos órgãos da Administração direta e indireta federal, nos provimentos de cargos efetivos e em comissão? iii) há possibilidade da apreciação do ato de admissão de pessoal pela administração e pelo Poder Judiciário?

Autor: Erick dos Santos Alves

Direcionamento da resposta

A apreciação de atos de pessoal, para fins de registro, é assunto recorrente nas provas discursivas. No caso, a questão solicitou ao candidato que dissertasse sobre a competência do TCU em relação aos atos de **admissão**. Portanto, como o espaço é curto, não é necessário tecer considerações sobre atos de concessão de aposentadorias, reformas e pensões.

Antes da proposta de solução, vamos responder os questionamentos apresentados pela banca:

I) Que atos estão subordinados à função fiscalizatória do TCU relativamente à admissão de pessoal?

Nos termos do art. 71, III da Constituição Federal, o TCU **aprecia**, para fins de registro, a legalidade dos atos de admissão de pessoal, **a qualquer título**, na administração **direta** e **indireta**.

Porém o TCU, **não aprecia**, para fins de registro, a legalidade das nomeações para cargo de **provimento em comissão**.

A apreciação da legalidade dos atos de admissão de pessoal, a **qualquer título**, compreende as admissões de empregados públicos, regidos pela Consolidação das Leis do Trabalho (CLT), da mesma forma que os servidores estatutários, regidos pela Lei 8.112/1990.

Inclui também as admissões em **caráter temporário**, realizadas mediante processo seletivo simplificado para atender necessidade excepcional de interesse público, nos termos da Lei 8.745/1993. Exemplos de contratações dessa espécie são as admissões de recenseadores pelo IBGE ou de professores substitutos pelas universidades públicas.

II) Qual a abrangência da atuação do TCU, no que tange aos órgãos da Administração direta e indireta federal, nos provimentos de cargos efetivos e em comissão?

As nomeações para **cargo em comissão**, da administração direta e indireta, constituem a **única exceção**, à regra de registro dos atos de admissão de pessoal pelo TCU. Os cargos em comissão são de **livre nomeação** e **exoneração**, podendo ser preenchidos por pessoas que não sejam servidores de carreira, e destinam-se apenas às atribuições de **direção, chefia** e **assessoramento** (CF, art. 37, V).

Frise-se que tais nomeações somente não são submetidas a registro, **mas continuam sujeitas às demais formas de fiscalização do Tribunal**, como auditorias e inspeções, pois devem observância aos ditames constitucionais e legais. Por exemplo, é vedada a nomeação para cargo em comissão de parentes até 3º grau da autoridade nomeante (Súmula Vinculante nº 13 do STF). Além disso, as nomeações para cargo em comissão devem observância aos limites da LRF para gastos com pessoal. Assim, o TCU pode realizar uma auditoria em determinado órgão e verificar se as nomeações para cargos de provimento em comissão estão ou não de acordo com essas regras.

III) Há possibilidade da apreciação do ato de admissão de pessoal pela administração e pelo Poder Judiciário?

Os atos de pessoal sujeitos a registro, segundo a jurisprudência do STF, são **atos administrativos complexos**, aperfeiçoando-se com o referido registro do Tribunal de Contas.

Nesse sentido, vale conhecer o teor da **Súmula nº 199 do TCU**:

> Salvo por sua determinação, não podem ser cancelados pela autoridade administrativa concedente, os atos originários ou de alterações, relativos a aposentadoria, reformas e pensões, já registrados pelo Tribunal de Contas, ao apreciar-lhes a legalidade, no uso da sua competência constitucional.

Assim, caso a Administração deseje rever ato de pessoal já registrado pelo Tribunal, deverá submetê-lo novamente à apreciação da Corte de Contas.

A competência para registro dos atos de admissão de pessoal, assim como das concessões de aposentadoria, reforma e pensão da administração direta e indireta federal, é **própria e privativa do TCU** (CF, art. 71, III). Assim, o Judiciário **não poderá** determinar ao TCU que conceda ou não registro a determinado ato. Ou seja, o Judiciário não se manifesta quanto ao **mérito** da decisão do TCU em relação ao registro do ato. Poderá, contudo, **anular** a decisão do Tribunal em caso de **manifesta ilegalidade** ou **irregularidade formal**.

Além disso, pode o interessado que teve o respectivo registro negado pelo Tribunal de Contas se socorrer junto ao Judiciário para garantir a **continuidade do pagamento** suspenso pela Administração em virtude da negativa de registro. Se o interessado obtiver provimento do Judiciário, o TCU não poderá impor à autoridade administrativa a suspensão do respectivo pagamento, pois não tem poder para determinar o descumprimento da decisão judicial. Nesse caso, **o registro permanecerá negado**, mas sem efeitos práticos em relação ao interessado, que continuará a receber os pagamentos decorrentes do ato impugnado.

Sugestão de resposta

Segundo a Constituição, compete ao Tribunal de Contas da União (TCU) apreciar, para fins de registro, a legalidade de atos de admissão de pessoal, a qualquer título, da administração direta e indireta federal.

Assim, o Poder Judiciário não pode rever a decisão do TCU que concedeu ou não registro a determinado ato. Porém, por força do sistema de jurisdição una, o Judiciário pode anulá-la em caso de ilegalidade ou, ainda, pode determinar a continuidade do pagamento decorrente de ato impugnado pelo TCU. Já a Administração, se desejar rever o ato, deverá submetê-lo novamente à

DIREITO FINANCEIRO

apreciação do TCU, pois, tratando-se de atos administrativos complexos, exige--se a manifestação de, no mínimo, dois órgãos para o seu aperfeiçoamento.

Os únicos atos de admissão que o TCU não aprecia, para fins de registro, são as nomeações para cargos em comissão, exclusivos para atribuições de direção, chefia e assessoramento. Todavia, tais nomeações continuam sujeitas às demais formas de fiscalização exercidas pelo Tribunal, pois devem observância aos ditames constitucionais e legais.

(Cespe/TRF/5R/Juiz/2007) Redija um texto dissertativo a respeito do controle da administração pública, abordando, necessariamente, os seguintes aspectos: (i) controle interno e controle externo; (ii) controle administrativo; (iii) controle legislativo e controle pelos tribunais de contas; (iv) controle judicial, vinculação, discricionariedade, limites, conceitos indeterminados, anulação e substituição de atos administrativos.

Autora: Jaqueline Conesuque Gurgel do Amaral

Direcionamento da resposta

O candidato deverá responder a questão expondo os tipos de controle a que está sujeita a Administração Pública, indicando como se classifica o controle, conceituando controles interno e externo, administrativo, legislativo e judicial. Quanto ao controle judicial, o candidato deverá dizer em que casos ele se aplica, os seus limites, o atual posicionamento da jurisprudência a respeito dos limites do controle judicial, se ele é feito quanto a conceitos indeterminados existentes na norma, a anulação feita pela Administração e pelo Poder Judiciário, bem como a possibilidade ou não de que o Judiciário substituta os atos administrativos que invalidou.

Sugestão de resposta

A Administração Pública se sujeita, no exercício de suas funções, ao controle de seus atos. Esse controle pode ser feito pela própria Administração, por órgão integrante de sua própria estrutura, ocasião em que se denomina interno, ou por um dos Poderes sobre o outro, quando será externo. Também é externo o controle feito pela Administração Direta sobre a Indireta.

Denomina-se controle administrativo o poder que a própria Administração tem de fiscalizar e corrigir seus atos, sob os aspectos de legalidade e de mérito, por iniciativa própria ou mediante provocação. Essa possibilidade decorre do poder de autotutela que a Administração Pública tem sobre os seus atos, podendo revê-los quando ilegais, inoportunos ou inconvenientes. Esse poder foi reconhecido pelo STF através das súmulas 346 e 473. Necessário dizer que o controle feito sobre a Administração Indireta é chamado de tutela e não é irrestrito, devendo obedecer os limites estabelecidos pela lei instituidora, sob pena de ofensa a sua autonomia.

O administrado poderá provocar o reexame do ato administrativo pela Administração Pública através dos recursos administrativos, que existem nas seguintes modalidades: representação, reclamação administrativa, pedido de reconsideração, recursos hierárquicos próprios e impróprios e revisão, sendo que a normatização sobre cada recurso é encontrada a depender do assunto de que se trate.

Quanto ao controle administrativo, necessário dizer que embora se fale de coisa julgada administrativa, qualquer ato administrativo poderá ser revisto pelo Poder Judiciário, sendo que a coisa julgada administrativa significa apenas que não há mais possibilidade de revisão do ato pela própria administração.

O controle que o Poder Legislativo (Controle legislativo) exerce sobre a Administração Pública deve se limitar ao que previsto na Constituição Federal, podendo ser político e financeiro.

Existem diversas hipóteses de controle político na Constituição Federal como, por exemplo, o exercido pelas CPIs (art. 58, § 3º) e podem apreciar tanto a legalidade quanto a discricionariedade do ato administrativo.

O controle financeiro, a seu turno, é exercido pelo Tribunal de Contas, conforme disciplina do art. 70 e seguintes da Constituição Federal.

Já o controle judicial é feito, como se infere, pelo Poder Judiciário. Inicialmente, necessário dizer que o Brasil adotou a jurisdição una, não existindo um órgão que exerce o contencioso administrativo. De fato, pelo princípio da inafastabilidade da jurisdição previsto no art. 5º, XXXV, CF, nenhuma lesão ou ameaça de lesão a direito será excluída de apreciação judicial.

O controle judicial é feito sobre a legalidade e constitucionalidade dos atos praticados pela Administração Pública.

Para entrar nessa seara, importante estudar minimamente a vinculação e a discricionariedade do ato administrativo.

Os atos administrativos vinculados são aqueles em que a Administração age nos estritos termos da lei, não tendo espaço para juízos de oportunidade e conveniência. Nesses atos, todos os seus elementos (sujeito competente, forma, motivo, objeto e finalidade) estão previstos em lei.

Os atos discricionários, por sua vez, são aqueles em que a lei deixa margem para o administrador escolha entre mais de um comportamento possível. Nesses atos, os elementos motivos e objeto não estão previstos na lei, embora os demais o estejam. Nesses elementos repousam o mérito do ato administrativo, podendo o administrador fazer quanto a eles juízo de conveniência e oportunidade.

A partir daí, estabelece-se que o Poder Judiciário pode controlar (rever) os aspectos vinculados do ato administrativo, não podendo se imiscuir em seu conteúdo (mérito), que dizem respeito aos elementos motivo e objeto do ato, sobre os quais, como já dito, o administrador pode fazer um juízo de conveniência e oportunidade. Assim, o Judiciário pode fazer um controle de legalidade do ato administrativo, mas não pode fazer um controle de mérito. Por controle da legalidade deve-se entender a análise dos aspectos vinculados do ato.

No entanto, a jurisprudência tem evoluído para permitir o controle da discricionariedade do ato, analisando a sua conveniência e oportunidade, mas tão somente quando houver violação do ordenamento vigente, ou seja, quando o ato for ilegal, violando a lei, ou que não obedeça princípios constitucionais.

Em outros termos, os atos discricionários podem ser objeto de apreciação judicial, mas desde que não se invada aspectos afetos à apreciação subjetiva do Administrador, relativos ao mérito do ato.

Importante salientar que o STF já decidiu que os atos administrativos que envolvem aplicação de conceitos indeterminados estão sujeitos à apreciação do Poder Judiciário (RMS 24699/DF, DJ 1.7.2005). Na oportunidade, entendeu o relator, Ministro Eros Grau, que os textos normativos que veiculam *conceitos indeterminados* não têm uma interpretação correta, mas que em cada caso, dentre as interpretações possíveis, a escolha apresentada tem que ser adequada. Assim, entendeu o Ministro que o Poder Judiciário vai à análise do mérito do ato administrativo, inclusive fazendo atuar as pautas da proporcionalidade e da razoabilidade, que não são princípios, mas sim critérios de aplicação do direito, ponderados no momento das normas de decisão. No exame do mérito do ato, entre outros parâmetros de análise de que para tanto se vale, o Judiciário não apenas examina a *proporção* que marca a relação entre meios e fins do ato, mas também aquela que se manifesta na relação entre o ato e seus motivos, tal e qual declarados na motivação.

Os atos administrativos serão anulados quanto ilegais. A anulação do ato administrativo pode ser feita pela própria Administração ou pelo Poder Judiciário e provoca efeitos *ex tunc,* ou seja, retroage ao momento da edição do ato.

A anulação feita pela própria Administração Pública decorre de seu poder de autotutela e está consagrada nas súmulas 346 e 473 do STF.

COLEÇÃO PREPARANDO PARA CONCURSOS

Por outro lado, quando provocado, o Poder Judiciário também pode anular os atos administrativos eivados de ilegalidade. Necessário dizer que hoje se entende ilegalidade não só a violação à lei, mas também a princípios gerais do direito, excesso ou abuso de poder. Relembre-se, inclusive, que a jurisprudência vem entendendo por ilegal também o ato administrativo discricionário cuja motivação (ou ausência dela) não justifica a prática do ato.

Questão que se coloca é se o Judiciário poderá substituir o ato administrativo ilegal. Em verdade, sendo constatada a ilegalidade de um ato administrativo pelo Poder Judiciário, o caminho é a sua invalidação, devolvendo à Administração, após a remoção do ato impugnado do cenário jurídico, o poder de reeditá-lo. Não pode, em regra, o Poder Judiciário substituir o administrador público, ou seja, não poderá substituir o juízo administrativo pelo seu próprio.

Assim, dentre as várias classificações possíveis, o controle do ato administrativo poderá ser interno ou externo, podendo ainda ser administrativo, legislativo e judicial, sendo essa forma decorrente do poder de autotutela da Administração Pública e também do sistema de freios e contrapesos que consubstancia a Separação de Poderes.

(Cespe/TCM/GO/Procurador/2007) Considerando que um dos objetivos do processo de Tomada de Contas Especial é propiciar um instrumento mais ágil para a obtenção do ressarcimento de danos causados ao erário em decorrência de ilícitos praticados por gestores e outros agentes públicos, redija um texto dissertativo abordando a questão da natureza jurídica desses ressarcimentos e da prescritibilidade (ou não) de tais débitos e respectivos prazos de prescrição (se houver), com base em posicionamentos doutrinários e jurisprudenciais a respeito da matéria, bem como no disposto na Constituição Federal, na Lei Orgânica do Tribunal de Contas dos Municípios do Estado de Goiás, na Lei 9.784/1999 (Lei do Processo Administrativo) e no Código Civil sobre o tema, no que se refere à aplicabilidade aos processos de contas no âmbito do TCM/GO.

Autor: Erick dos Santos Alves

Direcionamento da resposta

Vamos primeiro extrair do enunciado os tópicos que deverão ser abordados na dissertação:

– Natureza jurídica dos ressarcimentos de danos causados ao erário;

– Prescritibilidade dos débitos;

- Prazos de prescrição (se houver).

Tudo isso discutido no âmbito dos processos de Tomada de Contas Especial e considerando a legislação referenciada, assim como jurisprudência e doutrina.

Seguem, então, algumas orientações sobre os tópicos pedidos:

I) Tomada de contas especial

A Tomada de Contas Especial (TCE) é um procedimento excepcional de natureza administrativa, instaurado em caso de (LO/TCU, art. 8º):

- Omissão no dever de prestar contas;
- Não comprovação da aplicação dos recursos repassados pela União;
- Desfalque ou desvio ou de bens, dinheiros e valores públicos;
- Prática de qualquer ato ilegal, ilegítimo ou antieconômico de que resulte dano ao erário.

Esse procedimento tem por finalidade **apurar os fatos** (o que aconteceu), **identificar os responsáveis** (quem participou e como), **quantificar o dano** (quanto foi o prejuízo ao erário) e **obter o ressarcimento**.

A responsabilidade pela instauração de TCE, **em regra**, é da **autoridade administrativa competente**, depois de esgotadas as providências administrativas internas com vistas à recomposição do erário. Diante da configuração de prejuízo, a autoridade administrativa pode instaurar a TCE por **iniciativa própria**, por **recomendação** dos órgãos de controle interno ou por **determinação** do próprio Tribunal de Contas.

O Tribunal de Contas pode ainda determinar a **conversão de outros processos de controle externo** em TCE, a qual, nesse caso, será constituída no âmbito do Tribunal.

A TCE, submetida à apreciação dos Tribunais de Contas, tem a mesma tramitação dos processos de contas ordinárias, culminando com o julgamento das contas dos responsáveis em: **regulares, regulares com ressalva** ou **irregulares**.

A TCE, entretanto, diferencia-se dos demais procedimentos ordinários por ter a finalidade de recomposição mais célere e objetiva dos danos causados ao erário em decorrência de ilícitos na gestão pública, afinal nos ritos ordinários são apreciados atos de todo um exercício financeiro, o que torna seu julgamento mais demorado, em face do objeto mais ampliado, enquanto na TCE apuram-se situações pontuais que causaram um dano específico.

II) Natureza jurídica dos ressarcimentos

O débito é a lesão ao erário quantificada em termos monetários, com liquidez e certeza, associada a um ou mais responsáveis. Possui natureza de **responsabilização civil** pelo prejuízo causado ao patrimônio público.

III) Prescritibilidade dos débitos e prazos

Uma questão bastante debatida no âmbito dos Tribunais de Contas diz respeito à prescritibilidade ou não dos débitos, uma vez que tais prazos, de regra, não estão estabelecidos nas Leis Orgânicas dos Tribunais de Contas do Brasil.

Apesar da convergência da doutrina e da jurisprudência sobre a natureza jurídica dos débitos no campo da responsabilidade civil, o mesmo não ocorre quanto à prescrição.

Uma primeira corrente sustenta a imprescritibilidade da ação de ressarcimento, considerando o comando constitucional, segundo o qual a lei não deverá estabelecer prazo de prescrição para as ações que visam recompor os prejuízos decorrentes dos ilícitos da gestão pública (CF, art. 37, § 5º). Tal entendimento já foi admitido pelo Supremo Tribunal Federal, em precedente no qual julgou Mandado de Segurança impetrado contra Acórdão do Tribunal de Contas da União (TCU), oportunidade em que as ações de ressarcimento ao erário foram tidas como imprescritíveis.

Uma segunda corrente sustenta que o prazo de prescrição deve ser o prazo residual contido no Código Civil, ou seja, 10 anos, no atual Código Civil, e 20 anos, quando da vigência do Código Civil de 1916. Existem precedentes do TCU encampando este entendimento. No entanto, a Corte de Contas Federal, em incidente de uniformização, defendeu a **imprescritibilidade dos débitos**, posicionamento parelho ao adotado pelo STF:

> Acórdão TCU 2.709/2008 – Plenário
>
> 9.1. Deixar assente no âmbito desta Corte que o art. 37 da Constituição Federal conduz ao entendimento de que as ações de ressarcimento movidas pelo Estado contra os agentes causadores de danos ao erário são imprescritíveis, ressalvando a possibilidade de dispensa de instauração de tomada de contas especial prevista no § 4º do art. 5º da IN TCU nº 56/2007.

O aludido dispositivo da IN TCU 56/2007, mantido pela IN TCU 71/2012 (art. 6º, inciso II) dispõe que;

> "salvo determinação em contrário do Tribunal, fica dispensada a instauração de tomada de contas especial se houver transcorrido prazo superior a dez anos entre a data provável de ocorrência do dano e a primeira notificação dos responsáveis pela autoridade administrativa competente".

Uma terceira corrente, encampada principalmente por advogados de gestores públicos, sustenta, por simetria, que o prazo de prescrição das dívidas para com o Poder Público deve ser o mesmo das dívidas que o Poder Público tem para com os particulares, ou seja, de cinco anos. Nessa mesma linha, uma variante entende que os prazos de prescrição devem ser os mesmos das obrigações tributárias, ou seja, cinco anos.

Por fim, há os defensores da adoção do prazo decadencial de cinco anos, contido na Lei 9.784/1999 (Lei de Processo Administrativo Federal), aos processos dos Tribunais de Contas, isso porque a referida Lei aplica-se subsidiariamente aos processos administrativos específicos.

Sugestão de resposta

A Tomada de Contas Especial (TCE) é um procedimento excepcional de natureza administrativa, instaurado diante da ocorrência de dano ao erário. Esse procedimento tem por finalidade apurar os fatos, identificar os responsáveis, quantificar o dano e obter o ressarcimento, conforme previsto na Lei Orgânica do Tribunal de Contas da União (TCU).

Apesar da convergência da doutrina e da jurisprudência sobre a natureza jurídica dos débitos no campo da responsabilidade civil, o mesmo não ocorre quanto à prescrição.

Uma primeira corrente sustenta a imprescritibilidade da ação de ressarcimento, nos termos de comando constitucional. Tal entendimento já foi admitido pelo Supremo Tribunal Federal.

Uma segunda corrente sustenta que o prazo de prescrição deve ser o prazo residual contido no Código Civil, ou seja, 10 anos, no atual Código Civil, e 20 anos, quando da vigência do Código Civil de 1916. Existem precedentes do TCU encampando tal entendimento. Todavia, recentemente, a Corte de Contas Federal vem defendendo a imprescritibilidade dos débitos, mesmo posicionamento adotado pelo STF.

Uma terceira corrente, encampada principalmente por advogados de gestores públicos, sustenta que o prazo de prescrição dos débitos deve ser de cinco anos, aplicando, por simetria, o prazo prescricional das dívidas que o Poder Público tem para com os particulares, assim como o das obrigações tributárias.

Por fim, há os defensores da adoção do prazo decadencial de cinco anos, contido na Lei de Processo Administrativo Federal. Isso porque a referida Lei aplica-se subsidiariamente aos processos administrativos específicos.

(Esaf/TCU/Analista/2006) Desenvolva um texto argumentando sobre o seguinte tema: "Prévio, concomitante ou "a posteriori": como caracterizar o controle exercido pelo TCU?".

Autor: **Erick dos Santos Alves**

Direcionamento da resposta

Nesta questão, o examinador deixou o tema bem mais aberto, para que o candidato se posicionasse de forma fundamentada sobre o assunto. Veja que, na proposta de solução foi defendido o entendimento de que o controle do TCU pode ser prévio, concomitante ou posterior. Contudo, pelos termos do enunciado, o candidato poderia defender qualquer outro entendimento, por exemplo, de que o TCU não exerce controle prévio, desde que apresentasse argumentos **consistentes** e **corretos** para sustentar sua posição, de preferência com exemplos ou mencionando posições doutrinárias.

Mas antes da resposta, vamos à teoria que envolve o assunto.

I) Momentos do controle

Controle prévio (*a priori*): exercido antes da conduta administrativa se efetivar. Possui caráter preventivo, orientador, e visa evitar a ocorrência de irregularidades. Exemplos de controle prévio exercido pelo TCU:

– assinatura de determinações de modo a prevenir que irregularidades se repitam (LO/TCU, art. 18 e art. 43, inciso I);

– decretação de medidas cautelares no controle sobre editais de licitação (RI/TCU, art. 276);

– apreciação prévia da documentação dos processos de desestatização.

Atenção: O ordenamento jurídico atual não prevê que os atos e contratos administrativos sejam encaminhados para homologação prévia pelo TCU, como condicionante para sua validade. Isso estava previsto na Constituição de 1946, mas não existe mais. Hoje em dia, gestores públicos firmam contratos e executam despesas sem precisar de qualquer anuência prévia do TCU. A **exceção** fica por conta da concessão de aposentadorias, reformas e pensões que, na jurisprudência do STF, é um ato administrativo complexo que somente se aperfeiçoa com o registro pelo TCU. Assim, o registro pela Corte de Contas seria um exemplo particular de controle prévio necessário à validade do ato.

Controle concomitante (*pari passu*): efetuado no momento em que a conduta administrativa está sendo praticada. Também possui caráter preventivo, pois permite coibir irregularidades tempestivamente. Exemplos de controle concomitante exercido pelo TCU:

- acompanhamento da arrecadação da receita a cargo da União (LO/TCU, art. 1º, inciso IV);
- fiscalização da entrega dos recursos do FPE e FPM aos destinatários (LO/TCU, art. 1º, inciso VI).

Controle posterior (*a posteriori*): efetuado após o ato administrativo ter sido praticado. Possui caráter corretivo e, eventualmente, sancionador. É a forma mais utilizada de controle externo. Exemplos de controle posterior exercido pelo TCU:

- julgamento das contas dos administradores públicos (LO/TCU, art. 1º, inciso VI);
- emissão de parecer prévio sobre as contas do prestadas pelo Presidente da República (LO/TCU, art. 1º, inciso III e art. 36);
- realização de auditorias para fiscalizar a regularidade da gestão ou os resultados alcançados por programas de governo.

Sugestão de resposta

As competências atribuídas ao TCU pela Constituição e pela legislação infraconstitucional demonstram que o controle exercido pelo Tribunal pode ser prévio, concomitante ou posterior à prática do ato fiscalizado.

O controle posterior é o mais notável, sendo utilizado na maioria das atividades do TCU, como no exame e julgamento das contas dos administradores públicos, na emissão de parecer prévio sobre as contas do Presidente da República e na realização de auditorias para avaliar a regularidade da gestão.

Por sua vez, a adoção de medidas cautelares na fiscalização de editais de licitação ou a expedição de determinações para prevenir a ocorrência de irregularidades são exemplos de controle prévio.

Já o controle concomitante pode ser verificado no acompanhamento da arrecadação da receita a cargo da União ou na fiscalização da entrega dos recursos dos provenientes dos Fundos de Participação.

Por fim, vale salientar que as ações de controle prévio e concomitante estão ganhando espaço na atuação do Tribunal, embora a maior parte do controle exercido pelo TCU ainda seja posterior. Com isso, espera-se assumir uma atitude preventiva, evitando a ocorrência de condutas danosas ao patrimônio público.

(Esaf/PFN/Procurador/2005) Suponha que o Tribunal de Contas da União tenha sustado a execução de um contrato administrativo, firmado pela União por intermédio de um órgão do Poder Executivo federal, sob a alegação de que, ainda que tal contrato não fosse ilegal, era antieconômico. Pergunta-se: o referido ato do TCU encontra amparo no direito pátrio? Em sendo negativa a resposta, existe alguma hipótese na qual a Corte de Contas federal pode, diretamente, sustar a execução de contratos administrativos que vêm sendo conduzidos por órgãos do Poder Executivo federal? Fundamente a resposta.

Autores: Frederico Rios Paula e Renato Cesar Guedes Grilo

Direcionamento da resposta

Nessa questão, o candidato deve indicar a possibilidade, ou não, de o Tribunal de Contas da União sustar diretamente a execução de um contrato administrativo, firmado pela União por intermédio de um órgão do Poder Executivo federal com fundamento somente na economicidade.

Para tanto, deve abordar a sistemática do art. 71, § 1º, da Constituição Federal. Ao final, para completar a questão, pode também mencionar a hipótese de intervenção do Poder Legislativo, com pronunciamento conclusivo do TCU, na execução orçamentária prevista no art. 72, § 2º, da CRFB.

Sugestão de resposta

A Constituição Federal, no art. 71, IX e X, apesar de elencar dentre as competências do TCU, a de assinar prazo para que o órgão ou entidade adote as providências necessárias ao exato cumprimento da lei, se verificada ilegalidade; e, se não atendido, sustar a execução do ato impugnado, comunicando a decisão à Câmara dos Deputados e ao Senado Federal, deu tratamento diferenciado aos contratos.

O § 1º do referido dispositivo constitucional prevê que, no caso de contrato, o ato de sustação será adotado diretamente pelo Congresso Nacional, que solicitará, de imediato, ao Poder Executivo as medidas cabíveis. Já no parágrafo seguinte consta que somente quando o Congresso Nacional ou o Poder Executivo, no prazo de 90 dias, não efetivar as medidas cabíveis é que o TCU pode decidir a respeito.

Portanto, o referido ato do TCU não encontra amparo legal no ordenamento pátrio. A hipótese na qual a Corte de Contas federal pode, diretamente, sustar a execução de contratos administrativos que vêm sendo conduzidos por órgãos do Poder Executivo federal é subsidiária, apenas quando somente quando o Congresso Nacional ou o Poder Executivo, no prazo de 90 dias, não efetivar as medidas cabíveis é que o TCU pode decidir a respeito.

De acordo com a jurisprudência do STF, o TCU, embora não tenha poder para anular ou sustar contratos administrativos, tem competência, conforme o art. 71, IX, para determinar à autoridade administrativa que promova a anulação do contrato e, se for o caso, da licitação de que se originou[36].

Em regra, o controle externo da execução orçamentária é realizado *a posteriori*, iniciando-se após o ato administrativo de realização de despesa ou do encerramento do exercício financeiro. Todavia, a CF/88 prevê em seu art. 72, § 2º, que diante de indícios de despesas não autorizadas, entendidas como irregulares pelo TCU, poderá o Poder Legislativo intervir para sustá-las, durante o curso da execução orçamentária, se julgar que o gasto possa causar dano irreparável ou grave lesão à economia pública.

Ressalte-se que o contingenciamento de despesas é uma prerrogativa do Chefe do Poder Executivo. Portanto, a sustação de despesa não autorizada deve ser encarada como uma hipótese atípica, dado que quem determina sua não execução é o Poder Legislativo no exercício do controle externo concomitante com a execução orçamentária.

(Cespe/TCU/Analista/2004) Um ente público precisou adquirir, em certo exercício, o valor de R$ 500.000,00 em equipamentos de informática. O administrador desse ente determinou que fossem realizadas diversas aquisições, cada uma com valor inferior ao limite autorizado para dispensa de licitação. Dessa forma, todas as contratações foram diretas, sob o fundamento da dispensa. Essa prática foi detectada no exame da prestação de contas do referido ente público. Apesar do ocorrido, constatou-se não ter havido lesão ao erário, pois as

---

36. Mandado de segurança. Ato do Tribunal de Contas da União. Competência prevista no art. 71, IX, da Constituição Federal. Termo de sub-rogação e rerratificação derivado de contrato de concessão anulado. Nulidade. Não configuração de violação dos princípios do contraditório e da ampla defesa. Segurança denegada. 1. De acordo com a jurisprudência do STF, "o Tribunal de Contas da União, embora não tenha poder para anular ou sustar contratos administrativos, tem competência, conforme o art. 71, IX, para determinar à autoridade administrativa que promova a anulação do contrato e, se for o caso, da licitação de que se originou" (MS 23.550, redator do acórdão o Ministro Sepúlveda Pertence, Plenário, DJ de 31.10.01). Assim, perfeitamente legal a atuação da Corte de Contas ao assinar prazo ao Ministério dos Transportes para garantir o exato cumprimento da lei. 2. Contrato de concessão anulado em decorrência de vícios insanáveis praticados no procedimento licitatório. Atos que não podem ser convalidados pela Administração Federal. Não pode subsistir sub-rogação se o contrato do qual derivou é inexistente. 3. Não ocorrência de violação dos princípios do contraditório e da ampla defesa. A teor do art. 250, V, do RITCU, participaram do processo tanto a entidade solicitante do exame de legalidade, neste caso a ANTT, órgão competente para tanto, como a empresa interessada, a impetrante (Ecovale S.A.). 4. Segurança denegada". (STF, MS 26000, DJe 14.11.2012).

contratações foram realizadas por valores de mercado. Em face da situação hipotética acima, redija um parecer que, necessariamente, contemple considerações a respeito da validade jurídica das aquisições, apontando de que modo o Tribunal de Contas da União (TCU) deverá julgá-las e que providências caberá a esse tribunal determinar.

Autor: Erick dos Santos Alves

Direcionamento da resposta

A questão nos pede para elaborar uma instrução de mérito em um processo de contas ordinária, especificamente quanto à situação apresentada, caracterizadora do fracionamento de despesas.

O fracionamento ocorre quando se divide a despesa para utilizar modalidade de licitação inferior à recomendada pela legislação para o total da despesa ou para efetuar contratação direta.

A Lei 8.666/1993 **veda** o fracionamento de despesa:

> Art. 23. (...)
>
> § 1º As obras, serviços e compras efetuadas pela Administração serão divididas em tantas parcelas quantas se comprovarem técnica e economicamente viáveis, procedendo-se à licitação com vistas ao melhor aproveitamento dos recursos disponíveis no mercado e à ampliação da competitividade sem perda da economia de escala.
>
> § 2º Na execução de obras e serviços e nas compras de bens, parceladas nos termos do parágrafo anterior, a cada etapa ou conjunto de etapas da obra, serviço ou compra, há de corresponder licitação distinta, preservada a modalidade pertinente para a execução do objeto em licitação.

Em resumo, se a Administração optar por realizar várias licitações ao longo do exercício financeiro, para um mesmo objeto ou finalidade, deverá preservar sempre a modalidade de licitação pertinente ao todo que deveria ser contratado.

Por exemplo: se a Administração tem conhecimento de que, no exercício, precisará substituir 1.000 cadeiras de um auditório, cujo preço total demandaria a realização de tomada de preços, não é lícita a realização de vários convites para a compra das cadeiras, fracionando a despesa total prevista em várias despesas menores que conduzem à modalidade de licitação inferior à exigida pela lei.

Não raras vezes, o fracionamento de despesa ocorre pela ausência de planejamento da Administração, o que não justifica a irregularidade, conforme entendimento consolidado na jurisprudência do TCU:

A ausência de realização de processo licitatório para contratações ou aquisições de mesma natureza, em idêntico exercício, cujos valores globais excedam o limite legal previsto para dispensa de licitação, demonstra falta de planejamento e implica fuga ao procedimento licitatório e fracionamento ilegal da despesa.

Portanto, na situação apresentada, o gestor responsável efetuou fracionamento da despesa, pois, diante do valor global da compra no exercício (R$ 500.000,00) de um mesmo material (equipamentos de informática), a modalidade que deveria ter sido utilizada era a tomada de preços (Lei de Licitações, art. 23, II, b).

A Lei Orgânica do TCU informa que:

> Art. 12. Verificada irregularidade nas contas, o Relator ou o Tribunal:
>
> I – definirá a responsabilidade individual ou solidária pelo ato de gestão inquinado; (...)
>
> III – se não houver débito, determinará a audiência do responsável para, no prazo estabelecido no Regimento Interno, apresentar razões de justificativa; (...)
>
> Art. 16. As contas serão julgadas: (...)
>
> III – irregulares, quando comprovada qualquer das seguintes ocorrências: (...)
>
> b) prática de ato de gestão ilegal, ilegítimo, antieconômico, ou infração à norma legal ou regulamentar de natureza contábil, financeira, orçamentária, operacional ou patrimonial; (...)
>
> Art. 19. (...)
>
> Parágrafo único. Não havendo débito, mas comprovada qualquer das ocorrências previstas nas alíneas a, b e c do inciso III, do art. 16, o Tribunal aplicará ao responsável a multa prevista no inciso I do art. 58, desta Lei.
>
> Art. 58. O Tribunal poderá aplicar multa (...), aos responsáveis por: (...)
>
> II – ato praticado com grave infração à norma legal ou regulamentar de natureza contábil, financeira, orçamentária, operacional e patrimonial;

Assim, em que pese não ter havido prejuízo ao erário – pois os equipamentos foram adquiridos a preço de mercado – a prática de ato com infração a norma legal (no caso, com afronta à Lei de Licitações) acarreta a irregularidade das contas.

Preliminarmente, o Tribunal deve assegurar o contraditório e a ampla defesa, realizando a audiência do responsável para que apresente suas razões de justificativa (no caso, porque não houve débito; se houvesse, seria citação).

Sugestão de resposta

Trata-se da prestação de contas de ente público federal referente a certo exercício, de responsabilidade do respectivo administrador.

No exercício em exame, o ente público adquiriu equipamentos de informática no valor global de R$ 500.000,00.

Para tanto, o administrador do ente determinou que fossem realizadas diversas aquisições, cada uma com valor inferior ao limite autorizado para dispensa de licitação. Dessa forma, todas as contratações foram diretas, sob o fundamento da dispensa, caracterizando o fracionamento da despesa.

Cumpre salientar que, apesar do ocorrido, constatou-se não ter havido lesão ao erário, pois as contratações foram realizadas por valores de mercado.

No mérito, pode-se considerar que a conduta do responsável, muito embora não tenha causado prejuízo ao erário, afrontou disposição expressa na Lei de Licitações, bem como não observou a jurisprudência desta Corte sobre o assunto.

Com efeito, tem-se pacificado que, caso a Administração opte por realizar várias licitações ao longo do exercício financeiro, para um mesmo objeto ou finalidade, deverá preservar sempre a modalidade de licitação pertinente ao todo que deveria ser contratado. No caso concreto, o valor global da contratação, de R$ 500.000,00, exigia licitação na modalidade tomada de preços, de modo que as diversas contratações diretas realizadas, sob fundamento de dispensa, caracterizam fracionamento ilegal da despesa, assim como demonstram a falta de planejamento do administrador.

Dessa forma, a não elisão das irregularidades pelo responsável dá ensejo ao julgamento de suas contas como irregulares, com aplicação de multa, nos termos da Lei Orgânica do Tribunal (LO/TCU). Por isso, a fim de assegurar o contraditório e a ampla defesa, propõe-se a sua audiência prévia, para que apresente razões de justificativa. Adicionalmente, propõe-se a expedição de determinação com vistas a prevenir futuras irregularidades semelhantes.

Do exposto, verifica-se que o fracionamento de despesas caracterizou afronta à Lei de Licitações. Diante da ilegalidade, como medida preliminar, propõe-se a audiência responsável para que apresente suas razões de justificativa. Caso a defesa apresentada em resposta à audiência for insuficiente para elidir ou justificar o fracionamento de despesas, as contas do gestor devem ser julgadas irregulares, com aplicação de multa, nos termos da Lei Orgânica. Por outro lado, caso a defesa afaste a ilegalidade, as contas devem ser julgadas regulares, com quitação plena ao responsável.

DIREITO FINANCEIRO

Submete-se o processo à consideração superior propondo, com fundamento na LO/TCU:

a) determinar a audiência do administrador responsável, a fim de que apresente razões de justificativa para o fracionamento de despesas;

b) julgar irregulares as contas do administrador responsável, caso suas justificativas não elidam o fundamento da impugnação, bem como aplicar-lhe a multa prevista na Lei Orgânica;

c) alternativamente, julgar regulares as contas do administrador responsável, caso suas justificativas elidam o fundamento da impugnação, dando-lhe quitação plena;

c) determinar ao ente público federal que planeje a atividade de compras, de modo a evitar o fracionamento na aquisição de produtos de igual natureza, possibilitando a utilização da correta modalidade de licitação, nos termos da legislação em vigor;

d) arquivar o presente processo.

(Cespe/TCU/Auditor/2004) *Redija um texto dissertativo a respeito do julgamento das contas no Tribunal de Contas da União (TCU), abordando, necessariamente, os seguintes aspectos: (i) espécies de decisões nas prestações e tomadas de contas; (ii) consequências do reconhecimento de má-fé do responsável pelos recursos públicos; (iii) conclusões possíveis do TCU acerca das contas.*

Autor: Erick dos Santos Alves

Direcionamento da resposta

O roteiro já foi definido pela banca. Em função do espaço reduzido vamos abordar apenas o estritamente necessário para cobrir os tópicos exigidos, acerca do **julgamento de contas pelo TCU**.

I) Espécies de decisões nos processos de contas

No rito processual específico do Tribunal de Contas, em sede de processo de contas, há três espécies de decisões administrativas: **preliminar, terminativa e definitiva**.

Preliminar é a decisão pela qual o Relator ou o Tribunal, **antes de pronunciar-se quanto ao mérito** das contas, resolve (RI/TCU, art. 201, § 1º):

– Sobrestar o julgamento;

- Ordenar a citação ou a audiência dos responsáveis;
- Rejeitar as alegações de defesa e fixar novo e improrrogável prazo para recolhimento do débito; ou
- Determinar outras diligências necessárias ao saneamento do processo.

Assim, as decisões preliminares **não firmam o mérito** das contas, mas destinam-se a sanear os autos, preencher lacunas de informação e promover a acusação dos responsáveis, quando for o caso. São as decisões que impulsionam a fase de instrução do processo, e também as que promovem a observância dos princípios da ampla defesa e do contraditório.

Terminativa é a decisão pela qual o Tribunal (RI/TCU, art. 201, § 3º):

a) Ordena o **trancamento** das contas que forem consideradas **iliquidáveis**;

b) Determina o **arquivamento** das contas por:

- ausência de pressupostos válidos de constituição e de desenvolvimento válido e regular; ou
- racionalização administrativa e economia processual.

Ao ser adotada decisão terminativa, as contas são arquivadas **sem julgamento de mérito**.

Definitiva é a decisão pela qual o Tribunal julga as contas **regulares, regulares com ressalva** ou **irregulares** (RI/TCU, art. 201, § 2º). Assim, o Tribunal **julga o mérito das contas** quando profere decisão definitiva.

II) Conclusões possíveis acerca das contas

As contas serão julgadas **regulares** quando expressarem, de forma clara e objetiva, a exatidão dos demonstrativos contábeis, a legalidade, a legitimidade e a economicidade dos atos de gestão do responsável (RI/TCU, art. 207).

As contas serão julgadas **regulares com ressalva** quando evidenciarem impropriedade ou qualquer outra **falta de natureza formal de que não resulte dano ao erário**.

Havendo débito, o julgamento pela regularidade com ressalva depende do preenchimento **cumulativo** de **três condições**: verificação de boa-fé, inexistência de outra irregularidade no processo e liquidação tempestiva do débito atualizado monetariamente.

O Tribunal julgará as contas **irregulares** quando evidenciada **qualquer** das seguintes ocorrências (RI/TCU, art. 209):

- Omissão no dever de prestar contas;

- Prática de ato de gestão ilegal, ilegítimo ou antieconômico, ou infração a norma legal ou regulamentar de natureza contábil, financeira, orçamentária, operacional ou patrimonial;

- Dano ao erário decorrente de ato de gestão ilegítimo ou antieconômico;

- Desfalque ou desvio de dinheiros, bens ou valores públicos.

Nas três primeiras hipóteses, as contas podem ser julgadas irregulares **com ou sem imputação de débito** (dano quantificável e atribuível ao responsável). Por sua vez, a última hipótese só comporta irregularidade **com imputação de débito**.

O julgamento pela irregularidade das contas acarreta várias consequências, que vão desde a condenação ao ressarcimento do erário até a aplicação de sanções, tanto de natureza pecuniária (ex.: multa), como não pecuniária (ex.: inabilitação para cargo em comissão ou função de confiança), cuja dosimetria sujeitar-se-á à gravidade das irregularidades.

III) Consequências da má-fé

O reconhecimento da má-fé do administrador de recurso público em processo de contas acarreta a **perda do benefício de se obter o julgamento pela regularidade com ressalvas, em caso de débito**. Assim, reconhecida a má-fé, o Tribunal proferirá, desde logo, o julgamento definitivo de mérito pela irregularidade das contas.

Sugestão de resposta

Nos termos da Constituição Federal, o Tribunal de Contas da União (TCU) possui competência para julgar as contas dos administradores e demais responsáveis por dinheiros, bens e valores públicos federais.

A decisão do TCU nos processos de contas pode ser preliminar, definitiva ou terminativa. Decisões preliminares são tomadas antes do julgamento do mérito e possuem a finalidade de sanear os autos. Ademais, são as decisões pelas quais o TCU possibilita o contraditório e a ampla defesa.

Por sua vez, definitiva é a decisão pela qual o Tribunal decide o mérito das contas, julgando-as: (i) regulares, quando não existem irregularidades ou falhas formais; (ii) regulares com ressalva, quando existem apenas falhas formais;

ou (iii) irregulares, quando há dano erário, infrações a normas legais ou prática de atos ilegítimos ou antieconômicos. O TCU também julga as contas irregulares quando reconhece má-fé do responsável, afastando o benefício do julgamento pela regularidade com ressalvas em caso de débito.

Por fim, terminativa é a decisão pela qual o Tribunal determina o arquivamento das contas sem julgamento de mérito, por economia processual, por ausência de pressupostos válidos de constituição do processo, ou no caso de contas iliquidáveis.

(Cespe/TC/DF/Auditor/2002) *"TCU: Contraditório e Ampla Defesa. Artigo: Concluído o julgamento de mandado de segurança contra a Decisão n. 621/99 do Tribunal de Contas da União que, em razão de irregularidades no processo licitatório, assinara o prazo de 15 dias para que a Suframa adotasse providências para anular a concorrência realizada e, em consequência, o contrato dela decorrente (v. Informativo n. 216). O Tribunal, por maioria, tendo em vista que o processo administrativo iniciara-se em face de representação formulada por particular – empresa que perdera a concorrência – e que não fora dada oportunidade de defesa à impetrante – empresa vencedora da licitação –, deferiu parcialmente a segurança para anular o processo desde o início e determinar a intimação da impetrante como litisconsorte passiva (CF, art. 5º, LV). Vencido o Ministro Marco Aurélio, relator, que deferia a ordem em maior extensão, por entender que a decisão impugnada ofendera o § 1º do art. 71 da CF ('No caso de contrato, o ato de sustação será adotado diretamente pelo Congresso Nacional, que solicitará, de imediato, ao Poder Executivo as medidas cabíveis')". MS 23550, Rel. Min. Marco Aurélio, 4.4.2001. Considerando a decisão citada acima, proferida pelo Supremo Tribunal Federal, redija um texto dissertativo, abordando os seguintes aspectos: (i) natureza dos processos que tramitam nos tribunais de contas (TCs); adoção de medidas cautelares pelos TCs; (ii) competência dos TCs para fiscalizar atos e contratos celebrados pela administração pública; (iii) executoriedade das decisões proferidas pelos TCs; (iv) possibilidade de as decisões dos TCs serem revistas pelo Poder Judiciário.*

Autor: Erick dos Santos Alves

Direcionamento da resposta

Apesar de longo, o enunciado não nos oferece dificuldade de interpretação. Pede-se uma dissertação sobre **aspectos gerais das decisões dos Tribunais de Contas** (natureza, possibilidade de cautelar, executoriedade e sindicabilidade). O planejamento, igualmente, restou facilitado, afinal o roteiro foi traçado pela organizadora.

Mas antes da solução, recorde-se que:

- Os Tribunais de Contas são órgãos técnicos de natureza administrativa. Consequentemente, suas decisões e os processos que neles tramitam também possuem natureza administrativa;

- A possibilidade da adoção de medidas cautelares constitui manifestação do **poder geral de cautela** que assiste ao TCU. Segundo o entendimento do STF, o poder geral de cautela decorre, por implicitude, das atribuições que a Constituição expressamente outorgou ao Tribunal de Contas (**Teoria dos Poderes Implícitos**);

- No mesmo MS do enunciado da questão, o STF reconheceu que o TCU – embora não tenha poder para anular ou sustar contratos administrativos – tem competência para determinar à autoridade administrativa que promova a anulação do contrato e, se for o caso, da licitação de que se originou;

- Ainda no mesmo julgado, o STF fixou a orientação de que o TCU só pode determinar a algum órgão que anule contrato administrativo **após conceder à empresa contratada a oportunidade de ampla defesa e contraditório**;

- As decisões do TCU, em sua grande maioria, são **autoexecutáveis**, vale dizer, independem da ação de outro órgão ou Poder para surtirem efeito. Todavia, a execução das decisões de que resulte débito ou multa depende da atuação da AGU ou das procuradorias próprias das entidades para o ajuizamento da ação judicial de cobrança, em que pese a eficácia de título executivo que possuem. O arresto de bens do responsável para garantir a execução da decisão que o condenou em débito também depende da ação do Poder Judiciário;

- As decisões dos Tribunais de Contas podem ser apreciadas pelo Poder Judiciário, mas não podem ser revistas, apenas anuladas, por irregularidade formal grave ou manifesta ilegalidade.

Sugestão de resposta

Os Tribunais de Contas (TC) são órgãos técnicos que auxiliam o Poder Legislativo no exercício da atividade de controle externo da gestão pública.

Em que pese a denominação, os TC não integram a estrutura do Poder Judiciário. Eles são órgãos autônomos, de natureza administrativa. Em consequência, suas decisões e os processos neles desenvolvidos também possuem natureza administrativa.

Por sua natureza, as decisões dos TC podem ser apreciadas pelo Poder Judiciário, em vista do princípio da inafastabilidade da tutela jurisdicional, insculpido na Constituição da República. Contudo, conforme já se posicionou o Supremo Tribunal Federal, tais decisões não podem ser revistas, apenas anuladas, por irregularidade formal grave ou manifesta ilegalidade.

Quanto ao exercício do poder de cautela pelos TC, o STF reconheceu a possibilidade de as Cortes de Contas adotarem medidas cautelares no intuito de assegurar a eficácia das suas decisões, afastar lesão real ou iminente ao erário e preservar o interesse público, estando presentes os mesmos pressupostos da concessão liminar de mandado de segurança: o perigo na demora e a fumaça do bom direito.

Por fim, embora a maioria das decisões prolatadas pelos TC seja autoexecutável, algumas espécies carecem da atuação de outros órgãos para que seus efeitos sejam percebidos. Como exemplo, cita-se a execução das decisões de que resulte débito ou multa, que depende da atuação da Advocacia-Geral da União ou dos dirigentes das entidades jurisdicionadas para o ajuizamento da ação judicial de cobrança, em que pese a eficácia de título executivo que possuem.

www.editorajuspodivm.com.br